民國歷史與文化研究

十八編

第3冊

中國近代化歷程中的路線博弈
——中間路線研究（1927～1949）（下）

陳任遠 著

花木蘭文化事業有限公司

國家圖書館出版品預行編目資料

中國近代化歷程中的路線博弈——中間路線研究（1927～
1949）（下）／陳任遠 著 -- 初版 -- 新北市：花木蘭文化事業
有限公司，2024〔民113〕
目 4+238 面；19×26 公分
（民國歷史與文化研究 十八編；第 3 冊）
ISBN 978-626-344-632-8（精裝）
1.CST：新中間路線 2.CST：現代史 3.CST：中國
628.08   112022503

ISBN-978-626-344-632-8

9 786263 446328

民國歷史與文化研究
十八編 第三冊   ISBN：978-626-344-632-8

中國近代化歷程中的路線博弈
——中間路線研究（1927～1949）（下）

作　　者 陳任遠
總 編 輯 杜潔祥
副總編輯 楊嘉樂
編輯主任 許郁翎
編　　輯 潘玟靜、蔡正宣　美術編輯　陳逸婷
出　　版 花木蘭文化事業有限公司
發 行 人 高小娟
聯絡地址 235　新北市中和區中安街七二號十三樓
　　　　 電話：02-2923-1455／傳真：02-2923-1452
網　　址 http://www.huamulan.tw 信箱 service@huamulans.com
印　　刷 普羅文化出版廣告事業
初　　版 2024 年 3 月
定　　價 十八編 22 冊（精裝）新台幣 55,000 元　　版權所有・請勿翻印

中國近代化歷程中的路線博弈
——中間路線研究（1927～1949）（下）

陳任遠　著

目

次

第五章　起而行之——改造落後鄉村

　　作為中間路線救踐行者的中間派人士，出於實現救亡建國政治目標的需要，其中的鄉建派人士，在言行上高唱民主自由的同時，也在實踐中進行鄉村改造工作，試圖通過這種點滴式社會改良，開闢一條挽救民族危亡、建設現代國家的新路，並進而實現中間路線對近代以來「中國向何處去」的歷史拷問做出更為實際的回應。因為在他們看來，農民是國家力量的主體，農村是社會穩定的基石，農業是經濟繁榮的前提；離開了「三農」，談救亡建國，無異於癡人說夢。換句話說，中國的「三農」問題牽繫國家的前途與民族的命運。誠如晏陽初在談及農民之於全面抗戰的重要性時指出：「全民族中最具堅韌性，最充滿著潛伏力，足以負起長期抗戰的偉大使命者，厥惟三萬萬的農民。故無論以量言，或以質言，農民在全面抗戰上的地位，實居一絕對的重心。不把農民全體武裝起來，整個後方一崩潰，中國民族便要淪亡而永不可復興！所以這次戰爭的勝敗，實際於農民抗戰之是否成功；而中國民族生死存亡的危機，亦實取決於農民抗戰的有無辦法。」[註1]但是如何進行鄉村改造呢？鑒於當時的現實，對鄉建派人士來說，無疑是一項艱巨的工作，其中人事方面，既要對愚、窮、弱、私的中國農民進行動員、組織與教化，也要對陳腐落後的中國鄉紳進行規勸、開導與逢迎，更要對專制保守的中國官員進行溝通、妥協與巴結；經濟方面，不僅包括土地的分配、水利的興修、作物的改良，而且涉及相應的工業發展、商業進步及金融業的完善等條件；至於教育、文化、衛生、體育諸方面，牽涉的問題與條件就更多了。所以，鄉村改

〔註 1〕晏陽初：《農民抗戰的發動》，《大公報》1937 年 10 月 11 日。

造，哪一樣都難，哪一樣都不容易！

第一節　改造鄉村的動因

　　改造貧窮落後的鄉村，應該說是近代以來所有探索救國救民的中國人都迴避不了的問題。因為中國的鄉村，既是中國社會穩定發展的基礎，也是中國文化的根基所在，更是中華民族命脈所繫。進入南京國民政府時期，在內憂外患的困境中，鄉村改造工作更顯得迫切與必要。正如蔣廷黻先生談及鄉村重要性時說：「幾年以前，我們還以為中國的問題是個軍閥問題，是個工業不發達的問題。現在我們知道了中國整個的鄉村經濟已到了崩潰的程度。這是中國的致命傷。我敢大膽地說，就是中國的大都市如上海、天津、武漢、廣州都被日本的大炮飛機毀成一片焦土了，只要鄉村經濟不破壞，中國還是受皮層之傷。反過來說，倘若我們不從今日起集中全國的力量來挽救鄉村的經濟，就是日本不來攻，我們的都市全要變成死城，而我們這個國家就自然而然地亡了。」〔註2〕所以，作為主導中國政治舞臺的國共兩黨，從各自政治路線出發，不僅在政策政綱中，明確提出了改造中國農村的主張，而且在特定範圍內進行著鄉村改造工作；不過，由於二者過於側重政治軍事鬥爭的客觀實際，使得其鄉村改造的成效遠沒有達到其應有水平，尤其是國民黨的鄉村改造更是如此。與此同時，作為中間派人士重要組成部分的鄉村建設派，從有別於國共兩黨政治立場出發，在全國許多地區腳踏實地的開展著鄉村改造工作，試圖找到一條民族救亡與復興的大道。

一、中國鄉村的凋敝與混亂

　　自清季以來，原本寧靜祥和自給自足的中國廣大鄉村，就一直走在衰敗的路上沒有回頭，即便是步入民國，破敗與蕭條仍然是其主色調。如有人在文章中寫道：「農村經濟的衰落，種因於數十年前，農村社會，普遍的崩潰，卻是最近幾年的現象。沿江海的省份，近城的農村，農民的收入，年年縮減，生活年年困苦。內地的省份，僻遠的鄉村，農民不但有田而不肯耕耘，或耕耘而不敢收穫，連房舍都賣掉。甚至昔日的村落，如今只剩破瓦頹牆，房梁屋柱，或賣或燒。數十戶的村落，或至人煙絕滅。數百戶的農村，或只餘十

〔註 2〕蔣廷黻：《對共產黨必需的政治策略》，《獨立評論》1932 年 7 月 31 日。

數。這種現象，不但內地如陝西、甘肅、河南如此，即安徽、山東、河北亦是如此。所差別的，只是壞的程度；所大同的，卻為一般農民，無論其為大農、中農、小農、田主、佃農，都覺困苦若非常，強悍的鋌而走險，老實的坐以待斃。」〔註3〕如果說前述事例是對中國農村破敗現象總體性描述的話，那麼下面的事例則是對中國農村破敗的個別性敘述。吉雲在考察陝西關中平原後，就當地農民仍住窯洞的現象記述道：「上古的人民，穴居野處，不想到 20 世紀，我們貴國還有很多的同胞，守著這種『遺風』！關中人民住『黃土窯』本來就不少，加上幾十年來，天災人禍，弄得農村破產，他們的房屋，不是被兵匪打毀，就是因為苛捐同飢餓拆賣了。所以現在那裏的住宅，大部分只剩了黃土亂牆，屋頂同木料早就拆光。這亂牆的舊主人，不要說得，死的死了，逃的逃了。還有留下來的，住到哪裏去呢？當然是最便宜的『黃土窯』了。」〔註4〕自古富裕的關中農村尚且如此，其他地方的農村，自然就可以想見了。所以，中國鄉村的衰敗，或許自晚清就開始了，但於今尤烈，無疑是不可諱言的事實。

早在 20 世紀 20 年代初期，學者陳宰均通過外國米棉長期大量輸入的事實，來證明中國農業收成的不景氣與農村經濟的日益衰敗。他說：「國人食品以米為大宗，而自民國元年至八年間，吾國每年自外輸入之米，平均竟超過輸出額 640 餘萬擔之多；國人衣料以棉為主，而吾國產棉年僅 2000 萬擔許，自不足供國人之需求，年來棉織品之輸入年達 15000 萬銀兩以上。」〔註5〕究其因，固然不能排除列強傾銷商品的嫌疑，但更不能否定中國農業落後與破產的事實，因為作為一個以農立國的國家，無論如何也不可能長期從國外進口最基本的農產品來滿足本國人民的需要，是以儘管政府與商人從國外大量輸入糧食，可中國仍有許多農民處於飢寒交迫甚或流離失所之中。對此，吳覺農在文章中對當時農民生活的困頓進行描述：「我國大多數農民既苦於土地的不足，復迫於糧食的缺乏，所以各地農民的生活狀況都和流離失所的災民一樣！家長則力疾從事，子女則面皮黃瘦，缺乏一定的滋養，這是現在農村普遍的一種現象。」〔註6〕

尤其是南京國民政府建立以後，在嚴重的自然災害與世界經濟危機的雙

〔註3〕守愚：《復興農村與農民負擔》，《獨立評論》1933 年 9 月 3 日。

〔註4〕吉雲：《關中見聞記（上）》，《獨立評論》1932 年 11 月 27 日。

〔註5〕陳宰均：《中國農業革命論》，《東方雜誌》1921 年 12 月 25 日。

〔註6〕吳覺農：《中國的農民問題》，《東方雜誌》1922 年 8 月 25 日。

重打擊下，農村經濟更是可以用每況愈下來形容，如梁漱溟在文章中通過農產品的進出口差異的比較來說明農業景況的不妙，他說：「在出口方面，最近兩年我國農產品之輸出貿易，民國二十一年之總指數，僅當十九年的百分之六十二・九九，二十二年之總指數，僅當十九年的百分之四六・〇三；在進口方面，二十二年農產品進口為四萬萬餘元，二十年農產品進口為三萬三千四百餘萬元，均占每年入口總值的十分之三強。」〔註7〕這種農產品出口的持續下降與進口的連續上升所產生的反差，最直接的後果是農產品價格的下跌與農民收入的下降，即使是風調雨順的年景，也難逃「豐收成災」的命運。同時自然災害的侵襲又無異於使得早已破敗不堪的農村經濟「雪上加霜」。據統計，從 1931 年到 1935 年，五年中全國每年都有半數以上的省份發生水旱災害，損失總計達 100 億元，平均每個農戶損失 150 元左右。特別是 1931 年江、淮、運河流域的大水災，使得湘、鄂、皖、贛、蘇、浙、豫、魯等 11 省 386 縣成為災區，出現災民 5000 餘萬，財產損失達 20 億元以上。〔註8〕所以，在這樣的情況下，貧困與破產只能是中國廣大鄉村的必然歸宿。

同時，土地的高度集中與租稅的居高不下，也從內部加速了鄉村經濟的破產與蕭條。如在江蘇奉賢縣擁有 4000～5000 畝土地的只能算中等地主，太倉縣佔地 1000 畝左右的地主有 40 餘戶，1000～5000 畝的有 43 戶，5000～10000 畝的 6 戶；在河南內鄉縣的一羅姓地主擁有土地五六萬畝，信陽城內的最大地主僅稻田就有 12000 畝。〔註9〕當然，作為地主之所以對土地如此偏愛，是因為通過對土地的壟斷，可以從農民身上榨取高額地租。據 30 年代調查，在江西 68 縣的 61 縣中，其地租額與收穫量的比率為：不滿 50% 的 12 縣，在 50%～70% 的 43 縣，70% 以上的 6 縣。此外，相對於江西諸縣來說，四川的新繁縣、雲南的昆明縣、湖南的衡山縣、浙江的義烏縣、福建的長汀縣等，其地租額與收穫量的比率都超過年產量的 80%，其中尤以浙江義烏為最高，達 121.2%。〔註10〕

與高額地租並行的，是繁重的租稅。據統計，在 30 年代初，江蘇有附加

〔註7〕梁漱溟：《鄉村建設理論》，上海人民出版社 2006 年版，第 298 頁。
〔註8〕吳雁南編：《中國近代社會思潮》第 3 卷，湖南教育出版社 1998 年版，第 297～298 頁。
〔註9〕鄭大華：《民國鄉村建設運動》，社會科學文獻出版社 2000 年版，第 4 頁。
〔註10〕嚴中平等編：《中國近代經濟史統計資料選輯》，科學出版社 1955 年版，第 304～305 頁。

稅 147 種，浙江有 73 種，湖北與江西各 61 種，河北有 48 種，河南有 42 種，山西有 30 種，湖南有 23 種等。〔註 11〕一個筆名「守愚」的作者在考察陝西省實業過程中，就南鄭縣的捐稅種類介紹說：「按財政部國地稅劃分標準，屬國家稅的，在陝西有煙酒、印花、鹽稅、統稅，還有以前的釐金，現在改名特別消費稅（這個稅曾經行政院通令取消，可是天高皇帝遠，陝西沒有所見），設關不卡，一仍舊制。這些國稅，名義上應繳國庫，事實上省府自收自付。屬地方稅直繳省庫的，有田賦、契稅、牙稅、屠宰稅、牲畜稅、鬥捐營業稅等。作各縣地方開支的，有各項附加，於田賦、契稅、牲畜稅、屠宰稅、鬥捐等項下帶徵，以及房捐、婚證收益費，春臺或青苗會附加各捐。此外，還有各種特捐，如煙畝捐、省銀行股本攤派款、省庫券攤款、不動產契約登記費、剿匪捐。除剿匪捐與四成煙畝捐，供地方駐軍外，其餘悉數直繳省庫。更有當地隨時籌舉的捐，如地方維持費、民團或保護團費、路過軍隊支應費、派款催款或查驗委員招待費等……這些捐稅在南鄭每樣都有，還有零碎捐款，無法查詢。」〔註 12〕而著名農學家董時進通過對自己家鄉四川墊江縣的親身考察，就賦稅的沉重敘述道：「本鄉的田地，據說是康熙時丈量的，以水田五十方丈作收穀一石論。每石納糧一升，原先納穀，後來改為納銀，每年臨時照市價合銀，隨後規定，每穀一石，改作糧銀一兩。到光緒二十年左右，每兩糧銀實納銀約五六兩，後來川漢鐵路募股，加派五六兩，至今未取消，現時每兩實納正稅約十七元半，加上附稅，每兩約五十元（附稅在鄰縣有更多的）。正稅每年繳納次數不定，近幾年每年約四五回，現刻已繳至民國四十年。按本地穀價，歉收時每石可達十元以上，豐收時每石只值三四元，今年豐收，頃聞只值三元半。百石穀可值三百五十元，若上五次正糧，即納八十餘元，加上附稅約百二十元，逾總值三分之一，其他特別捐款不計。收百石穀的，本算富翁，但是生活還不易維持。從此我們可以知道，為何鄉下土地並未減少，而人民都會變窮。」〔註 13〕故而，在此捐稅既多又重的情形下，即使是有地的自耕農，生活也難以為繼，就更不用說靠租地為生的佃農與雇農。自然，鄉村經濟的普遍崩潰，也就成為不可避免的結局。

　　因此，有人對當時農民入不敷出的景況進行了較為細緻的划算：「中等農

〔註 11〕鄒枋：《中國田賦附加的種類》，《東方雜誌》1934 年 7 月 16 日。
〔註 12〕守愚：《復興農村與農民負擔》，《獨立評論》1933 年 9 月 3 日。
〔註 13〕董時進：《鄉居雜記（一）》，《獨立評論》1932 年 12 月 27 日。

家，豐年收入約計大洋 300 元，但須付出租金及種子肥料洋約 120 元，衣、食、住、行的生活費約 170 元，其餘 10 元為醫藥、送禮、婚喪等事一切費用。是以每年出超於入。若遇天災人禍，其窮困苦況，不言可知。負債農民占百分之九十以上，負債數目，有二、三十元至五、六百元之多。其中只有百分之三，有半年食糧，百分之三十，二、三個月食糧，百分之四十，一月餘食糧，百分之二十七，日無升米度日。」〔註14〕所以，土地的高度集中，雖然讓農民想耕地都無地可耕，可是高租稅的事實，即使農民有地可耕，也難以耕作下去。故而田地的大量荒蕪，農民的成批流亡，甚至為兵為匪，只能是一種不可避免的結果。所以，胡適在仔細考察中國農村後不得不感歎說：「現時內地農村最感苦痛的是抽稅捐太多。養兵太多，養官太多。納稅養官，而官不能做一點有益於人民的事；納稅養兵，而兵不能盡一點保護人民之責。剝皮剝到骨了，吸髓全枯了，而人民不能享一絲一毫的治安的幸福！在這種苦痛之下，人民不逃亡，不反抗，不做共產黨，不做土匪，那才是該死的賤種呢？」〔註15〕

與中國鄉村經濟凋敝並存的，還有社會秩序的混亂。也許中國鄉村社會秩序的混亂並非民國時期的特有現象，但自民國以來，無疑顯得格外的突出。因為戰亂頻繁、兵匪橫行，不僅使鄉村的建設和發展難以正常進行，而且給人民生命與財產安全造成巨大的危害。例如，1930 年，中原大戰在河南豫東一帶留下的慘狀是：「戰溝縱橫，屍骨遍野，秋禾未收，房屋倒塌，十室九空，秋疫流行，滿目淒涼。」〔註16〕1932 年，山東省掖縣在軍閥韓復榘與劉珍年的大戰中，「民間一切金錢、糧食、牲畜、農具……凡民眾所有，悉數被搜去，雖一草一木，亦無存留……其他人口、牲畜，死傷狼藉，大車牛馬，徵集一空，所有一切，損失淨盡」〔註17〕。如此兵禍連結的時局，對鄉村的發展而言，無疑是一種毀滅性打擊。可是，這樣的兵災，自北洋軍閥當道以來，就是中華大地上常見的風景，先有南北軍閥的對峙，後有北洋軍閥的內訌，期間再夾有地方大小軍閥的混戰；其後雖國民黨挾黃埔之軍、偕中共之力掃蕩了北洋餘孽，但其自身卻再次撒下了戰亂的種子，典型如 1929～1930 年歷時近兩年的軍閥混戰。

〔註14〕鄉村工作討論會編：《鄉村建設實驗》第 3 集，中華書局 1936 年版，第 516 頁。

〔註15〕胡適：《從農村救濟談到無為的政治》，《獨立評論》1933 年 5 月 7 日。

〔註16〕李文海等編：《中國近代十大災荒》，上海人民出版社 1994 年版，第 200 頁。

〔註17〕轉引鄭大華《民國鄉村建設運動》，社會科學文獻出版社 2000 年版，第 64 頁。

　　不僅如此，軍閥混戰還直接加重了農民負擔，惡化了農村經濟。如著名學者胡先驌在《遊蜀雜感》中寫道：「四川以軍閥割據，爭擁巨兵之故，租稅之重，全國無其倫比。前清糧稅固輕，但至今日，前清規定糧銀一兩者，加至二十六元五角餘，而在二十四軍防區內，一年照上舉之數，竟徵至十二次之多，尚有他種捐稅在外……因稅收過重，至一切土產，無論為原料或精製之品，成本皆過高不能賤賣，而造成巨大入超；其間接影響於農民之生計者，較直接重稅為尤大。又每因追租過嚴，使農民節衣縮食貶價出售，造成農產不自然之過剩狀態，因之農民生計愈劣。復以此為主因，使農民不得不高利借貸，而債臺因以日高。再以此故，乃使自耕農破產而為佃農，佃農之耕地以競爭劇烈，而面積日小；至終年手胼足胝，不能溫飽。惡因重疊，遂使農村經濟，日久崩潰。」〔註18〕故而在此環境下，中國的鄉村何來安寧？中國的農民何得安康？中國的農業何能發展？正如有人對當時兵禍連接的現狀控訴道：「民國改建迄今，無歲無地，不苦兵禍。始則擁兵自衛，繼則爭地以戰，終則不戢自焚，破壞國家，糜爛社會。其籌軍實也，羅掘人民，強索政府，擾亂財政，疲敝商工，困其國，病其民。以養兵，兵日多，而國運日蹙，民運日殆。」〔註19〕上述諸語，應該是對民國時期軍閥混戰後果恰如其分的總結，而作為該後果的最大承擔者，無疑是占全國人口絕大多數的農民。

　　與兵禍相伴的還有匪患。據《河南多縣災情狀況》一書記載，「澠池、新安、洛陽、鞏縣、偃師、孟津、洛寧、宜陽各縣，土匪如毛，大杆攻破縣城，小杆焚掠村鎮。人民求生無路，倒斃道旁。」「臨汝、寶豐、魯山、郟縣、伊陽各縣，素為土匪特產之區，近更盤踞城邑，作為巢窟，派人四處，科派金錢，樹立旗幟，名目各異。」〔註20〕河南如此，其他各省也絕不是一片淨土。當然，匪患給鄉村所造成的損失雖不如兵災那麼嚴重，但其後果也是驚人的。如河南項城在1926年9月被土匪兩次攻破，兩萬餘間房屋被焚燒，財產損失約1000萬元；1927年11月又遭受了另一匪幫的蹂躪，其中3000多人傷亡，40000餘間房屋被焚毀，財物損失達2000萬元左右。新蔡縣在20年代末共有2967個村莊遭到土匪的搶劫，受災戶數29905戶，傷亡12609人，被拉35204人，焚燒房屋72354間，財產損失折合銀元13368928元。〔註21〕可以想見，匪患無

〔註18〕胡先驌：《蜀遊雜感》（續），《獨立評論》1933年10月8日。
〔註19〕全國商會聯合會：《築路養路意見書》，《東方雜誌》1922年7月10日。
〔註20〕李文海等編：《中國近代十大災荒》，上海人民出版社1994年版，第194頁。
〔註21〕鄭大華：《民國鄉村建設運動》，社會科學文獻出版社2000年版，第65頁。

異於讓早已陷入深水火熱的中國農村變得更加的蕭條與和混亂。

此外，與鄉村田地荒蕪、田租賦稅繁重以及兵荒馬亂、匪患橫行相伴而生的是世風日下。如董時進在談及其家鄉收繳煙款的情形時說：「煙款固然弄窮了許多人，但是同時也有不少人因此發財。凡是經手的人，沒有不從中剝削幾文的。官廳差員固不用說，地方上的區長、鎮長、閭長、鄰長，都是肥缺。一個窮光蛋，當了幾天公事，就會闊綽起來，並且可以買田地，一下臺又會不得過活。這是極普通的現象。這般當公事的人，並不全是地痞土棍，也有許多是真正的農民。但是他們一樣的會剝削人。鄉下的好人實在太少，大概不剝削人的，就是被人剝削的。只要有剝削人的能力和機會，他們絕不會客氣。」〔註22〕不僅如此，董時進還就全國農村普遍存在的黑暗，感慨地說：「鄉下是暗無天日的活地獄，是純粹的中古社會，到處人吃人，一個剝削一個，一個壓迫一個。稍微厲害一點，鄉下幾乎無一人不是土豪，大土豪欺侮小土豪，小土豪欺侮更小的土豪，最沒出息的，也會在自己家裏婦女兒童中間充土豪，或在雞狗牛馬身上使用權威。世上壓迫與被壓迫的兩個極端，都是在鄉下。世上最可憐的莫過於鄉下的弱者，最兇惡的莫過於鄉下的強者。他們可以橫行無忌，為所欲為，而弱者則什麼殘酷難堪的壓迫凌辱，也得忍受。」〔註23〕董氏的敘述，雖難免有誇大事實的成分，但很大程度上還是揭示了經濟凋敝與秩序混亂已經惡化了鄉村中原本淳樸善良的人心與民風這一事實。

當然，中國廣大鄉村此種經濟凋敝與秩序混亂的現實，給國家、民族與人民所帶來的災難是非常深重的。誠如黃炎培在文章中感慨道：「最近若干年來，死於水，死於旱，死於兵，死於匪，死於逃亡，死於餓，死於凍，死於鴉片，死於內戰，死於外侮，死於帝國主義壓迫下農工業之失敗，其未死者困於工作之辛勞，營養之缺乏，毒物之傳染，只有可憐之色。凡此種種，多半是壯丁，今後誰為多難之國家出力者？而且此輩多半是『生產者』，到此地步，不惟影響國『強』問題，還憂慮到減損國『富』。」〔註24〕可見，在貧窮落後、戰亂不已的國度裏，民眾的生死，不只是一個事關個人或家庭、家族的問題，更是一個事關國家民族的興衰問題。

有鑑於此，以梁漱溟、晏陽初、黃炎培為代表的廣大鄉建派人士，在「救

〔註22〕董時進：《鄉居雜記（一）》，《獨立評論》1932年12月27日。
〔註23〕董時進：《鄉下目前最需要什麼樣的教育》，《獨立評論》1933年4月23日。
〔註24〕黃炎培：《如何喚起民眾》，《大公報》1936年8月30日。

濟農村」「復興農村」「民族自救」「民族改造」的呼聲中，紛紛地走向鄉村，力圖通過運動民眾、發展經濟、開辦教育、改良風俗等方式，來重建鄉村秩序和改善農民生活，進而實現救亡建國的目的。如著名鄉建派人士瞿菊農在陳述投身鄉村改造運動的心路歷程時說：「鄉村建設運動亦不是偶然發生的。我們參加工作的人，至少以我個人六七年來的經過，深深地感到鄉村建設的工作確是時代的需要。即使鄉村建設不是唯一的救國路線，但至少是應該努力的一種工作。我們在工作進行之中，深切的感覺我們的能力不夠，但我們更感覺到鄉村建設之重要。我們深切的認識了我們鄉村的勞苦大眾含有無限的可能，我們亦更深切的見到鄉村的勞苦大眾的苦痛與壓迫。如果我們對於國家民族的前途還想盡一分的力量，對於最大多數的農民生活還想設法改進，使這勞苦大眾所包含的無限的可能能夠發展，想對於國家的基本建設打一點基礎，我們只有一面格外努力，一面要求一般社會對於鄉村建設運動的意義更有明瞭的認識。」〔註25〕

二、強烈的社會政治關懷

以梁漱溟、晏陽初、黃炎培為代表的廣大鄉建派人士，之所以投身到改造中國鄉村的運動之中，甚至成為引領運動的前驅與旗手，其原因固然迫於改變中國廣大鄉村貧窮、混亂現實的需要，但更主要的是因為他們覺得，鄉村改造與建設，對民族的復興與國家的發展具有非常重要意義，甚至是一條再造民族國家的正確途徑。譬如梁漱溟在宣示其改造鄉村的宗旨時說：「千年舊物，既不可規復，而所謂近代云現代云者，亦各有其所從來的歷史，亦豈容摹取？是以求治誠急，而治終不可獲。所謂村治或鄉村建設云者，意在新組織構造必於鄉村中養其端倪，植其苗芽。使吸取今世進步生產技術，生產組織，得以發榮滋長。」〔註26〕根據梁漱溟的語意，鄉村改造意義重大。與此類似，作為非鄉建派人士的蔣廷黻，也認為中國鄉村的好壞，事關國家的興衰。他通過對鄉村現實的觀察，感歎說：「我覺得中國的根本問題是鄉村問題。換句話說，中國的問題就是鄉村的問題的放大幾百倍、幾千倍，而鄉村的問題就是中國的問題的縮影。各縣的縣城都是小南京：在這裡面，派別的爭權奪利都是齊備的；所

〔註25〕瞿菊農：《以工作答覆批評》，《獨立評論》1936 年 5 月 24 日。
〔註26〕鄉村工作討論會編：《鄉村建設實驗》第 1 集，中華書局 1934 年版，第 32～33 頁。

不同的，在大南京，人們爭幾百元一個月的地位，在這些小南京裏，人們所爭的是幾十元，甚至幾元錢一個月的小差事，而小差事的爭奪所引起的憤慨和仇恨往往超過大地位的爭執。各縣的各鄉就是全國的各省：處處都是有人把持；彼此都是不合作，不相讓的。」〔註27〕蔣氏的言外之意，要解決中國的根本問題，就必須解決中國的鄉村問題。

故而，著名鄉建派人士盧作孚為了宣示自己之所以重視改造鄉村的緣由，特地在《鄉村建設》一文中，從政治、教育、經濟三個方面論證鄉村之於國家民族的重要性。他說：「政治上的最後問題雖然是全國問題，但它的基礎卻在鄉村，無數的鄉村不僅圍繞著城市，而且鄉村人口的總和亦不知若干倍於城市，所以一個鄉村問題被放大起來便是國家問題。此外，如果城市的教育與經濟想得到快速的發展，也必須依仗於鄉村教育經濟的發展，因為鄉村教育經濟的發展，既可以為城市的發展造就大量高素質的人才，也可以為城市的發展提供必要的原料和市場，所以鄉村的問題也就變成城市的問題了。」〔註28〕另一著名鄉建派人士晏陽初，也在《農村運動的使命》一文中持類似的見解，並且論證得更為深刻。他說：「中國今日的生死問題，不是別的，是民族衰老，民族墮落，民族渙散，根本是『人』的問題；是構成中國的主人，害了幾千年積累而成的很複雜的病，有無起死回生的問題……所以說中國的農村運動，擔負著『民族再造』的使命。為什麼『民族再造』的使命，要農村運動來負擔呢？因為中國的民族，人數有四萬萬，在農村生活的要占80%以量的關係來說，民族再造的對象，當然要特別注意在農村……就質的關係來說，民族再造的對象，當然也要特別注意在農村。」〔註29〕因此，根據盧作孚、晏陽初的觀點，鄉村改造不是一個單純的經濟問題與農民問題，而是一個事關中華民族的前途和命運的問題。

相對於盧、晏二人的論說，梁漱溟認為：「過去的錯誤全在不瞭解中國社會崩潰，一切努力中通沒有將它打算在內；因而預期的效果就不能見。預期的效果固不能見，然力氣也不就白費。——中國的局面就由此而推移到現在。現在的局面就是一面社會崩潰，一面萌露新生機。在今日卻不容再錯誤，而必須認識中國不是在常態中。在常態中，你致力於社會兩眼就只顧社會，奔走政治

〔註27〕蔣廷黻：《跋燕（樹棠）先生的論文》，《獨立評論》1933年10月29日。
〔註28〕凌耀倫、熊甫編：《盧作孚文集》，北京大學出版社1985年版，第87～89頁。
〔註29〕宋恩榮編：《晏陽初全集》第1卷，湖南教育出版社1989年版，第294～295頁。

兩眼就只看政治，也許就夠了。在崩潰混亂中，而求局面的好轉，則必須合社會與政治當一件事來做，同時注意兩面才行。此時你愈要求政治好，愈不能單在政治上用力，而需致力社會；你愈要求社會進步，愈不能單用力於社會，而需努力政治。我們的鄉村運動表面上埋頭於下層工作，但何曾一刻忘記上面的政治呢！」〔註30〕鑒此，梁漱溟還認為建立憲政國家與鄉村建設有莫大的關係。他說：「要建立一個真正的憲政國家，不是宣布一個憲法、改個名，就能真成為憲政國家。憲政國家的基礎應當是地方自治。而地方自治又應從鄉村入手。鄉村是基層、基礎。把地方自治，特別是地方自治的基層基礎搞好，建設起來，這個憲政國家才真正是一個憲政國家。」〔註31〕

同時，梁漱溟還以文化為切入點來論證鄉村改造的必要，他說：「同人等感於頻年喪亂，深以求治為急。顧中國今日之亂，係由近百年來，遭遇另一種不同文化，陷入於一全新環境中，所引發其自身傳統文化之一大激變。夙昔社會之組織構造，節節崩潰，如破竹，如剝筍，已至於最後；此時而言求治，斷非倉促塗飾所可為功；非從根柢上重新建立其自身所適用之一種組織構造不可。」〔註32〕因為他覺得「中國社會是以鄉村為基礎，並以鄉村為主體的；所以文化，多半是從鄉村而來，又為鄉村而設，法制、禮俗、工商業莫不如是。在近百年中，帝國主義的侵略，固然直接間接都在破壞鄉村，即中國人所作所為，一切維新革命民族自救，也無非是破壞鄉村。所以，中國近百年史，也可以說一部鄉村破壞史」〔註33〕。進而梁漱溟甚至大膽宣稱：「我所主張的鄉村建設，乃是解決中國的整個問題，非是僅止於鄉村問題而已。」〔註34〕可見，梁漱溟跟其他鄉建派同人一樣，改造鄉村只是其改變中國落後局面、實現民族復興的前期性工作。

並且為了彰顯改造鄉村的必要性，鄉建派人士還從其他的角度來進行強化。其中，職教社在其長遠目標中就強調對世界大勢、國家大事與社會現狀的關注，從而實現中華民族的復興；其領導人江問漁還倡言要注重人民自由，實

〔註30〕梁漱溟：《鄉村建設理論》，上海人民出版社 2006 年版，第 252 頁。

〔註31〕山東省政協文史資料委員會、鄒平縣政協文史資料委員會編：《梁漱溟與山東鄉村建設》，山東人民出版社年版，第 79 頁。

〔註32〕鄉村工作討論會編：《鄉村建設實驗》第 1 集，中華書局 1934 年版，第 32～33 頁。

〔註33〕中國文化書院學術委員會編：《梁漱溟全集》第 2 卷，山東人民出版社 1992 年版，第 150 頁。

〔註34〕梁漱溟：《梁漱溟自述》，灕江出版社 1996 年版，第 83 頁。

現節制性的民主主義。〔註 35〕梁漱溟在闡述山東鄉村建設研究院成立的宗旨時也提及，他們之所以要走鄉村建設之路，一方面是政治屬性的破壞，迫得鄉村不能不自救，另一方面是經濟屬性的破壞，迫得社會不能不自救。〔註 36〕梁氏甚至在日後談及自己從事鄉村改造的動機時說：「自今以往，其宜猛省急圖。一力求民的勢力之養成，得此便是吾輩好地盤；一力求理的勢力之伸發，即此乃是我輩好武器。此種地盤闢得一分，即有一分不拔之基，此種武器則用之不敝而愈利。而捨此不圖，生路即絕，圖之若何？則群嚮導誘國民的意思下工夫，務使發揮表露，斯所謂養成民的勢力已；群知憑理而不憑力，而信理可以有力，斯所謂伸發理的勢力已。而民取徑於理以施展其勢力，則所施無濫。理而斷之自民，以表著其是非，效力更果。二者不可分歧。」〔註 37〕平教會代表人物陳築山也提出：「在今日好像朝陽初出滿有希望的縣政建設，將來的結果如何，也難逆料。但是中國今日現實政治的失望，已到了水盡山窮的地步，我們不願坐以待斃，只有向前努力，行行不已，探求柳暗花明的又一村。」〔註 38〕不僅如此，同為平教會重要人物的李景漢還從救亡建國的角度出發，號召更多的人加入到鄉村改造運動之中。他說：「總結起來，民眾是建國的基礎，而中國農民，無論在量的方面或質的方面，均占民眾的主要部分。由於以往對於他們的疏忽放任，遂至演成今日散漫無力的現象。但他們具有天賦的偉大能力，就是需要有人來喚醒他們，組織他們，領導他們；只要給他們一些基本的教育與訓練，就能變為團結有力的民族。但這需要全國一致的努力，來促成這個大的轉變。」〔註 39〕與此類似，非鄉建派人士張西曼在文章中也說：「我們知道民眾在自救救國的工作上，並非無能，而最重要的就是啟發他們的自覺，使他們起來，組織他們充分的力量來自救，來爭他們本身在政治、經濟以及文化各領域的法定權利。」〔註 40〕可見，鄉建派人士所從事的鄉村改造運動，跟此前中國人所從事的政治改良一樣，都希望給苦難中的祖國找到一條新的出路，只不過

〔註 35〕鄉村工作討論會編：《鄉村建設實驗》第 2 集，中華書局 1935 年版，第 488 頁。

〔註 36〕鄉村工作討論會編：《鄉村建設實驗》第 1 集，中華書局 1934 年版，第 33 頁。

〔註 37〕中國文化書院學術委員會編：《梁漱溟全集》第 4 卷，山東人民出版社 2005 年版，第 536 頁。

〔註 38〕鄉村工作討論會編：《鄉村建設實驗》第 2 集，中華書局 1935 年版，第 373 頁。

〔註 39〕李景漢：《深入民間的一些經驗與感想·下》，《獨立評論》1935 年 12 月 15 日。

〔註 40〕張西曼：《政治道德與革命紀律》，《民主與科學》1945 年 7～8 期合刊。

彼此在路徑的取向上不同罷了。正如有人所說，鄉建派人士代表著一部分愛國知識分子對中國現代化建設道路的探索與選擇。〔註41〕從此意義上看，鄉建派人士所進行鄉村改造運動不只是一種簡單的社會改造運動，而是一種具有事關民族危亡與國家未來的社會改造運動。

當然，鑒於當時中國特有的政治生態，鄉建派人士對國民黨及其政府在發展與改造鄉村上的無所作為而產生的失望與不滿，以及對共產黨在廣大鄉村的激進措施而產生的驚恐與不安，無疑也是其從事鄉村改造的重要動因。

就國民黨言之，其自北伐勝利南京柄政以來，政策的重心基本游離於黨派間爭鬥的周圍，施政的主要手段大體跟暴力相連，對於廣大的鄉村，除了徵收田賦，就是盡可能地利用原有的組織和利益集團來構建地方的基層政權，以鞏固與維護自己的統治，至於農民的死活、農業的發展、農村的安定，則是一個相對次要的問題。故而，著名社會學家吳景超通過自己的觀察與研究，就農民可耕田地長期不足或無田地可耕的現狀，批評國民黨道：「由此可見中國沒有田的農民以及雖有田而不夠的農民，仍占全民二分之一以上，這個問題誠是人民生活中一個最為嚴重的問題。民生主義裏，最重要的一部分，便是為解決這個問題而發的，可是國民政府已經成立了若干年，對於如何實行孫中山先生遺教的這一部分，竟絲毫沒有表現，未免令人感覺失望了。最可笑的，就是共產黨以前在江西實行的土地政策，某院長在公開談話中，竟說他們是從三民主義之偷去的。我覺得主義與財富不同，是不怕別人來偷的，同時也不可學守財奴的辦法，把它藏在一個秘密的地方，而不拿來使用。」〔註42〕跟吳景超不同的是，經濟學家吳鼎昌覺得，即使國民黨實行耕者有其田，但在賦稅繁重的情況下，也改變了農民貧困的現實。他曾撰文說：「我的笨想，以為在田賦問題未解決以前，我們現在還談不到什麼『耕者有其田』，『土地國有』一類問題：因為在現行的田賦制度之下，即使無條件把田分給農民，他們也納不起賦稅，只有更苦：此後『地保』、『巡警』和『鐵索』將不入田主之家而入耕者之家了。即使政府無條件把田沒收，也不會憑空從地中長出金子來。在田賦問題未解決以前，一切救濟農村的工作只怕都是陸象山所謂『支離事業』而已……但讀者不要誤會，我並不反對『土地國有』和『耕者有其田』。問題很簡單：在中國此刻農村尚未科學化、機械化，還要靠農夫的臂力汗血耕作的時候，每畝田的

〔註41〕郭蒸晨：《梁漱溟在山東》，人民日報出版社 2002 年版，第 67 頁。
〔註42〕吳景超：《耕者何時有其田？》，《獨立評論》1935 年 8 月 25 日。

出產量有可憐的限度。地方政府每年要從這上面徵收很重的稅收，作為主要的政費，既令耕者有其田，也等於和耕者爭口中之食。耕者一年血汗所得，還是不夠溫飽，還是要『孝敬』別人。在耕者看來，其為『孝敬』等耳，田主與衙門奚擇焉！」〔註43〕顯然，吳鼎昌既批評國民黨沒有及時推行「耕者有其田」的土地國有政策，也批評國民政府為應付時局實施不切實際的田賦政策，從而使得廣大農民，不僅無田可耕，即使有田可耕，也仍難逃飢寒交迫的命運。

就共產黨言之，自國共合作破裂後，就開始走上了一條從農村包圍城市的道路。因而他們在武裝鬥爭的推動下，開闢農村革命根據地，建立革命政權，積極領導農民抗租抗稅、武裝暴動，進行以鬥地主、打土豪與分田地為主要內容的土地革命，希圖以此把一盤散沙的農民運動組織起來，共同加入到新民主主義革命的洪流之中。但是，中共土地革命的舉措與行動，在力主社會改良的中間派人士特別是力主鄉村改造的中間派人士看來，無疑是一場對農村經濟與社會組織的極大破壞。如王造時在《新月》上撰文說：「且共產黨自與國民黨分家之後，失去活動的憑藉，於是鋌而走險，而與土匪結合，採行張獻忠、李自成的殺人放火的政策。土匪本來的目的，是在掠奪財產；原來的手段，是打家劫舍；今有共產主義的名義，可以利用，自是相得益彰。於是土匪利用共產黨的招牌，共產黨利用土匪的暴力。星星之火，成為燎原。」〔註44〕所以，為防止中國共產黨土地革命的蔓延、進而扼殺土地革命的目的，鄉村改造更有必要。

此故，在鄉建派人士看來，國民黨消極的農村政策，不僅使得廣大鄉村變成了一潭死水，而且使得廣大農民生活於水深火熱之中；而中國共產黨的過激行為，既讓廣大鄉村變得風雨飄搖、動盪不安，更讓貧苦無助的農民鋌而走險。所以，針對國共兩黨政治路線在農村無為或過激的兩種截然對立的政策，鄉建派人士認為它們都不是改造鄉村的應取之道，更不是指引中國鄉村未來走向的正確路徑。因為前者不僅使中國鄉村繼續停留在原來封閉、保守而落後的狀態，而且還讓其承受兵災匪患所帶來的災難；後者雖然通過劇變的方式，讓中國農民從原來的生產關係中解脫出來，但生產力落後的現實，並不能從根本上改變農村貧困的現狀，並且因其暴力社會現狀的手段，還有人為造成社會對立與紛爭的隱憂。

〔註43〕吳鼎昌：《耕者肯有其田嗎？》，《獨立評論》1935 年 11 月 3 日。
〔註44〕王造時：《由「真命天子」到「流氓皇帝」》，《新月》1931 年第 11 期。

是以，對於國民黨及其政府，梁漱溟批評道，「今日的政府，不正是革命黨的政府嗎？他們不曾做過激烈的農民運動嗎？不過落到今日，你說他還能完成革命則不配……今後來完成中國革命工作的，要靠鄉村運動」；同時梁氏還指責國民黨在改造社會方面，不僅自身無方針，對前途出路無眼光，而且對中國社會本身所存在的問題缺乏正確的認識。對於中國共產黨，梁漱溟也曾公開宣稱：其從事鄉村建設的目的之一，即一面要從地方保衛上抵禦共產黨勢力的滲透，一面要消除共產黨領導的農民運動。〔註45〕並表示，不獨要清除共產黨分子，而且要清除共產黨理論。陳築山在《河北省縣政建設研究院工作報告》中，也表達了類似的觀點。他說，「要從根本上消弭共禍非實行縣政建設不可」，因為在他看來，只有實行縣政建設，即使有知識的青年有用武之地，也使無知識不聊生的農民有生可聊，從而使他們不至於為共產黨所憑藉和利誘而鋌而走險成為暴亂的工具。〔註46〕此故，鄉建運動的興起，很大程度上，既是鄉建派人士對國民黨及其政府的農村政策的一種修正與批評，也是鄉建派人士對中共的農村土地革命的一種抵制和反動。

可見，促使鄉建派人士從事鄉村改造的原因，從微觀上說，無疑各有各的理由。比如，晏陽初在談到平民教育的原因時說：「大家要知道平民教育的『平』字意味著什麼？他是平等之平，平社會之不平之平，要世界各國都承認中國人的平等的平，世界不承認這一點，世界就不平一天。社會上如果一天沒有承認平民教育的重要，不把平民教育作為立國的生命，立世的生命，社會就不平一天。非社會平等，人人受教育，世界決不能和平。中國三萬萬以上的平民，潛伏著雄厚的力量，必得下決心教育、開發、培養、組織、訓練、運用，20年後的今天，國家又是一個新階段。」〔註47〕但從宏觀上看，就是鄉建派人士從中間路線「救亡與建國」的政治目的出發，針對中國廣大鄉村經濟凋敝與秩序混亂的客觀現實，認為有對其進行改造的必要；同時，國共兩黨在鄉村改造上的兩種截然對立的態度與做法，更讓其覺得鄉村改造勢在必行。故而，從此意義上說，鄉建派人士之所以改造中國鄉村，既是鄉村自身的客觀需要，也是中間

〔註45〕中國文化書院學術委員會編：《梁漱溟全集》第2卷，山東人民出版社1989年版，第407頁。

〔註46〕章元善、許仕廉編：《鄉村建設實驗》第2集，中華書局1935年版，第575～576頁。

〔註47〕晏陽初：《為和平而教育世界》，楊力主編：《中國抗戰大後方中間黨派文獻資料選編》上冊，重慶出版社2016年版，第375～376頁。

路線本身的主觀使然，因為鄉村建設在本質上即是對近代以來「中國向何處去」的歷史課題的一種回應，而且這種回應相對於以前單純從政治、經濟或文化層面的回應而言，既在問題的認識上更具有系統性，也在問題的解決上更具有可操作性。

第二節　改造舊鄉村

鄉村改造固然有其不可避免的理由，但是如何改造呢？內容千頭萬緒。如一個筆名「濤鳴」的作者在《中國的病態應該怎麼治》一文中寫道：「那麼中國這許多的毛病，應該怎麼樣治才好呢？振興實業，普及教育，改良體育，改良交通，都是應做的事。不過這些事都不是短時間內做成的，也不是單獨可以做成的。可以單獨做成而且可以立刻做成的，就是改良道德——改良心理一件事。」〔註48〕作者雖然沒有明說治理中國鄉村的病態，其實，中國的病態又何嘗不包括中國鄉村的病態，甚至可以說，中國的病態就是中國鄉村的病態。就此而言，鄉建派人士所要進行的鄉村改造，絕不只是一個坐而論道的問題，相反，更是一場腳踏實地的社會實踐；不過，鑒於當時的社會現實，以及中國農村問題的成因，從而客觀上注定了鄉建派人士的這場社會實踐，不僅在內容上錯綜複雜，而且在成效上難如預期，誠如時人所說，這是一項「推車上山的事業」。

一、重建鄉村秩序

中國鄉村之所以破敗不堪、混亂蕭條，原因固然有很多，但鄉村秩序的失調無疑是其中的一個重要原因。如在張東蓀對當時中國社會所診斷的「無知、貧乏、兵匪、外力」四病中，與胡適開出的「貧窮、疾病、愚昧、貪污、擾亂」五鬼中，都包含著鄉村無序的內容。〔註49〕因為自晚清以來，以家族為核心的

〔註48〕濤鳴：《中國的病態應該怎麼治》，《獨立評論》1933 年 5 月 21 日。

〔註49〕張東蓀曾在《現在與將來》一文中對中國社會的病態診斷說：「（一）大多數人民無知識，和原始人類所差的狀態未必甚大，我名這個為『無知病』；（二）大多數人民困於生計，因本來物產不豐，加以連年天災人禍，以致愈貧，我名這個為『貧乏病』；（三）自民國以來，連年內亂，以致兵匪愈增多，我名這個為『兵匪病』；（四）自前清以來，關稅外交完全失敗，外國的國家主義與資本主義合而為一，以壓倒中國，我名這個為『外力病』。」（《改造》1920 年 12 月。）而胡適也在《我們走哪條路？》一文中發表類似的見解，認為普

宗法制度在西方文化的挑戰下，逐漸喪失其原有的規範和約束所屬成員的道義性與合法性；再加上大量的鄉村精英為躲避戰亂匪患而成批地逃往城市或者因戰亂匪患而被屈殺，故而使得社會的基層權力要麼淪為奸詐之人魚肉鄉民的工具，要麼失落成毫無尊嚴和威權的擺設。所以在那樣一個兵荒馬亂、逼良為娼的年代，作為千百萬平頭百姓安身立命的鄉村，對內既不能約束不良者以為惡，也不能保護良善者以從善；對外既無力抗拒兵災的侵襲，也無力抵禦匪患的騷擾。在此情況下，不僅廣大鄉村淪為兵災匪患的跑馬場，而且廣大農民也成為兵匪隊伍的後備軍。因此，從給鄉村發展和穩定營造一種相對良好的環境出發，整合鄉村秩序不能不是鄉建運動中一項十分重要的任務。

那麼鄉建派人士是怎樣來重建鄉村秩序呢？由於實踐主體和實踐時空的差異，該項工作在實施過程中並沒有固定的模式，擇其要者來說：梁漱溟在鄒平實驗區內，主要以北宋年間呂大鈞兄弟所創的「呂氏鄉約」為藍本設計出一種政教合一的鄉村組織──村學、鄉學，它的基本成員是由學董、學長、教員、學眾等四部分組成，這四種人由於其所屬身份的不同，從而其在組織內所承擔的義務和享有的權利也隨之不同。就義務而言，學董勸說學眾入學、組織會議，學長主持教育，教員教育學眾，學眾則要遵守有關村學、鄉學的一切規則。梁氏為了更好地把學董、學長、教員、學眾黏合起來，還特意地制定了《村學鄉學須知》，對不同人的權利與義務做了明確的劃分，其中學眾的義務就有十四項之多，如要以團體為重，不能自圖個人的便利；要開會必到，事事都要認真地考慮；有意見要當面說出，不能悶在心裏；要尊重多數，要捨己從人；要顧全少數，彼此遷就；要為團體服務，不可敷衍塞責；要勇於負責，出頭做好事；要遵規約，守秩序；要敬長睦鄰；要尊敬學長；要接受學長訓飭；要信任理事，不可存挑剔反對之心；要愛理想；要推村學之義於鄉學等。〔註50〕同時，為強化社會治理與整頓地方治安，梁漱溟在吸取瑞士民兵制度與中國古代鄉約有關思想要素的基礎上，開展鄉村自衛活動。其中積極訓練鄉村成年農民，作為鄉村自衛的主體；以地域為單位建立自衛組織體系──連莊會，凡受過訓練的農民皆為連莊會會員；各連莊會會員以鄉、村為單位，分別隸屬於所在的鄉隊、

遍存在於中國社會的是「貧窮、疾病、愚昧、貪污、擾亂」等五鬼。(《新月》1929 年第 10 期。)

〔註50〕中國文化書院學術委員會編：《梁漱溟全集》第 5 卷，山東人民出版社 1992 年版，第 451～454 頁。

村隊，由鄉長、村長出任鄉隊長、村組長職務，全縣各鄉隊則受縣警衛隊統一指揮；各鄉正、副隊長皆隸屬於鄉學，受鄉理事會監督，統率全鄉連莊會會員，負責治安地方、宣傳政令、訓練民眾、調查戶口、查禁煙賭、改良風俗等工作。梁氏希望通過建立村學、鄉學與連莊會等組織結束鄉村的混亂狀態，並使社會上不同的人們安分守己，從而達到「德業相勸」「過失相規」「患難相恤」「禮失相交」的理想境界。

　　與梁漱溟齊名的晏陽初，出於開展縣政建設實驗工作以及組織和動員民眾的需要，主要從以下幾個層面著手建立縣政組織、整合鄉村秩序。首先，組建公民服務團，以其作為最基層的社會組織。根據規定：全縣人民皆為公民服務團團員，按年齡分現役、預備役、後備役三種，其中以少壯分子組成的現役為基幹，構成服務團主體，同時根據團員在學校所學的專業，而分別組成政務、教育、經濟、保健四組；團員有隨時輔助各種建設工作進行、隨時接受繼續教育及特種訓練、嚴守團的組織紀律等義務，團組織在技術上、設計上應接受本鄉鎮學校教師的指導，團組織的活動應受鄉鎮建設委員會指揮與監督。其次，組建鄉鎮建設委員會，以代替原有鄉鎮公所職能，負責舉辦公民訓練，協助選民登記，改進學校，訓練合作，舉辦公民訓練，進行政治經濟、衛生、娛樂等各方面的教育等工作。根據要求：鄉鎮建設委員會由當地有資望閱歷者 6～12 人組成，其中小學教師為當然委員及秘書，委員會正副主席由縣政府委任為副鎮長或副鄉長，委員會之下分設政務、教育、經濟、保健四股，以與公民服務團的四個組織相對應；鄉鎮建設委員會委員必須由鄉鎮公民大會選舉與罷免；鄉鎮建設委員會工作必須接受鄉鎮公民大會的監督。再次，組建縣政委員會，以領導全縣的鄉村建設工作。根據設計：縣政委員會委員由 7～11 人組成，經縣長商承研究院聘任，分任秘書長、各科科長及管科委員職務；將原屬於縣政府的公安、教育、財政、建設四局縣政府原有的民政、秘書兩科，改設民政、財政、教育、經濟、公安五科，實行聯署辦公，以提高行政效率。最後，為了進一步加強對地方基層的掌控，晏陽初還注意選拔人才，組建農村改造輔導員隊伍，由縣政府指定分赴各鄉工作，負責貫徹與執行鄉村改造的政策及指示。〔註51〕此外，出於加強地方治安的目的，晏陽初在定縣設立了保衛團，由縣長兼大隊長，具體負責全縣的安保工作，各區、鄉設區隊、分隊，由區鄉長分任

〔註51〕鄉村工作討論會編：《鄉村建設實驗》第 3 集，中華書局 1936 年版，第 226～
　　　　229 頁。

隊長，在縣長領導下，負責本地的治安。晏氏希望通過建立比較嚴密的組織機構，來實現規範與整合鄉村秩序的目的。

其他鄉建派人士在各自實驗區內所進行的重建鄉村秩序活動又有不同。如鎮平實驗區，其領導人彭禹廷，鑒於當地歷年來土匪蜂起、全縣人民終日在刀光劍影下討生活的現實，開始在當地領導民眾、組織民眾，訓練民眾，提倡地方自治，以建立一個「夜不閉戶，路不拾遺，村村無訟，家家有餘」的美好社會。所以，為重建社會秩序的需要，行政組織方面，首先，建立以「自治委員會」「十區自治辦公處」「調解委員會」為主體構架的自治機關，以代替原有的官治組織；其中自治委員會為全縣會議機關，具有決定全縣一切事業進行計劃及興革事宜等權力，委員會委員由全縣鄉民選舉，任期一年；十區自治辦公處為全縣行政執行機關，下設總務、指導、調查、財務、建設五股，負責具體行政事務；調解委員會總會設委員五人，由自治委員會推選，負責處理全縣訴訟事件。其次，全縣劃分十區，每區設正、副區長各一人，下設總務、指導、教育、建設各部門，並附設調解委員會。再次，區之下建鄉鎮，每鄉或鎮設正、副鄉長（鎮長）各一人，負責全鄉鎮的工作，附設書記一人，輔助鄉鎮長工作。最後，鄉鎮以下，實行閭鄰制，即保甲制度。自衛組織方面，主要借鑒瑞士民兵制度的經驗，規定 18 歲以上 45 歲以下的壯丁，均須接受為期四個月的軍事訓練，以培養彼此間的感情和熟悉簡單的軍事知識；其中訓練期未滿的壯丁及自願長期入伍的壯丁，為常備民團團員，其編制為團、營、連三級，各級主官為有軍事學識者出任；而那些訓練期滿遣散回家的壯丁，都屬於後備民團人員，並根據其職業，依照區域建立以隊為單位的組織，每月由隊長集合點名，擦槍發餉，如有匪患，則按原訓練之隊號集合出擊。〔註52〕可見，彭禹廷試圖通過建立自治機關和民團組織兩種途徑，來整合混亂不堪的社會秩序。

而無錫與徐公橋實驗區，則通過成立改進會來重建鄉村組織，烏江實驗區則組織農會來維護鄉村的秩序等。當然，這些組織下面還設有更具體的機構，如徐公橋實驗區在改進會下有委員會與辦事部，辦事部下又分設有保安、教育、農事、建設與總務五個股，負責具體工作；烏江農會則設有全體會員大會和幹事會議，幹事會議下又分設總務、農村教育、農村經濟與農村生活四個部門等。不過，鄉建派人士為重建鄉村秩序的努力遠不止上述舉措，事實上還有

〔註52〕鄉村工作討論會編：《鄉村建設實驗》第 2 集，中華書局 1935 年版，第 179～180、210～211 頁。

更多、更豐富的內容，如有些鄉建派人士為了維護地方治安，還採取了互助社、救濟會、協助保甲編制、舉辦鄉村建設講習會與自新習藝所等方法。然而，儘管鄉建派人士在重建鄉村秩序的具體內容與方式上各有不同，但其目的則大同小異。

所以，隨著鄉建派人士對鄉村秩序的重建，原劣紳當權、地痞橫行、盜匪頻發的社會異象得到了極大改觀；同時，也為鄉村建設其他工作的開展創造了有利條件。

二、發展鄉村經濟

鄉建派人士在重建鄉村秩序的同時，為了讓貧窮的鄉村變得富裕和繁榮，非常注重開展鄉村經濟建設方面的工作。因為當時的鄉村經濟已脆弱到令人擔憂的地步：言土地，一邊是大量集中，一邊又是大片荒蕪；言農產品，一邊是產量嚴重下降，一邊又是價格明顯下跌。中國農村經濟為什麼會出現這樣一種矛盾現象呢？就其外在原因來說，長期戰亂不止，不僅毀壞了經濟正常發展的環境，而且損耗了大量的勞動力；海外農產品有增無減的輸入也使得效益低下的傳統農業處境更為艱難；自然災害的不時出現，更是讓已處風雨飄搖的農業舉步維艱。就其內在原因來說：高額地租的存在，既掠走了農民微薄的收成，也扼殺了農民生產的激情；土地的高度集中，一方面造成大量農民的破產和流亡，另一方面又導致食利階層向農業部門的集中；如是，再加上生產力低下與資金短缺的現實，即便農民還想扎根於生養他們的土地，可土地怎麼也難以讓他們看到生存下去的希望和力量；如此原因與結果的相互激盪，本就薄弱的鄉村經濟何得而不凋敝？對此，鄭大華在其研究民國鄉村的著作中有過很好的概述：土地高度集中；農產品價格低落，輸出減少；農民購買力銳減；地價下跌，耕地荒蕪；生產力下降，農產萎縮；農村金融日趨枯竭；農民絕對貧困化；大量農民流離與死亡。[註53] 同時，鄉建派人士還認為發展鄉村經濟可以更好地落實發展鄉村教育的成果，使教、學、做合一。晏陽初曾說：「在定縣鄉村辦平民教育，我們覺得僅教農民認識文字，取得求知識的工具，而不能使他們有用這套工具的機會，對於農民是沒有直接效用的。所以從那時候起，我們便進一步覺悟，在鄉村辦教育若不去幹建設工作，是沒有用的。換句話說，在農村辦教育，固然是重要的，可是破產的農村，非同時謀整個的建設不可，不謀

〔註53〕鄭大華：《民國鄉村建設運動》，社會科學文獻出版社 2000 年版，第 1～30 頁。

建設的教育是會落空的，是無補於目前中國農村社會的。」〔註54〕

　　既然如此，那麼鄉建派人士是如何來建設和發展鄉村經濟呢？主要從兩個方面進行，即生產力方面主要是推廣新技術和新品種，生產關係方面主要是組建形式多樣的合作社。在鄉建派人士看來，中國鄉村經濟之所以不景氣，主要是農作物品種單一，且抗病抗蟲能力弱，從而造成產量低、效益差及市場競爭力低下等後果。因此，對農作物的改良、培育與推廣，是鄉建派人士發展鄉村經濟的首要任務。河北省定縣自 1927 年起就開始育種工作，為此還開辦了一個專供研究實驗農作物之用的農場，到了 1932 年該農場就育出優質棉種「114 號中棉」與「平教棉」，其後又與南京金陵大學農學院合作進行「脫字棉」的試驗；此外，還對小麥、白菜、梨樹、葡萄等品種實行改良。山東鄒平則對棉花進行培育，並引進脫里斯美棉；江蘇省烏江則先後對棉花、水稻、大豆、桃樹、柿子等進行試驗。其他各地實驗區的鄉建派人士也同樣進行農作物品種的培育和改進工作。當新的優質品種被培育出來後，鄉建派人士為了打消農民對新品種的疑慮，在實驗區內以表徵農家、雙方合作或特約種植的形式實行推廣，希望通過這樣一種榜樣示範、穩步前進的策略，使更多的農民在生產方面走上品種改良與技術更新的道路。如定縣推廣南京脫字棉，鄒平推廣脫里斯美棉，無錫推廣曲玉稻種，徐公橋推廣金大 26 號麥種，烏江推廣金大 332 號大豆等。當然，各實驗區推廣的新品種，遠不止上述舉證，並且鄉建派人士為了更好地培育與推廣農作物，彼此還通過召開會議、相互參觀等方式交流各自的經驗和心得，如全國鄉村工作年會的舉辦和召開，就是出於實現此種目的的需要。鄉建派人士在培植和推廣農作物的同時，也注重對家畜的改良。定縣、鄒平等實驗區通過外來的公豬與本地雜交來培育新的豬種，又通過外來雞種和本地雞種交配來改良原有的雞種；而且為了確保優良豬種與雞種的推廣，鄒平還成立了家畜防疫組，專門負責家畜家禽瘟疫的防治工作。

　　正是在鄉建派人士的多方努力下，鄉村動植物改良取得了一定的成效。例如，1932 年鄒平農場推廣脫里斯美棉 47000 餘斤，是年秋收，凡種植該棉的農戶都獲得了前所未有的好收成，不僅每畝增產 10%～20%，而且每擔售價也增加 10～16 元；1936 年定縣大面積地推廣南京脫字棉，結果農民因產量的增加而多收入了 13200 元；徐公橋推廣金大 26 號麥種，後發現每畝產量比土種產量多收 5 斗，並且其價格也比土種的好。再如家養動物，經過改良的雞比原

〔註54〕鄉村工作討論會編：《鄉村建設實驗》第 1 集，中華書局 1934 年版，第 54 頁。

來的雞不僅體形大、出肉多，而且產蛋也多，經過改良的豬種比原來的豬種在年生長率方面要高。據定縣實驗區統計，本地雞平均年產蛋 80 個，改良雞平均年產蛋 140 個，相差 60 個，合洋一元五角；本地豬一年之內平均肉量 110 斤，雜種豬一年之內平均肉量 170 斤，彼此相差 60 斤，按每斤 4 元計算，一頭雜種豬可增收 240 元。〔註55〕

　　如果上述是鄉建派人士為恢復與發展鄉村經濟而從生產力方面做出努力的話，那麼下面就是為著同樣的目的而從生產關係方面所做出的革新。在鄉建派人士看來，中國鄉村自給自足的傳統經營模式，不僅使農民彼此間在生產中難以互助與合作，而且也弱化了農民抵抗水、旱、蟲、病等自然災害的力量。因而若想在現實中讓鄉村經濟得到更好的發展，就很有必要把農民適當地組織起來，集中有限的人力與物力投放到生產實踐中去。於此，鄉建派人士在各自的實驗區內組建了形式多樣的合作社，如信用合作社、運銷合作社、產銷合作社、生產合作社、購買合作社、養魚合作社、墾殖合作社、戽水合作社、借款合作社、灌輸合作社、公共倉庫等，其中信用合作社的主要功能是負責資金的籌集和借貸，運銷合作社的主要目的是負責農產品的集中和銷售，戽水合作社的主要任務是組織農民集體抗旱，墾殖合作社的主要宗旨是組織農民利用荒地植樹造林。在鄉建派人士所主導的鄉村改造中，由於這些合作社的成立與成功運轉，既加強了原處於隔絕狀態下農戶相互之間的聯繫和往來，也緩解了農忙季節那些因各種困難而求助無門的農戶的燃眉之急，更消弱或防止了那些不良的地主與商人借機對農戶的訛詐和盤剝，從而有利於引導著一盤散沙的農民走向合作。

　　所以在鄉建派人士的組織下，實驗區內的許多農民紛紛要求加入合作社。烏江信用合作社在 1931 年成立社數 12 所，社員 210 人；1932 年成立社數 14 所，社員 277 人；1933 年成立社數 7 所，社員 183 人；到 1934 年 6 月底止，共有信用合作社 33 所，社員 870 人。〔註56〕鄒平美棉運銷合作社在 1932 年有分社 15 個，社員 219 人，棉田 667 畝；1933 年發展到 20 個，社員 306 人，棉田 3464 畝；1934 年分社 113 個，社員 2810 人，棉田 21341 畝；1935 年分社 118 個，社員 2749 人，棉田 30111 畝。〔註57〕惠北實驗區有信用合作社 6

〔註55〕鄉村工作討論會編：《鄉村建設實驗》第 1 集，中華書局 1934 年版，第 79 頁。
〔註56〕鄭大華：《民國鄉村建設運動》，社會科學文獻出版社 2000 年版，第 405 頁。
〔註57〕《梁鄒美棉運銷合作社第四屆概括報告》，《鄉村建設》1936 年第 16～17 期合刊。

所，社員189人，資本650元；養魚合作社2所，社員58人，資本1050元；運銷合作社1所，社員30人，資本280元。北夏實驗區有信用合作社12所，社員183人，資本468元；養魚合作社5所，社員208人，資本430元；墾殖合作社1所，社員30人，資本30元。〔註58〕事實上這些合作社在實踐中的作用也是相當明顯的，如鄒平美棉運銷合作社幫助農民銷售棉花，改良美棉每百斤多售價8元3角，普通棉多售價6元3角；徐公橋的公共倉庫在1932年春幫助農民每擔大米多買大洋4元1角；烏江棉花運銷合作社在1934～1935年度幫助農民運銷棉花，每擔增收17元左右；而無錫與烏江實驗區的信用合作社在1934年就分別放款21000元和27239元。

此外，為了發展鄉村經濟，鄉建派人士還採取通過鋪路架橋、植樹造林、興修水利、移民墾荒、救災防害、發展家庭手工業等措施，來刺激和推動鄉村生產力的更新與生產關係的改善，並且也取得了一定的成績。其中職教社在1933年的鄉建工作報告中聲言，其在徐公橋實驗區已修建了長約9華里的四條泥路和長約6華里的兩條石路，同時還修築了8座石橋和21座木橋。中國華洋義賑救濟總會在其成立以來的12年中，就水利道路工程而言，已修築的道路有4000英里，整理或修築的河道海塘與堤壩有780英里，挖掘的水井有6000餘口，築成與修復的水渠有500餘英里。〔註59〕

不過，鄉建派人士在發展鄉村經濟建設中所取得的成效，並沒有達到預期目標，因為它不僅沒有復興凋敝農村經濟，而且也沒有阻止農民在貧困的泥淖中越陷越深。對此，有一位鄉建派人士曾經在報告中感慨道：「現在我們土匪也平了，人民也安居樂業了，然而一般農民的生活還依然一天天地破產下去，這教怎樣辦呢？」平教會調查處主任李景漢也在調查報告中說：民國二十二年冬季，定縣人民常常連飯也吃不起的約占人口總數的20%；農民願出賣田產者日眾，因此地價低落，前五年時，普通有井之田地每畝為120元，目下落至50元，普通旱田由50元至25元；前五年時，佃農之全年工資為40元，目下落至30元；前五年時，定縣的乞丐是鳳毛麟角的，上年冬季增至3000人左右；民國二十年內，在定縣因債務破產而為債主沒收一切家產之家數，不過50人左右，21年內增至300家左右，22年內竟達2000家之

〔註58〕鄉村工作討論會編：《鄉村建設實驗》第2集，中華書局1935年版，第166頁。
〔註59〕鄉村工作討論會編：《鄉村建設實驗》第1集，中華書局1934年版，第44～45頁、128頁。

多。〔註60〕為什麼在鄉村建設運動中，農民還一如既往地滑向貧困破產的深淵，個中原因，也許不是鄉建派人士所能理解的；個中問題，當然也不是鄉建運動所能解決的。

三、革除積弊陋習

民國時期的鄉村，除卻混亂的秩序與蕭條的經濟外，傳統的陳規陋俗也隨處可見。如小腳、長辮並沒有隨帝制的崩潰而消失，鴉片、賭博也沒有隨民國的建立而絕跡，求神問卦、燒香拜佛的迷信活動也仍然是許多農民生活的重要組成部分，巫婆、神漢、陰陽先生還照樣在社會中保留相當的地位與影響，重男輕女、買賣婚姻的現象更沒有因女權思想的傳播而變得稀少。如是對中國的鄉村而言，豈止是一個混亂與貧窮了得。

所以，鄉建派人士針對鄉村中這些既存的弊病，採取如下對策：首先，解放婦女。婦女解放的思想其實早在清末就已經傳入中國，並且在民國初年還掀起了以發展女子教育、譴責纏足溺嬰、反對買賣婚姻、要求男女平等為基本內容的女權主義運動，然而直到 20 世紀二三十年代，鄉村中許多婦女仍處在傳統生活的羈絆中。對此，鄉建派人士在各自的實驗區內厲行解放婦女，如鄒平實驗區在縣、鄉兩級分別成立了放足督查委員會和放腳委員會，具體領導整個實驗區的婦女放足工作，對於那些纏足不放的或放了再纏的採取教育、罰款與遊街等措施，迫使其放足；鎮平實驗區規定 30 歲以下的婦女一律放足，違者每月罰錢一千，至放大為止。同時，各實驗區還嚴禁溺斃女嬰，違者重罰。對於那些到達學齡的女孩，規定其有像男孩一樣入校求學的權利；對於那些錯過上學機會的婦女，通過掃除文盲活動使其重新進入學校讀書識字，如定縣實驗區為了確保婦女受教育的權利，在 1928 年設立了婦女平民學校和婦女育才學校，在 1931 年又成立了青年婦女教育委員會等。此外，鄒平實驗區還針對男婚女嫁中女方索禮過重、導致婚姻近乎買賣的現象，制定了《取締婚姻陋俗辦法》，其中規定女方向男方所要采禮最多不得超過大洋 150 元，違者按行政執行法從重處罰。鄉建派人士如此對女性正當權益的維護，對於推動和提高農村婦女心身健康發展無疑有著重要的作用，並且對於中國傳統文化中那種重男輕女的思想與意識也進行了某種程度的消解與清理。

〔註60〕千家駒、李紫翔編：《中國鄉村建設批判》，生活書店 1936 年版，第 90、105 頁。

其次，破除封建迷信。封建迷信在中國是一種由來已久的文化現象，儘管清季以來隨著西學大潮的湧動，先進的中國知識分子就高舉起破除它的大旗，但它仍如一條死而不僵的百足之蟲，依然託庇於社會的各個角落，以其特有的方式宣告著自己的存在。所以，即使生養它的封建社會早已告別了歷史舞臺，可它並不因此而告別現代社會，其中 20 世紀二三十年代的中國廣大鄉村，許多人照舊沉迷在其懷抱之中。據李景漢調查，定縣實驗區的封建迷信就非常盛行。他報告中寫道：「由於知識力普遍缺乏，種種迷信遂能維持其不可輕視的神威，仍是或明或暗地籠罩著農村的一切社會行為，滲透在農民的生活裏做祟。天旱不下雨，求龍王；蝗蟲吃莊稼，求八蠟；河水泛濫，求河神；窮得沒錢用，求財神；女人不生養子女，求娘娘；得病總也不好，求藥王。對於村中公益，漠不關心，任其自由捐助，大半一毛不拔；而對於重修廟宇、再塑金身、迎神求仙等事，則多踴躍奉獻，往往超過他們的經濟能力。」〔註61〕許多老百姓發病時，他們先不是請醫生看病，而是請大仙降神治病。無錫實驗區封建迷信活動更是盛行，據調查該區的迷信活動主要有三種：定期的，如拜三簽、菩薩誕辰佛、大家佛、蘭盆佛等；不定期有組織的，如高一血河會、排堂佛會、小佛會等；不定期無組織的，如謝土、叫喜、擇日、問卦等。

故此，鄉建派人士主要採取幫助加教育的疏導方法，希望藉此使迷信者能夠迷途知返。比如對於那些相信神仙鬼怪能治病的人，當他發病時，實驗區衛生所就派人親自上門治病，用事實說明迷信不如科學；對於那些喜歡燒香拜佛、求神問卦的人，實驗區就通過現代的科技知識（放幻燈片、電影等）來證明神、佛、鬼、怪的虛假。當然，鑒於封建迷信跟傳統文化在邊界上的模糊性、跟風俗習慣在內容上的重疊性、跟自然現象在真理上的未知性等特點，鄉建派人士也對之採取有條件的認同和改革的辦法，來最大限度地壓縮其生存空間，儘量地清除其遺留在那些閉塞、愚昧、頑固心靈裏的毒素。

最後，嚴禁煙賭。吸食鴉片與聚眾賭博，應該也是近代以來束縛中國鄉村社會發展的重要原因，或者說是造成中國鄉村社會沒落與蕭條的重要根源。因為吸食鴉片，不僅摧殘了吸食者健康，而且還耗盡了吸食者的錢財，更甚者還毒化了吸食者的靈魂，使有用之人蛻變成無用之人，使無用之人墮落成有害之人；而賭博雖不似鴉片吸乾人身上的精血，卻更甚於鴉片耗盡人的錢財和毒化人的靈魂。所以，煙、賭二事在某種意義上，既是吞噬鄉村勞力的磨坊，也是

〔註61〕李景漢：《深入民間的一些經驗與感想（上）》，《獨立評論》1935 年 12 月 1 日。

損耗鄉村資財的黑洞，更是敗壞鄉村風氣的毒瘤。

為此，鄉建派人士把嚴禁煙、賭作為實驗區的一項重要的工作。例如，為了禁煙，徐公橋實驗區與鄒平實驗區則煙賭同禁，前者採取幹部示範、訂立公約、禁罰結合的辦法，後者則採取先教育勸導後抓捕處罰的辦法，而且為了加強禁罰的力度，後者還成立了禁賭協會、自新習藝所與戒煙所等機構。而鎮平實驗區鑒於煙毒的危害，則採取嚴禁鴉片的措施，其中在嚴禁辦法中規定：煙館一律取締；吸戶每月徵收罰款洋兩元，按月加倍，以戒除為止；吸戶若係赤貧者，由各區拘留戒癮，以戒除之日為止；市面所賣煙具一律焚毀，不准再賣，違者重罰。〔註62〕有的實驗區在禁賭方面採取積極與消極兩種方法：即一則是提倡各種適合於農民生活之正常娛樂，使其於休閒時，不致再消磨於不正當之娛樂中；二則是用強制的辦法嚴厲執行禁賭的處罰措施。由於鄉建派人士對煙、賭的嚴禁立場與剛性措施，實驗區內的煙賭現象明顯減少，如鄒平煙賭雖沒有絕跡，但也收斂了不少；鎮平除六十歲以上因病不能戒除者外，其餘大多數人均已戒絕；而徐公橋則煙賭幾乎完全消失。

四、注重醫藥衛生

鄉建派人士在為革除鄉村中的陳規陋習而採取各種措施的時候，同樣還進行醫藥衛生的建設工作。因為醫院、醫生、醫藥對舊中國的鄉村而言，無疑是一種相當稀缺的資源，其中不僅醫療機構缺乏、藥品器械稀缺，而且醫學知識陳舊、醫務人員短缺。據定縣實驗區調查：在總數 472 個村莊中，有 220 個村沒有醫生和任何醫療設備，其他 252 個村，每村也只有一個沒有經過任何正規培訓而自封的中醫。〔註63〕而鄒平實驗區直到 1934 年 9 月下旬，在鄉村建設研究院與齊魯大學醫學院的大力合作下，才出現歷史上第一所醫院——山東鄉村建設研究院醫院。無錫實驗區缺醫少藥的情況雖較定縣、鄒平兩地有所緩和，但形勢也並不樂觀，據其北夏區調查：該區只有中西醫 55 人，平均每 62 村巷、105 戶人家與近 500 人口才有一名醫生，而且這 55 名醫生中真正經過現代醫藥學校培養的只有 4 人，其餘 51 人皆是江湖郎中，此外，該區除 20 家小型中藥店外，既沒有一家西藥店，也沒有一家醫院。〔註64〕

〔註62〕鄉村工作討論會編：《鄉村建設實驗》第 2 集，中華書局 1935 年版，第 213 頁。

〔註63〕宋恩榮編：《晏陽初全集》第 1 卷，湖南教育出版社 1989 年版，第 272 頁。

〔註64〕張麗生：《一年來北夏健康教育之實施》，《教育與民眾》1937 年第 10 期。

更為嚴重的是，與實驗區這種薄弱的醫療設施相併存的是，人們不僅公共衛生意識淡薄，而且私人衛生意識也非常淡薄。比如一些村民對種痘、打預防針就抱著一種無所謂的態度，而一些女人由於受傳統男女授受不親思想的影響，也不願意被陌生男子種痘；至於在鄉村中隨地吐痰與大小便、隨意堆放垃圾與修建露天廁所的現象，則更是觸目皆是，見怪不怪。所以，李景漢在調查報告中對農民漠視衛生的情形描述道：「農村的不講衛生，已經達到不可思議的程度。農民不講衛生，也不信衛生；不但不信蒼蠅能夠傳染疾病，而且以為蒼蠅落過的飯食是於人有益的。『不乾不淨，吃了沒病』，是他們常念的信條。一個人身上沒有蝨子是不可能的，並且是『韓信帶兵，多多益善』，因為他們多年的經驗，得到這樣的結論：『蝨子多了不咬，債多了不愁！』有的男子尚可以在夏天到方便的河溝裏洗個痛快澡；女子洗澡是談不到的，據說一生或者有兩回，即生後第三日一次，或出嫁前晚一次。人有疾病多耽誤不治，亦實在連庸醫也少有請得起的。三房問題（廚房、臥房、茅房）一塌糊塗。」〔註65〕由此可知，中國鄉村衛生意識是如何的低下與衛生習慣多麼的粗劣。

因而，鄉建派人士從積極角度出發，在實驗區內開展一系列建立醫院、添設醫療設備、增加醫護人員等工作。例如，定縣實驗區縣設保健院，區設保健所，村設保健員；鄒平實驗區則縣設衛生院，鄉設衛生所；無錫實驗區則設區衛生所與衛生分所；徐公橋實驗區則設立了公共診所。由於這些醫院和診所的設置，從而極大地方便了本區內農民疾病的診治，同時也給農民節省了治病的資費。比如，定縣實驗區的農民到保健員那裏看病，平均每次只要花費醫療費1.1分錢。而鄒平實驗區在醫院開辦初期則規定門診以免費為主，初診收銅錢10枚，復診再加收4枚，實在貧困的人免收掛號費，藥費除注射「九一四」這種藥物外，其他概不收費。徐公橋實驗區的公共診所則規定農民到診所看病，則概不收費，貧窮者另免費給藥，家境一般者只收成本費。如是，到實驗區醫院、診所診治病情的農民隨之慢慢地增多。如無錫惠北實驗區衛生所，從1934年4月到1937年5月三年間，共門診病人7243人次，其中內科2177人次，外科1622人次，眼科1177人次，皮膚科1729人次，耳鼻喉科536人次。〔註66〕而鄒平實驗區醫院，自1934年9月到1935年6月，僅一年多時間內

〔註65〕李景漢：《深入民間的一些經驗與感想（上）》，《獨立評論》1935年12月1日。
〔註66〕《三年來惠北實驗區工作的檢視》，《教育與民眾》1937年第10期。

共診治病人 7635 人，病症 8592 例，診療次數 17808 次。〔註 67〕定縣實驗區在保健所的種痘人數，民國二十三年春季是 2448 人，到民國二十四年秋季則猛增到 30710 人。〔註 68〕

從消極角度出發，就是在實驗區大力開展疾病的防治工作。如他們通過布種牛痘和注射預防針的辦法，來防止天花、麻疹、霍亂、猩紅熱等流行性疾病的發生，同時向農民宣傳衛生常識，引導他們認識預防疾病的重要意義。有的實驗區甚至還組織巡迴醫療隊或衛生宣傳隊，在農閒時奔赴各鄉村給農民診斷疾病與講授衛生保健知識，還有的實驗區則特別注重婦嬰保健工作，不僅培養新法接生員，而且還訓練婦嬰宣傳員。此外，鄉建派人士為鼓勵和號召實驗區的老百姓，主動加入講究公共衛生、注意預防疾病的隊伍之中，還採取一些具體可行的措施。如徐公橋實驗區針對當地農民任意修建露天廁所的習慣，先後制定了《改良廁所計劃》與《廁所規定》，要求人們注意廁所衛生。烏江實驗區則要求理髮匠注意對理髮工具的消毒，以防止皮膚病與沙眼病的傳播。無錫實驗區還定期舉行清潔運動，發動群眾搞大掃除。定縣、鄒平還在學校中進行衛生、疾病的預防教育。鄉建派人士希望訴諸於這樣一種社會性動員和參與途徑，來構築一個全方位的、立體性的疾病防治體系，以改變過去那種單純依靠政府、醫院、醫務人員所組成的疾病防控模式。

事實上，正由於鄉建派人士在醫藥衛生工作方面的努力，實驗區內人們的健康狀況得到了一定程度的改善。如徐公橋到 1934 年試驗期滿時，實驗區內沒有一名未種牛痘者，並連續三年沒有一個人感染天花。〔註 69〕鄒平自 1934 年 9 月縣醫院設立後，再也沒有發生過大規模的傳染病流行。定縣實驗區內 61 村自 1933 年起天花既已絕跡，全縣患天花的人數也大為減少，當 1934 年造成大量人口死亡的天花大流行時，定縣也只有數人因感染而死亡。〔註 70〕所以，鄉建派人士雖然不能從根本上改變整個中國醫療衛生落後的現狀，但在其實驗區內，無疑已取得了比較明顯的成效。

〔註 67〕山東鄉村建設研究院編印：《山東鄉村建設研究院及鄒平實驗區概況》，內部發行，1936 年，第 133 頁。

〔註 68〕鄉村工作討論會編：《鄉村建設實驗》第 3 集，中華書局 1936 年版，第 258 頁。

〔註 69〕姚惠泉、陸叔昂：《試驗六年期滿之徐公橋》，中華職業教育社 1934 年版，第 63 頁。

〔註 70〕鄭大華：《民國鄉村建設運動》，社會科學文獻出版社 2000 年版，第 236 頁。

五、興辦鄉村教育

　　民國時期的鄉村，落後的教育如同落後的經濟一樣，也是當時一種普遍的社會現象，如學校稀少、教師奇缺、設施簡陋、失學率高、文盲眾多等。對此，有人就南京近郊一帶的農村進行社會抽樣調查，結果發現：當地 5 歲以上的總人口，受教育者占 19.6%，其中男子占 35%，女子占 2.0%。實際受教育者每人平均讀書 3.14 年，若以總人口平均，每人 0.62 年。無獨有偶，有人在北平近郊的一個村莊調查時也發現：該村到民國十七年才有一所正式小學，但校舍設在年久失修的破廟裏；教員只有一個，7 年內卻換了 5 人，且這 5 人中只有 3 人受過新式教育；學生年齡從 5 歲到 14 歲之間，共分成四個年級；在校學生的總和尚不足學齡兒童的一半，男生人數又遠多於女生。〔註71〕如是，既然全國兩個首善之區附近的鄉村，教育狀況都如此的嚴峻，那麼那些遠離京畿甚至地處偏遠的鄉村，其落後的教育面貌就可以想見了。

　　其實，鄉村教育落後，單就鄉建派人士實驗區內的鄉村教育情況來考察，就可以得到很好的印證。據江蘇省立教育學院調查，無錫黃港實驗區在 1929 年有男文盲 106 人，女文盲 210 人，二者相加占實驗區人口總數的 67.81%，非文盲僅占 9.23%，處於文盲與半文盲之間的占 22.96%。〔註72〕而徐公橋在未成為實驗區之前只有小學 1 所，北夏只有 2 所，惠北也只有 1 所。可以說教育的落後對舊中國而言，無論是城鎮還是鄉村，都是一種普遍的現象，只不過鄉村顯得更為嚴重罷了。

　　所以，著名鄉建派人士教育家陶行知就針對中國鄉村教育嚴重落後的實際發下了「徵集一百萬位同志，創設一百萬所學校，改造一百萬個鄉村」的宏願。〔註73〕青年黨人余家菊也曾經滿懷憂慮地發問道：「嚴格說起來，鄉村現在已無教育。然而教育讀書的事，畢竟還沒有滅絕。若長此遷延，不設法救濟，恐怕終究連認字的教育也沒有了！朋友們！鄉村的教育要怎樣救咧？我們不應該想法子解決嗎？」〔註74〕梁漱溟則結合中國的現實，更強調發展鄉村教育

〔註71〕李文海主編：《民國時期社會調查叢編・鄉村社會》，福建教育出版社 2005 年版，第 397、320 頁。

〔註72〕甘導伯：《三年來之黃港實驗區》，《教育與民眾》1932 年第 9、10 期合刊。

〔註73〕中央教育科學研究所教育理論研究室編：《陶行知年譜稿》，教育科學出版社 1982 年版，第 22 頁。

〔註74〕余傳韜編：《徐家菊景陶先生教育論文集》上冊，慧炬出版社 1997 年版，第 391 頁。

的重要。他說：「通算起來，中國人不識字的占到百分之八十至九十；分開來說，都市視此應低減，鄉村視此尚有增加。不識字的人無知無識，甚少為觀念的運用，意識的揀擇，而多是在迷信與傳統習慣下度生活。凡違反他的信仰，不合他的習慣之事，他都要拒絕。又何況是這歷史太久文化太老的中國鄉村社會呢？他們的信仰和習慣數千年沿用，無大改變，保守性格格外深重。」〔註75〕不僅如此，羅桂珍更是把發展鄉村教育提高到救亡的高度。他說：「吾國人口號稱四萬萬，占全世界人口四分之一。如能總動員的努力起來，還怕不能抗敵，不能生存嗎？無如全國的文盲占全國人口百分之八十以上。此百分之八十內，除少數舊式工業及推銷外貨之商人以及奴僕等職業外，大多數都是農民。他們非唯國家觀念十分模糊，既他們賴以為生的農業，至今尚多數保守著十八世紀以前的成法……這種國家的根本大患，若再不趕緊設法消弭，國家前途真是不堪設想。消弭這種國家大患固然需要種種努力，但最重要最根本的辦法，無疑的是提高民眾的生產知識。」〔註76〕當然，如何提高民眾的生產知識呢？自然離不開鄉村教育的發展。

鑒此，鄉建派人士是如何來挽救中國鄉村教育的危機呢？

其一，建立以學校為主體的各種教學機構。民國鄉村教育之所以落後，一個重要的原因就是學校等設施奇缺。因為在這樣一種狀況下，不僅使得想讀書的人沒有讀書的地方，就是想教書的人也沒有教書的去處；於是自然就導致了兩種後果，即一方面能讀書的人越來越少，另一方面能教書的人更少之又少，是以教育何得而不落後？因此，鄉建派人士自然把建立學校及其他教學機構，作為改變與發展鄉村教育的突破口。故而在實驗區內，名目不一、形式多樣的教學機構隨處可見，如中心小學、實驗小學、國民小學、鄉村小學，短期小學、平民學校、民眾學校、婦女學校、師範學校、補習學校、露天學校、平民教育專科學校，師資培訓班、塾師訓練班、衛生訓練班、婦女救護班、合作社訓練班、青年自衛訓練班，其他還有什麼成人夜校、農民夜校、教師講習會、合作講習會、農民教育館、民眾圖書館、兒童學園、連莊會等，真可謂是五花八門，應有盡有。

不過，這些教學機構的名稱看起來較為複雜，但從其功能上來劃分大致可

〔註75〕梁漱溟：《我們政治上第二個不通的路——俄國共產黨發明的路》，中國人民大學中共黨史教研室編：《批判中國資產階級中間路線參考資料》第2輯，中國人民大學1962年版，第140頁。

〔註76〕羅桂珍：《論強迫民眾教育的實施》，《獨立評論》1936年10月4日。

以歸為兩大類，即一類偏重於識字的基礎教育，如各種小學以及農民夜校、成人夜校、補習學校、民眾學校、農民教育館等，因為它們在教學內容上有一共同特點──就是給求學的兒童和成人灌輸一些識字、常識、珠算等基礎性知識，不含有某種特別的技能與知識；另一類則側重於技能的職業教育，如師資培訓班、塾師訓練班、衛生訓練班、婦女救護班、合作社訓練班、青年自衛訓練班，教師講習會、合作講習會、幹部訓練所等，這一類教育機構的特點是：在教育對象上主要面向成年人，在教育內容上主要傳授某一技能，在教育目標上主要追求一種立竿見影的社會效果。也許有人會感到奇怪，既然鄉建派人士在目的上都是為改善鄉村教育，為什麼在教學機構的設置上卻又如此的大相徑庭呢？道理其實很簡單：一則是鄉建派人士在整體上缺乏統一性所致；二則是鄉村教育事業在發展過程中因地制宜使然。

其二，實施形式多樣的教學方法。儘管教學設施與場所已經建立起來了，但是在教學過程中，如何讓教育者把自己所擁有的知識與技能傳授給被教育者，同時如何讓有限的教育資源能夠最大化地發揮其功能，也是一個不容鄉建派人士迴避的問題。為此，鄉建派人士在教育實踐中採取了各種各樣的教學方法，其中既有特色又有影響的有小先生制、流動圖書館、戲劇教育法等。

分開來說，小先生制是陶行知先生率先在教學實踐中使用的一種方法，其核心內容是：大的教小的，會的教不會的；也就是說在老師教學活動結束後，一些學生即刻把從老師那裏學來的知識和技能通過不同的場所與形式再教給那些沒有學會而又想學的同學和人們。由於此方法既有利於緩解師資力量嚴重不足的矛盾，也有利於實現即學即用的目的，從而很快為其他實驗區的教學機構所採用，有的甚至在其基礎上進行擴展與充實。如定縣的導生傳習制就是其中的典範，它的基本方法是：教的人，要教人習，教人用，教人傳；習的人，習會了，要去用，要去傳。這樣一種小先生式的教學方法，在某種程度上使得知識和技能以網絡狀路徑快速地在民眾中傳遞。流動圖書館，就是鄉建派人士針對書籍少而求知者多的現狀而採取的一種社會式教學方法。如定縣為了更好地推行其社會式教學方法，於是把許多書籍和雜誌集中起來用木匣裝好，組成流動文庫，在各村巡迴流動，以供那些愛讀書的農民借閱；無錫實驗區也採取類似辦法來激發農民的讀書興趣和求知欲望，以推動知識在社會上的傳播。戲劇教育法，就是鄉建派人士為了避免教學過程中形式單一的說教現象，同時拉近教與學二者的距離而採取的形象式教學方法。其基本步驟是：一方面把許

多教學中的內容編排成戲劇，以農民喜聞樂見的形式去農村中巡迴演出；另一方面組織放映隊給農民放電影，播放那些含有農科知識的科教片和富有教育或娛樂意義的故事片。鄉建派人士希望借助這樣的途徑，對農民造成一種潛移默化的教育效果。

其三，編寫形式各異、內容多樣的教材。鄉建派人士雖然在發展鄉村教育過程中基本上解決了「在哪裏教學」與「怎樣教學」的問題，然而「教什麼」「學什麼」，也是一個鄉建派人士不得不面對的話題。因為如果這一個環節沒有解決好，即使前面的兩個問題解決了，其意義與效果也將受到嚴重的削弱，可以說後者是前兩者價值存在與實現的依託。因此，鄉建派人士在回應此問題時，除了一般性採用國民政府所頒布的法定教材外，還根據當地的實際需要，編寫出若干教材，以滿足農民及其子弟的求知需要，同時推動鄉村教育事業的發展。在此方面，成就最突出的當推定縣實驗區。定縣工作的鄉建派人士為了讓農民學會和認識生活中那些常用的字與詞，先後編排了收字 3420 個的《通用字表》、收字 1320 個的《基本字表》以及包括平民用詞與新民用詞的《詞表》。其後隨著平民教育的發展和推進，又先後編排了《市民千字課本》《農民千字課本》與《士兵千字課本》。如是，為身處社會下層的人們，接受最基本的文化和解決生活中的一些文字往來問題，提供了一種便捷的工具。同時，為了讓農民能夠活學活用，加深對所認識的字、詞的瞭解與掌握，又編輯和出版了《定縣秧歌選》《平民小叢書》《國難小叢書》與《農民報》等讀物，使農民在這些簡單的讀物中走向更廣闊的知識天地。

以此為基礎，為了提高農民的思想道德素質，還編輯發行了《歷史圖說》《公民圖說》《公民道德根本義》《民眾道德綱目》《公民知識綱目》《中國倫理之根據》《公民課本》《歷史》《地理》等書籍，希望藉此幫助農民，不僅要成為一個現代性公民，而且要成為一個具有一定人文關懷的現代性公民。其他如鄒平實驗區編寫的教材有《鄉農的書》《植樹歌》《農夫歌》《放足歌》《朝操歌》等；無錫實驗區編寫的教材有《民眾課本》《民眾應用書》《民眾小叢書》等。鄉建派人士這樣一種自編教材的做法，在一定意義上既彌補了實驗區教材不足的缺陷，也有利於把自己鄉建理念滲透到編寫的教材中，因為在這些教材中，不難發現鄉建派人士所倡言的教、學、做合一的教育主張和憂國憂民的入世情懷。比如鄒平實驗區編寫的《植樹歌》《戒煙歌》《放足歌》《朝操歌》等，就是讓農民在說唱之間不自覺地感知到植樹、戒煙、放足、朝操的重要意義，

於是自覺地加入到植樹、戒煙、放足、朝操的隊伍中來。定縣編寫的《歷史圖說》，就是通過圖文結合的方式把中華民族許多志士仁人的感人事蹟裝訂成冊，供農民閱讀，從而幫助他們培養起一種急公好義、為國為民的奉獻精神。就此而言，此種教材的產生，不僅有助於鄉村教育更加嵌合落後的鄉村實際，而且有利於推動鄉村教育事業與建設事業的發展。

由於鄉建派人士在教學設施、教學方法以及教材編寫三個方面的努力，鄉村實驗區的教育狀況，儘管沒有得到實質性的改善與提高，卻也得到了一定的發展。比如說，徐公橋在未成為實驗區之前只有小學一所，學生 160 人，到 1934 年試驗期滿時，小學就有 6 所，學生 585 人，6 年時間內增加了小學 5 所，學生 425 人。〔註77〕黃港實驗區通過三年試驗，到 1932 年 6 月，全區非文盲人數占總人數的比例由 1929 年的 9.23%上升到 46.5%。〔註78〕定縣為掃除文盲，在民國二十二年，全縣 472 村就有 403 村成立民眾教育學校 645 所；在民國二十三年，全縣 338 村共成立民眾教育學校 508 所。〔註79〕顯然，鄉建派人士在發展鄉村教育事業的過程中，對於鄉村教育設施的增添、農民素質的提高，起到了不可替代的作用。

至此，論述了鄉建派人士對中國現有鄉村的改造工作。分開來看，這五個方面在改造舊鄉村這項複雜的系統工程中，所起的作用和所扮演的角色是完全不同的，對此前面已有過較為詳細的探討和分析。但是若把它們同置於建設現代性鄉村的視野中，不難發現它們在相互作用方面具有內在的邏輯關係。

重建鄉村秩序，就其本身來說並沒有多少意義和價值，其意義和價值的體現，主要在於它能夠給鄉村建設造就一種和平的環境。因為對鄉村秩序的整合有利於地方的安寧，以此為基礎，鄉村的經濟才能發展，生活才能改善，教育才能提高。事實上近代以來的中國鄉村之所以社會凋敝、經濟蕭條、農民生活日趨惡化，一個重要原因就是鄉村秩序混亂，使得人們居無定所，行無所安，每天都在天災人禍的夾縫中討生活，苟全於亂世成為每個人心中最大的追求和奢望，哪裏還顧得上去發展經濟和教育、改善醫療與衛生、變更風俗與制度？就此而言，重建鄉村秩序是其他四者順利進行的前提。

〔註77〕姚惠泉、陸叔昂：《試驗六年期滿之徐公橋》，中華職業教育社 1934 年版，第 92～93 頁。

〔註78〕甘導伯：《三年來之黃港實驗區》，《教育與民眾》1932 年第 9、10 期合刊。

〔註79〕鄉村工作討論會編：《鄉村建設實驗》第 3 集，中華書局 1936 年版，第 242～243 頁。

　　發展鄉村經濟，表面上看起來，其作用雖沒有重建鄉村秩序所產生的社會效應明顯，但在鄉村改造這項系統性工程中，它的地位與作用也許更為重要。因為它相對於整合鄉村秩序來說，既是其意義與價值的重要託命所在，也是其生命和活力的重要源泉；並且相對於革除積弊陋習、注重醫藥衛生與發展鄉村教育來說，它既是其向前推進的動力，更是其依賴的物質基礎。為什麼這樣說呢？理由很簡單，有道是「衣食足而知榮辱，倉廩實而知禮節」，如果沒有經濟的發展，不僅將嚴重削弱重建鄉村秩序所產生的意義和價值，而且也將摧毀其得以維護和存在的政治社會資源。同時，因為貧窮而人心思亂，當每一個人都得為最基本的生存條件去奔波與抗爭的時候，那麼生活中的一切積弊陋習不僅難以革除，就是已革除的也會隨之而死灰復燃。為此，梁漱溟站在地方自治的立場上說：「地方自治，不能單靠人心習慣的轉變，物質經濟的轉變亦甚重要；如果經濟事實不逼著使人轉變，則新紀律新組織能力亦難養成。經濟是眼前腳下最實在的事實，事實不變，無實際的鞭策逼迫，一切均不易變。」因為「經濟進步則人無法閉門生活，在經濟上必發生連帶關係，由連帶關係而有連帶意識；連帶意識發生，地方自治之基礎即樹立矣」〔註80〕。可見發展鄉村經濟應該在鄉村改造諸環節中處於非常重要的地位。

　　那麼革除積弊陋習、注重醫藥衛生在此環節中的地位與作用怎樣呢？一方面它為鄉村秩序的重建與鄉村教育的發展清除了思想意識上的障礙，同時把現代性鄉村的某些觀念灌輸到農民的頭腦中去，另一方面對於在鄉村經濟建設中確保農民健康、增強農民體質也有不可低估的作用。

　　而發展鄉村教育則為其他幾項工作的開展和推進發揮著智力上的支撐與引導作用，使更多的農民，不僅意識到自己在鄉村建設所應該承擔的責任與義務，而且自覺地加入到鄉村建設隊伍中去，成為建構現代性鄉村的真正主力軍。同時，鄉村教育的內容，本身就包含著重建鄉村秩序、發展鄉村經濟、改良鄉村風俗和注重鄉村衛生等思想因子，如教育中強調社會合作、傳授謀生技能、批判傳統陋俗等就是很好的明證，特別是平教會在定縣所奉行的文藝教育、生計教育、衛生教育與公民教育，更是包含了許多有助於鄉村改造與建設的元素。對此陶行知曾經說過的一段話非常適合描繪鄉村教育在鄉村建設這項系統工程中所扮演的角色，他說道：「人民貧，非教育莫與富之；人民愚，

〔註80〕《梁漱溟全集》第 5 卷，山東人民出版社 2005 年版，第 324、328 頁。

非教育莫與智之。」「捨教育則共和之險不可避，共和之國不可建，既建亦必終歸於劣敗。」「社會一切事業皆胎息於教育。」〔註81〕由此可見，發展鄉村教育在鄉村建設過程中的重要性。

當然，鄉建派人士所實施的鄉村改造的內容與方式，也許並不是上述五個方面所能涵蓋與包容，而且由於彼此間團體派別的差異以及不同主體人生經歷和學術背景的不同，更使得同樣的鄉村改造在具體表徵上也各有特色。如梁漱溟在鄒平搞的是「孔家店式」的鄉村改造，晏陽初在定縣弄的卻是「青年會式」的鄉村改造。從此意義上看，如果想用某一種或某幾種形式來對鄉建派人士的社會實踐做一精確的描述和概括，顯然是不可能的，也是不現實的，就此而言，前述從五個方面對鄉建派人士改造鄉村的努力所做出的歸納與分析，應該說仍然屬於一種對中間路線社會實踐粗線條式的素描。

第三節　推車上山的事業

鄉村改造運動在鄉建派人士的推動下，熱熱鬧鬧地在全國許多地方開展起來，而當地農村、農民與農業也隨著運動的開展，似乎也呈現出新的氣象。誠如中國農村經濟研究會會員兼《中國農村》月刊發行人孫曉村，在當時評論中說：「而且這一切的努力，也不能說沒有相當的成績。例如定縣、鄒平，在組織農民、教育農民和訓練農村服務人才這些方面，都有相當的成就，尤其是定縣因組織農民，竟至和當地豪紳衝突起來；如鎮平、內鄉的自衛，真幾乎辦到『夜不閉戶』的程度；如江寧、蘭溪的改良縣政，可說開了一個地方政治的新記錄；如華洋義賑會的努力組織合作社，簡直是奠定了中國合作事業的一個基礎；其他如各大學的優良品種推廣工作，一般農村改進區的實施成績，也都有客觀的結果。」〔註82〕但鑑於中國當時的現實、鄉村自身沒落的根源以及鄉建派人士本身的不足，從而注定了此種氣象，只能如一個久病的人因一時治療而出現病情緩解的跡象，其實離真正恢復健康還有很大的差距。其中，沈鈞儒等在參政會一屆三次會議的提案中對農村亂象地概述就是很好的說明：「我國近年來，農村瀕於破產，市場極形凋敝，民生日蹙，信義日墮，爾虞我詐，機械萬端，商業上之交易，私人間之借貸以及一切權利義務之爭執，均異常複雜，

〔註81〕《陶行知全集》第 1 卷，四川教育出版社 1981 年版，第 221 頁。
〔註82〕孫曉村：《中國鄉村建設運動的估價》，《大眾生活》1935 年第 4 期。

非經法律制裁，不得正當解決。」〔註83〕如此的鄉村實況，無疑證明了鄉建派人士所進行的鄉村改造並沒有實現其既定的目標。不過，鄉建運動的如此結局，其實並不意外，因為無論是從人們對它的懷疑與批評中，還是從其自身的問題與矛盾中，我們都能找到當中的原因所在。

一、懷疑與批評

鄉建派人士所進行的鄉村改造運動，雖然得到了來自社會各方面的讚譽甚至支持，但是隨著運動的開展，批評與懷疑的聲音也隨之而起。

首先，左翼知識分子的批判與否定。由於鄉村改造運動的改良性質與鄉建派人士的反共態度，一批左翼知識分子站在馬克思主義與土地革命的立場上，對其提出了強烈的批評。如千家駒等人在文章中說：「在對抗土地革命和對抗反帝國主義鬥爭中發生和發展起來的『鄉村建設運動』，企圖在現存的關係下，用和平的方法，來達到國民經濟之改革的理想。因此，所謂『農村復興』『鄉村建設』『合作運動』和『土地村公有』等等，雖然採取了各種簇新的姿態，以各種不同的名詞而出現，但是它的內容，它的本質，是不是仍然蹈襲了過去一再失敗過的覆轍？它的實際的努力，是不是可以達到中國國民經濟之自由發展的目的？抑或和此目的背道而馳？」〔註84〕顯然，在左翼知識分子看來，鄉村建設運動是不可能達到其目的的，因為他們認為，在階級、政治以及土地狀況依舊的前提下，鄉村建設運動不僅難以實現其所揭櫫的「復興民族」的理想，就是使大多數窮人有飯吃這一最基本的目標也難以達到。

沿著批判的理路，左翼知識分子孫曉村以定縣實驗區出現的問題來舉證鄉建運動改造鄉村的無力。他在文章中寫道：「先說定縣、鄒平，這種的教育和訓練，自然能相當地使農民能得到生活的能力，可是這不是一個可靠的保障。生產工具在人家手裏，一切的負擔是這樣的苛重！政府不修水利，黃河一泛濫就是幾百里。僅僅有了知識，受點生產、衛生、公民等的訓練，就能有飯吃，就能活得下去嗎？而且農村裏的剝削階級存在著一天，農民的受教育，也受著限制。在霍六丁先生任定縣縣長的時代，定縣『農民同學會』的活動，把青年農民都組織了起來，當地的大紳士馬上出來反對，要驅逐平教會，為了不

〔註83〕沈鈞儒等：《減輕人民訴訟負擔案》，楊力主編：《中國抗戰大後方中間黨派文獻資料選編》上冊，重慶出版社 2016 年版，第 423 頁。

〔註84〕千家駒、李紫翔編：《中國鄉村建設批判·編者序》，生活書店 1936 年版，第 2 頁。

忍拋擲平教會幾年來努力的成績，霍六丁先生只得去職，『同學會』也只得停止活動。這便是告訴我們，知識分子進農村去，組織農民，教育農民，誠然是有意義的事，可是不能誇大地說，這樣便能解決目前的農村問題。要知道當你的教育或組織的活動，稍稍觸到地主紳士的利益的衣角時，他們便會驅逐你。至於想叫他們從農民那兒少榨取一些，或竟不許他們榨取農民，那更談不到了。」〔註85〕孫曉村用事實證明，點滴式的鄉村改造運動，既無補於時艱，也無改於農民生活的現狀。

跟孫曉村不同的是，張志敏通過對中國鄉村破產原因及所引發後果的分析，提出了自己的見解：「總括言之，農村破產之直接原因約有以下數端：（一）外國的經濟侵略；（二）農業恐慌所引起的內地農產品之滯銷；（三）水旱災之襲擊；（四）手工業之被破壞與商品經濟之侵害；（五）過重的地租和高利貸之剝削；（六）捐稅繁重；（七）兵匪擾亂等。這些原因又可歸結為三個根本原因：（一）外國的經濟侵略；（二）國家的負擔過重與軍閥割據；（三）地主、商業及高利貸資本之剝削……農村破產發生的影響是：（一）農民喪失土地；（二）農民受地租的壓迫和抵押借款的束縛；（三）農村金融枯竭；（四）鄉村人口過剩；（五）農村生產不能改進，甚至於無法舉行再生產；（六）占廣大人口的農民購買力之降低；（七）現時農村之普遍的饑荒等。」〔註86〕所以，張志敏最後主張，要真正解決中國農村問題，就必須打倒帝國主義，爭取民族獨立，改革專制政治，實行土地的重新分派；否則，任何鄉村改造，只能對世界資本主義市場、國內商業金融業以及繁重稅收，有一時的效用，至於改變落後鄉村，發展民族經濟，根本就談不上。

千家駒則在分析定縣與鄒平的鄉村建設模式不是中國農村出路的原因時說：「平教會是想不談中國社會的、政治的、經濟的根本問題，但他們所要解決的卻正是這種根本問題。他們只看到了社會現象的表面病態──愚、窮、弱、私，但他們沒有進一步去追究中國的農民為什麼會愚、會窮、會弱、會私？他們根本不理解在這『愚、窮、弱、私』底裏的帝國主義者之侵略與封建殘餘的剝削，才是造成『愚、窮、弱、私』的原因。所以平教會的工作視為一種教育制度之實驗是可以的，視為解決中國問題的張本是絕對不夠的。至於鄒平的鄉

〔註85〕孫曉村：《中國鄉村建設運動的估價》，《大眾生活》1935年第4期。
〔註86〕張志敏：《從整個民族經濟上觀察現在的鄉村建設》，《中國農村》1935年第7期。

村建設，梁先生在好多方面的認識雖比平教會進步得多；而且他明白了農民之自動的組織是鄉村建設之基本的動力；但由於他不瞭解鄉村中的階級關係，他把鄉村視為抽象的整個的整體，而不把它看成是由各種利害不同的地主、農民所組成的；他只看見了鄉村之外部的矛盾，而看不見鄉村之內部的矛盾，所以他是根本不想改變鄉村之內部的生產關係。唯其如此，他的整個鄉村是抽象的、空洞的東西，即使在表面上在所謂鄉長與村長領導之下組織起來了，然而農民們明白這種鄉長與村長即是從前的鄉紳與地主，他們多是收租的而不是納租的，多是放債的而不是欠債的，由他們所主持下的鄉學和村學，和從前的『自治協會』並沒有什麼本質上的差別……梁先生的『鄉學』與『村學』，不過是舊日豪紳政權之變相，只是披上了一件美麗的梁先生的外衣而已。」〔註87〕千家駒通過對定縣、鄒平鄉村建設理論與實踐的分析，認為它們根本沒有找到中國農村社會問題的病根，即使找到了，也沒有勇氣去面對，從而進一步表達了對鄉建運動的悲觀立場。

為了深化自己的觀點，千家駒還在《中國歧路》一文中，從理論到實踐對梁漱溟在鄒平的鄉村建設進行了批評。其中就梁漱溟先生的所謂「新治道」即就建構「倫理本位的社會」主張，展開批判說：「所以，梁先生的『新治道』，表面看來好似盡善盡美，彷彿真可以令學眾一踏而入『自由、平等、博愛之王國』，但說穿了卻也不過是孔老夫子『民可使由之不可使知之』的老把戲；梁先生的鄉學與村學，雖然披上了一件美麗的外衣，掛上了『組織農民，教育農民』的新招牌，戳破了說，卻也不過是現存秩序之巧妙的設計者而已。另方面，梁先生雖然口口聲聲說要深入農村組織農村，然而假如你們真的組織起來，他卻是一個民眾武力之懼怕者，所不同的，他是要『用軟工夫』去對付，以別於『硬工夫』對付者而已。」〔註88〕這裡，千家駒進一步認為，梁漱溟的鄉村建設是維護現有統治的一種工具，對廣大民眾，除了欺騙與籠絡，就是組織與控制。因此，李紫翔根據梁漱溟鄉村建設的主張，呼應千家駒說：「我們必須指出梁先生的思想之變遷，只是許多不斷的變遷之表象；根底上的保守主義是用了各種形式的形態而存續著的。這是一方面。另一方面我們更不可忽略梁先生之凡是存在的都是合理的客觀主義；在既成事實的面前，『調和融洽於對方之間，或超越乎彼此之對待，以變換主觀自適於這類境地為問題之解決』的供奉

〔註87〕千家駒：《中國農村的出路在哪裏》，《中國農村》1936 年第 1 期。

〔註88〕千家駒：《中國歧路》，《益世報》1935 年 4 月 6 日。

哲學的現世主義……唯其如此，鄉村建設運動的本身，就已決定了它的前途無望的命運。」〔註89〕

應該說這些左翼知識分子，站在階級鬥爭立場，用馬克思主義理論來觀照和分析鄉村改造運動中的主張及實踐，儘管言辭有些過激，觀點有些偏頗，但也確實指陳出其內在的矛盾性與致命的缺陷性，而此種矛盾與缺陷，在很大程度上成為制約其實踐向前發展與推進的致命因素。

其次，國民黨人的批評與責難。雖然鄉建派人士所進行鄉村改造運動的動機與目的，具有批判國民黨及其政府的意味，但其根本立場，畢竟無逾於忠實反對者的政治定位，正因為如此，它才得到了當政者的默認、准許甚至支持。比如南京國民政府當時負責農村工作的要員陳公博，就對定縣的鄉村建設持肯定態度，他在報告中說道：「有人對定縣的批評，以為所說與所做不盡相同，又有人批評定縣有兩個口號，一為『去文盲』，一為『做新民』，『去文盲』的工作固容易做，而『做新民』的解釋和範圍都太嫌空泛。但在兄弟本人，卻不願有所批評，因為中國的農村，毫無組織，實驗區只管方式不同，越多越好，將來終可收到多少效果的。固在兄弟沒有得到結論以前，只有同情，而沒有批評。兄弟在定縣時，曾和他們談過，他們以為目前中國有四大弱點，即愚貧私病，固設施工藝教育以救愚，生計教育以救貧，公民教育以救私，衛生教育以救病，同時又有三大設施的方式，如學校、家庭、社會（原文如此）。在兄弟覺得中國的病根固很多，不止四種，但能認定某種去幹，終是好的。現在他們對於無論什麼事，都是拼命地研究，如棉花種子的改良，無線電收音機的仿造，都有相當的成績，這是兄弟非常佩服的。」〔註90〕

不過，並非所有國民黨人都對鄉村改造運動持肯定立場，或者說，總有一部分國民黨人在用一種懷疑甚或不友好的眼光打量鄉村改造運動。比如針對當時的中國農村現狀，著名「三農」專家──國民黨中委李宗黃，在談到鄉村工作者必備條件時，提出了六個指標：即勤苦樸素，率直天真，有自衛的能力，有養的知識，要洗刷成見，要以身作則；認為這樣，方能稱得上一個合格的鄉村建設工作者。如果以此來衡量，顯然在當時鄉建隊伍中，不是所有人都能達到如此標準的，其中僅就洗刷成見而言，在鄉建派隊伍中，既有食古不化者，也有食洋不化者，更有文人相輕者。那麼，李宗黃的言外之意，則是批評或懷

〔註89〕李紫翔：《「鄉村建設」運動的評價》，《益世報》1935年7月20日。
〔註90〕陳公博：《危險的華北》，《中央週刊》1933年9月11日。

疑鄉建派人士的資格與素質。內政部部長何健認為，鄉村建設成傚之所以不彰，主要由以下幾個原因造成的，即缺乏統一的計劃，缺乏健全的下級組織，方法上的錯誤，鄉間知識分子的稀缺。〔註91〕如是，成效不彰的責任誰來負責呢？根據何氏的意思，自然由鄉建派人士來背鍋。

相對於李、何二人的批評，國民黨元老張繼的批評更為直接與尖刻。他就河北定縣的鄉村建設對外發表談話說：定縣事業，直不啻一騙人東西，誰從當地經過，就請誰去參觀；定縣建設，每年向國家領取錢幣二十四萬，十餘年來已耗資五百萬之多，但考其成績，實不過一隅之發展，何補於整個之農村；鄉村運動，用不著什麼高深的理論，現在一般村治學者皆整日實驗研究，講述高深的學理，反使人以為辦理鄉村事業如此之難，莫不望而生畏；鄉村事業，歐美已行之有素，可資借鑒，不必閉門造車，獨出心裁，大可取人之長，補己之短，放大眼光做去，由中央及各省縣共同努力，完成整個鄉村建設。〔註92〕顯然，張繼以批評定縣鄉村建設為契入點，進而否定整個鄉建派人士所進行的鄉村改造運動。儘管不能說張氏的批評全無道理，但可以肯定地說他對鄉建運動是持否定立場的，並且更可以說其此種立場，在國民黨內部絕不會是個別現象，相反而是體現了一大群國民黨黨政要人的共同傾向。不過，針對張氏的批評，胡適派學人任鴻雋則很不以為然，他以自由知識分子特有立場就張氏「借用歐美成法建設鄉村」的主張，發表議論道：「末了，我們要問鄉村事業，是不是可以把『歐美行之有素的』成法搬來運用，而不必『閉門造車，獨出心裁』？我們的答語：當然是『不能』。因為既名為鄉村事業，這些事業必定是十分的鄉村化，地方化。即使在中國，恐怕此地方的成法也不能應用於旁的地方，何況要以歐美的成法行之於中國鄉村呢？關於這一點，我們以為平教會的主張最為正確，它的貢獻也值得稱讚。因為它的主張是要深入民間去發見他們的問題，而它的貢獻，是在這些問題中間找出解決的方法來。不管它的成績怎樣，它的效果怎樣，我們以為它的方向是不錯的。」〔註93〕然而，任氏的此種辯白，畢竟無改於國民黨人對鄉村改造運動批評的現實。

所以，國民黨人對鄉村改造運動此種態度，相對於左翼知識分子的批判與否定而言，無異於從另一方面給鄉建派人士及其改造鄉村運動設置了障礙。

〔註91〕何健：《抗戰與鄉村建設》，《中央週刊》1939 年 2 月 23 日。

〔註92〕《世界日報》1933 年 10 月 2 日。

〔註93〕叔永（任鴻雋）：《定縣平教事業評議》，《獨立評論》1933 年 10 月 22 日。

　　最後，中間派人士的指責與疑惑。毋庸置疑，廣大中間派人士對鄉建派人士所進行的鄉村改造運動是持同情、理解甚或支持立場。比如周作人通過自己對定縣實驗區的考察，撰文讚揚道：「這回我看了以後，對於平教會很有一種敬意，覺得它有一絕大特色。以我所知，在任何別的機關都難發現的。這便是它認識的清楚。平教會認清它的工作對象是農民，不是哪一方面的空想中的愚魯或英勇的人物，乃是眼前生活著行動著的農村的住民。他們想要，也是目下迫切的需要的是什麼東西；目下不必要，也是他們所不想要的又是什麼東西。平教會的特色，亦是普天下所不能及的了不得處，即是知道清楚這些事情而親手去做。」〔註94〕周作人肯定平教會的鄉村實驗，切合農村、農民的實際需要。而蔣廷黻針對法學教授燕樹棠批評與責難平教會在定縣的鄉村建設，撰文調和說：「中國農村問題是十分嚴重，十分複雜的。士大夫階級十之八九尚置之不理，以為問題並不存在。政府又只有紙上復興計劃，也感覺無從下手。在這個當兒，幸而有少許志士願到鄉間去試驗。在此試驗期中，錯誤是免不了的，因為誰也沒有得著此中的秘訣；試驗者因個人性情的特別，也免不了有開罪於人的言行，因為人都是不完全的；改革的方案總要使一部分人士不滿意，因為利害的關係與守舊的根性。我們不到民間去的人，對這種試驗，只應有善意的貢獻意見，不應有惡意的破壞。以燕先生的地位，我相信他能幫助平教會改良工作的方法，同時也能替平教會解除同鄉的各種誤會。」〔註95〕短短的文字中，蔣廷黻把自己對鄉村改造運動的同情與支持表露無遺。

　　但是，由於中間派人士個人固有的思想淵源和學術傾向，其中也不乏指責與疑惑的聲音。前面所提的燕樹棠對平教會定縣實驗批評，就很有代表性。燕樹棠作為定縣遊學在外的學子，根據家鄉父老對平教會的意見，提出了六點批評：定縣民眾懷疑平教會利用模範縣之招牌，向來對平教會運動之領袖不表信任；平教會把定縣固有之建設冒充自己之成績；平教會在定縣製造教黨與非教黨之衝突；平教會在定縣潛伏反動勢力；平教會造成了定縣的奢侈之風；平教會吾人定縣民眾的人格。最後，燕樹棠總結說：「總而言之，統而言之！（一）依定縣一般人的見解，平民教育會在定縣的工作，不但有名無實，並且將引起民間階級的糾紛；（二）定縣的社會成績是定縣固有的，不是平民教育會造出來的；（三）定縣一般人認平民教育會的設施是為他們自己少數人的私利，不

〔註94〕周作人：《保定定縣之遊》，《國聞週報》1935年1月1日。
〔註95〕蔣廷黻：《跋燕先生的論文》，《獨立評論》1933年10月29日。

諒解他們是為定縣的公益；（四）定縣一般人對平民教育會人員所發生的厭惡，積恨日深，恐將（激）發反抗的運動。」並且，為了顯示自己的公正客觀，燕樹棠再三表示：「我現在所要講的話，不是我個人對於平民教育會的私見，是把定縣平民方面的輿論和輿情，綜合起來，代替我們那被試驗的『文盲』的老百姓們，對於那些試驗者不文盲的平民教育會的活動，說幾句話。」「以上說的情形，不是我個人的私見，是我們所得來的定縣的公意。我所說的情形是在平民教育會的報告書、宣傳品、出版物、統計表，等等文件裏邊所沒有的。」〔註96〕顯然，燕樹棠借鄉里公意，表達出自己對平教會定縣試驗持全面否定的立場。

無獨有偶，定縣人龐永福也發表了跟燕樹棠相似的觀點，只不過問題更要具體。他就平教會所揭櫫的四大教育內容和三大教育方式進行批評道：「平教會剛到定縣的時候，只以翟城村附近的幾十個村莊做實驗，其後始劃全縣為實驗區。他們舊日的所謂四大教育，目前有所活動的只有文藝教育、生計教育與衛生教育，至於公民教育原由陳築山主持，整天鑽到故紙堆裏，弄些個紙上的仁義道德，大家都認為無補於救亡圖存與復興民族的急需，遂宣告停頓。現只名存而已。此四大教育中，以生計教育為最迫切需要，這是不待贅言的，惜此項成績，在定縣人實際受到的或看到的，實在太少了。實現此四大教育的所謂三大方式，目前最活躍的是學校式教育。家庭式教育從來無甚活動。社會式教育於二年前由霍六丁主持時，曾一度活躍，當時各村平民學校畢業同學會，炫炫赫赫，幾將鄉村的舊勢力整個推翻。自霍去後，隨而亦形消沉。現在學校式教育幾乎成了平教會的中心活動。」〔註97〕顯然，龐永福在指責平教會的鄉村改造有名無實。

相對於前兩個人的批評，陳序經的態度也許要溫和一些，但其結論更要悲觀與失望。陳序經通過自己的觀察，及對鄉建派人士在工作中所發表的一些言論進行分析與研究，認為結果非常不理想。如其在文章中說：「我個人以為在今日的鄉村建設運動中，除了青島的工作與方法比較上稍為差強人意外，其他革除的工作與方法好像都不能名實相符。我個人對於今日一般所謂鄉村建設的前途，頗感覺悲觀……我以為凡是稍知道十餘年來的鄉村建設運動史的人，都不免覺得這種運動已經有了很多失敗，而且有不少還正在失敗的路上。」為

〔註96〕燕樹棠：《平教會與定縣》，《獨立評論》1933 年 10 月 29 日。
〔註97〕龐永福：《定縣歸來》，《獨立評論》1935 年 6 月 16 日。

了證明自己看法的正確性，陳氏從鄉村建設的成績、困難及人員待遇、工作方式等方面進行了論證。其中就鄉建派人士空談計劃的工作方式批評道：「然而事實告訴我們，十餘年來的鄉村建設工作還未超出空談計劃與形式組織的範圍。比方在第一次鄉村工作討論會裏，李石曾先生的演講已趨於理論方面。到了第二次鄉村工作討論會裏，梁漱溟先生便大談理論起來。又我們若把歷年各處從事鄉村工作的報告細心來看，我們便容易感覺到這些工作的報告多是空談計劃與組織。此外一般『汗牛充棟』的鄉村建設的出版物也多是空談計劃，偏重理論。原因不外是實際作過工作的寥寥無幾。就是做了，也多是『空而無用』。鄒平與定縣是鄉村實驗最負盛譽的，據梁漱溟、晏陽初兩先生的報告，尚覺得工作有限前途少望，其他各處更不必說。」〔註98〕不僅如此，陳序經還認為鄉村建設的理論都是錯誤的。他在另一篇文章中寫道：「照我個人的意見，近來好多所謂鄉村建設運動，在工作方面所以少有成效，而漸成枯萎的現象，從一方面看起來，固有多少由於客觀條件的缺陷，如人才難找，經費不足，環境惡劣等等，可是從別方面看起來，也可以說是由於理論方面的錯誤。在某種意義上，後者比之前者好像尤為重要。」〔註99〕應該說，陳序經對鄉村改造運動的批評是全方位的；不過，其觀點的正確與否，無疑是一個值得商榷的話題。

此外，還有些中間派人士對鄉村改造運動的前途表示擔憂與疑惑。其中陳衡哲在參觀定縣實驗區後，撰文說：「但我也不能沒有疑問與忠告。不過現在因為篇幅有限，我不能細說了，且擇一兩點來簡單地說一說，作為本文的結束吧。我的疑問有兩點，提出來請平教會諸先生的指正。其一，平民學校卒業後的天才青年，應該給他們找一個怎樣的出路？據我的觀察，此類的青年──男的與女的──為數並不甚少，我們對於他們究竟有什麼教育宗旨？讀書呢，還是辦事？在本村學習呢，還是到都市去？經濟上的問題，又應當怎樣的替他們解決？我以為這並不單單是一個升學的問題，乃是一個消患於未來、化有害為有用的大問題。這類天稟較高的青年們，決不會平庸一世的。他們不為省士國士，即為土豪劣紳。平教會所給人民的一點起碼知識，在庸凡少年的身上，大概是有益而無害的，但在這一類少年身上，卻不能說是沒有危險性了。我的第二個疑問，是關於生育限制的。這件事似乎也有提倡的必要……我的忠告，即是我已再三向晏陽初先生說過的一句話，『平教的事業應該向推廣的路上走

〔註98〕陳序經：《鄉村建設運動的將來》，《獨立評論》1936 年 4 月 12 日。
〔註99〕陳序經：《鄉村建設理論的檢討》，《獨立評論》1936 年 5 月 3 日。

去。』試驗是永無完結的時候的，定縣的試驗，若沒有一個大規模的推廣計劃書來繼其後，則真不免有以手段為目的之譏了。區區一小縣，即使建設成為一個烏托邦，又何補於中國全部的貧窮與疾苦？」〔註100〕陳衡哲儘管沒有對平教會在定縣的鄉村改造直接提出批評，但通過「疑問」與「忠告」的表達，也相當於變相的批評。

　　可見，代表中國共產黨的左翼知識分子、國民黨及中間派人士，從各自的立場與價值觀念出發，對鄉建派人士及其鄉村改造運動，提出了相應的批評甚或責難，流露出悲觀甚或否定的態度。儘管在鄉建派人士看來，這些來自他者的批評與懷疑不是那麼正確，甚或有求全責備、吹毛求疵之嫌〔註101〕，如果借用《莊子‧齊物論》中的一段話來回應：「即使我與若辯矣，若勝我，我不若勝，若果是也，我果非也邪？我勝若，若不我勝，我果是也，而若果非也邪？其或是也，其或非也邪？其俱是也，其俱非也邪？我與若不能相知也，則人固受其黮暗，吾誰使正之？使同乎若者正之？既與若同矣，惡能正之？使同乎我者正之？既同乎我矣，惡能正之？使異乎我與若者正之，既異乎我與若矣，惡能正之？使同乎我與若者正之，既同乎我與若矣，惡能正之？」但又有什麼辦法呢？即使在爭辯中勝出，也無助於彼此分歧的解決，更無助於鄉村改造運動的推進；相反，還會因為此種爭辯，招來更猛烈的批評與更強烈的懷疑。是以，對鄉建派人士而言，明智的選擇，也許不是言語上的辯白，而是行動上的實幹。問題是在民族危亡日益迫切的情形下，在國共兩條政治路線相爭日益激烈的格局中，實幹能取得實效嗎？實幹會招致更加猛烈的懷疑與批評嗎？無疑不是鄉建派人士所能回答的問題。

二、矛盾與問題

　　鄉建派人士在改造鄉村過程中，除了面對來自左右翼政治勢力及中間派人士的懷疑與批評外，其實還面臨著依附地主豪紳卻又反對地主豪紳的矛盾，以及解決了某一個問題卻又發現其他問題更需要解決的困難。所以，依違兩可的矛盾，問題連環的困難，應該說也是困擾與阻礙鄉建派人士順利改造鄉村的

〔註100〕陳衡哲：《定縣農村中見到的平教會事業》，《獨立評論》1933年5月21日。
〔註101〕譬如針對陳序經的批評，鄉建派人士楊駿昌在《獨立評論》第198號發表《論鄉村建設運動》、陳志潛在《獨立評論》第215號發表《唯一的出路》、黃省敏在《獨立評論》第216號發表《讀〈鄉村建設運動的將來〉敬答陳序經先生》等文章，分別進行了回應，進而陳述鄉村改造運動的合理性與必要性。

重要原因。

　　就鄉建派人士與地主豪紳的矛盾而言，鄉建派人士雖然標榜鄉村改造，尊重原有的生產關係與現存的社會秩序，但事實上如果不是善意的謊言，就是其為消解改造阻力的一種策略。因為隨著改造運動的開展與推進，鄉建派人士跟鄉村中既得利益者關係變得微妙而緊張，自是無可避免。道理非常明顯，既是鄉村改造，就不可能不改造原有的生產關係與社會秩序，如是，作為依附原有生產關係與社會秩序的地主豪紳，其利益不可能不受到衝擊。相反，鄉建派人士如果把原有的生產關係與社會秩序置於改造之外，那麼鄉村中還有哪些東西值得改造？退一步說，即使有些東西值得改造，但是否就是自己想要改造的？進而又能否達到了原有改造的目的？答案顯然不是肯定的。

　　隨著鄉村改造運動的展開，特別是鄉村建設實驗區的建立，鄉建派人士不僅建立起了類似於鄉學、村學的鄉村基層組織，而且出於發展經濟的目的，建立種類多樣的合作社；出於維護社會治安的需要，組建民眾武裝；出於改良落後風俗的需要，嚴禁吸食鴉片；出於發展教育的需要，開辦各類學校。而所有這些舉措，從本質上觀之，都是對原有生產關係與社會秩序的革新。從結果來看，無論哪一項，都不免觸犯了鄉村豪紳地主的利益。因為鄉村改造運動中，豪紳地主既不能像以前那樣把持基層政權，隨意魚肉百姓了；也不能利用自己的經濟實力，肆意進行高利貸盤剝了；更不容易利用自己的知識學問，來誘惑與欺騙民眾了。譬如，據著名學者時為武漢大學教授的燕樹棠先生介紹，定縣建立實驗去後，當地不但組建了抗債團、抗阻團、均糧團等群眾組織，而且縣長在審理訟案時，常以農村經濟破產為理由，訓誡地主不得壓迫租戶，債主不得壓迫借債人。既然如此，面對權益日漸喪失的現實，作為昔日既得利益者的豪紳地主們，又如何不痛恨鄉建派人士和仇視鄉村改造運動呢？

　　例如，平教會在定縣把一部分民眾組織起來，以作為推行鄉村改造的基本力量時，結果被當地的豪紳地主誣衊為「教黨」。如作為定縣人燕樹棠在家鄉既得利益者誤導下誣衊說：「從前晏陽初先生在定縣只有一部分的教權，而政權不在他的手中。今年定縣縣長霍六丁先生是平民教育會社會組的主任，全縣政教兩權因此完全統於一尊了！自然可以為所欲為，言所欲言。他們對老百姓威風，說定縣人口有三十多萬，他們有一萬名平教會員，以一萬名有組織之民眾統制三十萬無組織之民眾，誰敢不服從！果然，他們一步一步地實現他們這種政策。自霍縣長就職以後，他們所組織的一切民眾團體，都是以平教會員為

基礎。從前憑藉官勢以欺壓老百姓的人不過是數十名劣紳。現在呢？這一萬名平教會員變成了縣長的爪牙。結果：此前一般老百姓受數十人之欺壓，現在反受一萬人之欺壓了！平教會員可以直接面見縣長，非平教會員就沒有這個機會。鄉下人能見縣官就可以欺詐鄉愚。現在平教會員實在是定縣的統治階級，晏陽初先生實在是定縣的『斯臺（大）林』了。所以大家呼平教會員為『教黨』。數月以來，教黨與非教黨之衝突，時有所聞，彼此間的惡戰，日甚一日，一般人大感不安。」〔註 102〕燕氏所指陳的事實，誠然不全是空穴來風，但無疑有言過其實之嫌。因為如果晏陽初及其平教會同人，在定縣試驗是那樣的面目可憎，不僅當政的國民黨不允許，就是那些支持它的人們也會反對。但事實是，不僅當政者任其繼續試驗，就是那些去參觀的賢達之士也譽多毀少。自然，也就說明了一個問題，平教會的定縣試驗，威脅與損害了當地豪紳地主的利益，從而招致了他們的不滿與仇恨，所以想方設法地誹謗之、破壞之，甚至不惜借當地學者名流之口來污蔑之。誠如蔣廷黻在文章中說：「總而言之，就是定縣現在統治階級換人了。換句話說，平教會無形中在定縣執行了一個大革命。那些原來得勢而現在失勢的人自然不滿意平教會，在革命過渡時期，社會總有些不安。這都是極自然而且免不了的現象。」〔註 103〕所以，作為著名學者的燕樹棠，被當地的父老利用是無疑的了。不過，由於豪紳地主的強烈反對，霍六丁縣長很快離職，同時平教會員建立起來的組織，也因之走向瓦解。

定縣的情形如此，其他鄉村實驗區也只會是大同小異。並且，只要鄉建派人士在鄉村改造運動中，層次越深，範圍越廣，態度越堅決，其所受到來自當地豪紳地主的阻力就會越大。因此，對鄉建派人士來說，若想推進鄉村改造運動向前發展，如何解決跟鄉村原有統治者的矛盾，或者說在依附和反對之間求得一個平衡，無疑是一個值得深思與考量的課題。對此，針對鄉建派人士面臨的此種困境，蔣廷黻就定縣出現的問題不得不發問道：「為國家前途計，比較要緊的是下列諸問題：（1）我們不換鄉村的統治階級能執行鄉村改革麼？（2）中國現在能免除統治階級而完全實行民治麼？（3）定縣的新統治階級是否比舊統治階級更加黑暗，還是稍為開明？換句話說，定縣老百姓的負擔是加重呢，還是減輕呢？」〔註 104〕關於蔣氏之問，顯然沒有誰能給出權威的答案。

〔註 102〕 燕樹棠：《平教會與定縣》，《獨立評論》1933 年 10 月 29 日。

〔註 103〕 蔣廷黻：《跋燕先生的論文》，《獨立評論》1933 年 10 月 29 日。

〔註 104〕 蔣廷黻：《跋燕先生的論文》，《獨立評論》1933 年 10 月 29 日。

　　就鄉村改造運動中的問題連環性而言，本來鄉建派人士投身於鄉村改造運動，其最初的發端，也許有感於農民生活的苦痛、農村經濟的凋敝、農村社會的蕭條或出於挽救民族危亡等各種原因。但是隨著鄉村改造工作的展開，就逐步發現，中國的鄉村問題，遠遠超出了原來的想像。燕京大學學生伍伯禧就自己在農村辦小學所遇到的問題介紹說：「賀家村因窮，辦不起小學，叫我替他們想辦法，設立合作民眾學校。這本來沒有什麼困難。但後來經過我多方面的探查，知道各方面都有問題，如本村與鄰村因拉攏學生而發生的問題，縣政府干涉不干涉的問題，師資的問題，課程的問題，青苗會與合作社能否為此而合作，抑受它牽制的問題，學生能有多少，他們是否拿得起錢來上學的問題，怎樣籌設才能適合人力、財力的負擔的問題，怎樣設置才不致誤人子弟、戕賊兒童的問題，整天在腦子裏打轉。」〔註105〕辦所小學，問題尚且如此之多，那麼鄉村改造所遇到的問題就可以想見了。

　　事實上也是這樣，比如有人以「振興實業」為問題的切入點，議論鄉村改造中問題的複雜性時說：「中國固然是窮，固然要振興實業。但是要振興實業，須先有能保護實業的政府，須有便利的交通，須有專門技術人才，須有講道德的管理人。這樣看起來，要振興實業，並不是開幾個工廠就可以興的。交通、教育、道德、政治諸問題，也得同時解決，才有希望。」〔註106〕同樣的道理，興辦教育、發展交通、培養人才等，又何嘗不是如此呢？所以，鄉村改造既不是一個簡單的經濟問題，也不是一個片面的政治問題，更不是一個單純的文化問題，而是問題連著問題、問題包含問題，並且每一個問題都不輕，每一個問題都很重要。

　　故而，隨著發現問題的增多，鄉村改造的規模與深度也不得不予以相應地擴大，於是使得原初內容單一的鄉村試驗，而演化成內容複雜的鄉村改造運動。誠如平教會領袖晏陽初在定縣實驗區的工作報告中說：「本會最初欲袪除一般人的愚昧，而啟發其智慧，所以有文藝教育以培養『知識力』。嗣後感覺人民之愚與窮有莫大之關係，且人民之愚尚能苟延殘喘，窮則不保朝夕，乃又有生計教育以培養『生產力』。後又感覺人民體弱多病而死亡率高，實為民族前途之憂，乃又有衛生教育以培養『健強力』。同時感到一般人民自私心重，因之生活散漫，不能精誠團結，於是又有公民教育以培養『團結力』。所謂四

〔註105〕伍伯禧：《下鄉工作的困難》，《獨立評論》1936 年 4 月 26 日。
〔註106〕濤鳴：《中國的病態應該怎麼治》，《獨立評論》1933 年 5 月 21 日。

大教育，實為根據實際生活之要求，逐漸演進而創出之新民教育內容之犖犖大端。」〔註107〕可見，鄉建派人士在鄉村改造過程中，並不是一開始就全方位地對鄉村進行改造，而是有一個由點到面逐步推進的過程。自然，對於鄉村改造運動的內容，如果我們僅僅理解成是一項單純的思想文化建設、社會秩序建設或農村經濟建設，無疑是片面的；相反，而應該把其解讀成是一項涉及人、財、物與文、衛、體多方面改造發展的系統工程。

事實上，鑒於當時的國情與鄉村現實，中國的農村、農民問題，絕不僅僅是一個經濟凋敝、生活貧窮的問題，因為假如我們從任何一個問題著手，都會發現其他許多相關問題的存在。比如，農民生活之所以貧苦不堪，從外因看，是因為政府賦稅繁重，政局動盪不安，帝國主義入侵，地主殘酷剝削，家庭負擔過重等；從內因看，是由於生產技術落後，水利建設頹廢，作物品種老化，思想觀念陳舊，耕種土地有限等。如果我們繼續沿著此種思路繼續追問：為什麼政局動盪不安？為什麼帝國主義入侵？為什麼政府賦稅繁重？為什麼生產技術落後？為什麼思想觀念陳舊……就會有種被問題困擾而難以自拔的感覺。是故，有人通過自己的鄉村實踐，感歎說：「社會決不是一個各個部分不相聯結的集合體。反之，一切制度、風俗以及生產方法等等，都是密切相關的，這種關係在中國因為經過了數千年悠久的歷史，更是配合得微妙緊湊……所以，要為中國社會任何一方面著手改變的時候，一定要兼顧到相關的各部和可能引起的結果，不然，徒然增加社會問題與人民的痛苦罷了。」〔註108〕對此，李景漢在其《中國農村問題》一書的結論發表類似的觀點，他所說：「對於農村問題，在言論上有許多不同的主張，無不言之成理；在活動上有許多不同的機關，亦各有其效用。這足以證明中國農村問題的複雜與其方面之繁多，並使我們深深覺悟只以一派主張、一方面的救濟或局部的進行，均不足以解決中國農村整個的問題。」〔註109〕就此而言，鄉建派人士的鄉村改造，某種程度上無疑把自己置於一種循環不已的問題圈中，而此問題圈的消解，顯然不是鄉建派人士的力量所能破除的。

其實，鄉建派人士在鄉村改造中所要解決的問題之所以非常的多，因為中國的農村、農民確實存在很多的問題。單從國民性角度來看，有許多學者通過

〔註107〕鄉村工作討論會編：《鄉村建設實驗》第 2 集，中華書局 1935 年版，第 44 頁。

〔註108〕費達生：《我們在農村建設事業之的經驗》，《獨立評論》1933 年 10 月 22 日。

〔註109〕轉引吳相湘《晏陽初傳》，嶽麓書社 2000 年版，第 262 頁。

自己的觀察，認為中國大多數人，當然包括農民，存在許多缺點。其中一個筆名為「杯水」的作者，在文章中認為時人有五大惡習：私、懦、偽、懶、愚。〔註110〕而晏陽初則說得更直接，認為中國農民有四大特點，即「愚、窮、弱、私」。中國農民的此種缺點，就其成因來說，不僅是一個淺層次的政治經濟問題，而且是一個深層次的思想文化問題；就其後果來說，既使得自己缺乏追尋造成苦難現實原因的毅力，也使得自己喪失改造苦難現實途經的勇氣，更使得自己迷失了辨別是非善惡的良知。再就人才匱乏的角度分析，中國鄉村人才缺失，不獨是鄉建派人士的共識，就是那些關心農村、農民的知識分子也深有同感。其中胡適在談到救濟農村的主題時說：「積極的救濟如農業借貸，如合作運動，如改良農產和改良農業技術，這都是應該努力去做的事。但此種積極事業必須假定兩個先決條件：第一要有錢。第二要有人才。有多少錢，才可以辦多少事；有了錢而沒有相當訓練的人才，也往往靡費擾民而無功。所以此種積極政策的可能範圍必須受財力與人才的限制；在這種無錢又無人的狀況之下，積極救濟的可能範圍是很有限的。」〔註111〕由此可見，人才之於鄉村改造事業的重要性。

退一步說，如果中國不缺乏鄉村建設的人才，而人才又是否能為鄉村所用呢？根據當時的鄉村實際，答案無疑是否定的。對此，吳景超以旁觀者的身份就該問題探討，他說：「知識分子為什麼不願意下鄉，而願意集中於都市呢？第一，知識分子的出路，在都市中比鄉村中要多若干倍；第二，鄉下缺乏研究學問的設備；第三，鄉村中物質文化太低；第四，知識分子的家庭宗族與親戚朋友，都不希望他回到鄉下。」〔註112〕根據吳氏的意思，即使有了足夠的鄉村建設人才，也難以為落後的鄉村所用；但如果要改變鄉村人才匱乏的局面，卻又絕不是一個單純的鄉村人才問題了。

面對鄉村改造運動中所存在如此多的問題，晏陽初在其報告中不得不承認說：「定縣的全部實驗工作，起始於民國十八年，五年經過，其成功究竟到了什麼程度，實難斷言。因為第一是人才的問題，這種改造全靠生活的實驗，關係的方面太多，無處供給所需要的各種人才；第二是經費的問題，在這民窮財盡的時候，很難籌措這百年大計的實驗費；第三是社會環境的問題，現

〔註110〕杯水：《救國的幾個問題》，《獨立評論》1933 年 10 月 8 日。

〔註111〕胡適：《從農村救濟談到無為政治》，《獨立評論》1933 年 5 月 7 日。

〔註112〕吳景超：《知識分子下鄉難》，《獨立評論》1933 年 8 月 6 日。

在全國在一個天災人禍、內憂外患的環境中，國難如此嚴重，大家容易誤認為這種基本工作為不急之務；第四是時間的問題，這種改造民族生活的大計劃，決不會一剎那間就能成功。有此四種困難，平教運動的前途，殊可栗栗危懼。」〔註113〕而梁漱溟也不得不感慨地說：「今天要同大家談的，是『我們的兩大難處』。原來我本擬為『兩大苦處』，後來又改成『兩大難處』。無論苦也罷，難也罷，反正是不好受的意思。所謂『我們的兩大難處』是什麼呢？頭一點是高談社會改造而依附政權；第二點是號稱鄉村運動而鄉村不動。」〔註114〕當然，鄉村改造之所以面臨如此困境，根據梁漱溟的解釋：一是改造的問題太多，阻力太大，必須借助於政府的力量；二是改造中農民的不理解、不認同，不參與。

既然作為鄉村改造運動的領軍人物晏陽初、梁漱溟，針對自己實驗區所存在的問題尚有如此的感覺，那麼其他實驗區的鄉建派人士，其感覺絕對不會太樂觀。在此，燕京大學農村建設科楊開道先生的觀點可能很有代表性，他通過自己的鄉村實驗及對其他鄉村實驗區的觀察，就鄉村「運而不動」的原因分析道：「這個五千年的古國，歷史是多麼悠久，可是灰塵也是多麼深厚，積重難返，一時要想學街上的帽匠，整舊如新，是真談何容易……因為習俗的原故，因為知識懸絕的原故，因為經濟分別的緣故，這些舊村的人民都是被治的階級，被動的人物，而他們的代表，他們的領袖，便是土地多一點的知識高一點的地方紳士之流，我們同這些人講自衛、自給、自治，會有什麼結果？農民自己沒有興趣，沒有工夫，沒有能力。地主紳士還能讓我們好好地談平均地權，節制資本，農民自衛，農民自治嗎？『勞民傷財』這是梁漱溟先生給山西村治的總評，也可以借用於一切改造舊村的活動，尤其是現代化的運動，科學化運動。無論你談自衛也好，自治也好，教育也好，經濟也好，一般的農民是沒有資格瞭解沒有法子參加的。十畝地的自耕農，已經是耕作的牛馬，而不是社會的中堅，何況種他人土地的佃農，為他人傭雇的工人。資本越少，土地越少，工作器具越舊，工作效能越低，農場收入越少，農家生活越低，一個循環不已的圈子，只會越走越低，不會越走越高的。舊村改造的工作，等於推車上山，起初比較容易，以後越走越重，越走越難，也許就會

〔註113〕鄉村工作討論會編：《鄉村建設實驗》第 2 集，中華書局 1935 年版，第 45 頁。

〔註114〕梁漱溟：《我們的兩大難處》，蔡尚思主編：《中國現代思想史資料簡編》第 3 卷，浙江人民出版社 1983 年版，第 498～499 頁。

從半山倒塌下來的。」〔註115〕顯然，楊先生的觀點是非常富有洞見的，因為他的分析，不僅形象生動地描繪了整個鄉村改造運動日益逼仄的行進路徑，而且一針見血地點出了中國鄉村社會日益沒落的原因所在。

三、失望與守望

鑒於鄉村改造運動中所面臨的懷疑與批評、矛盾與問題，自然也決定了鄉建派人士所從事的事業，不僅收效甚微，而且隨著鄉村改造運動的向前推進，其前面的路，只能變得越來越窄、越來越陡；然而，鄉建派人士在失望而艱難的現實中，依然守望者自己的理想，繼續播種著希望的種子。

一方面鄉建派人士在鄉村改造運動中取得了一定的成效，也給身處困境的中國農村、農業與農民帶來了一定的光明和希望，固然是毋庸置疑的事實，但是其所獲得的成就，無論是相對於鄉建派人士的原有目標來說，還是相對於整個落後的中國鄉村而言，都顯得相當的有限，甚至有限得微不足道。

就以鄉建派人士最津津樂道的合作社為例來做說明，有人做過統計，在民國二十四年除東北與西南幾個省區外，全國其他20各省市共有合作社數26224個，社員數1004402人，社員占人口的百分之零點四一。〔註116〕請注意，這些合作社是所有從事鄉建運動的個人、團體與政府機關，而不僅僅是持中間路線政治主張的鄉建派人士所指導下成立的合作社。如果只以鄉建派人士的合作社來作比較，其社員數和比例數肯定會更低。既然實驗區中最普及的合作社在全國範圍內尚且如此，鄉建派人士所辦的其他事業就更不用說了。在此可以斷言，鄉建派人士所進行的鄉村改造對全國的作用是非常有限的。

回到實驗區內，合作社的作用對所在區域的農民來說，也不是利益均霑，因為實驗區內的農民也不是人人能夠進入這些組織的，原因是它「有條件」的加入規則。例如，鄒平信用合作社的社章就明文規定：社員資格須年滿20歲以上、無惡劣嗜好且有地3畝以上的當地農民，同時入社前須認交至少2元股金。徐公橋信用合作社同樣規定：社員資格須年滿20周歲以上且居家主地位、有正當職業、品性純正、無不良嗜好的實驗區居民，入社時須經社員兩人介紹，還要至少認購1元的股金。顯然，鄉建派人士所創辦的合作社組織，儘管對傳統的小農經濟是一種大膽的突破，並且對所在地鄉村經濟的恢復和發展起到

〔註115〕千家駒、李紫翔編：《中國鄉村建設批判》，生活書店1936年版，第29頁。
〔註116〕千家駒、李紫翔編：《中國鄉村建設批判》，生活書店1936年版，第204頁。

了重要作用，但由於規模的限制與有條件的進入規則，對絕大多數農民尤其是對真正貧困的農民而言，仍然是一個可望而不可及的託庇所。

　　儘管鄉建派人士為改造落後的鄉村嘔心瀝血，也儘管其希望通過充當農民的「耳朵、眼睛與頭腦」的辦法來使自己農民化，但是，中國的農民並沒有因為他們發展教育而得到充分的教育機會；中國的農業，也沒有因為他們發展經濟而變得繁榮；中國的農村，更沒有因為他們的治安與賑災而告別混亂和貧困。所以，中國的農業、農村與農民，仍繼續走在沒落與破敗的老路上，不僅沒有進行鄉村改造的地方如此，就是進行鄉村改造的地方也同樣如此。比如李景漢先生就定縣農村經濟狀況撰文介紹說：「民國二十二年冬季，定縣人民常常連鹽也吃不起的約占人口總數百分之二十。農民願出賣田地者日眾，因此地價低落。前五年時普通有井之田地每畝為一百二十元，目下落至五十元，普通旱田由五十元至二十五元。前五年時雇農之全年工資為四十元，目下落至三十元。前五年時定縣的乞丐是鳳毛麟角，上年冬季增至三千左右。民國二十年內在定縣因債務破產而為債主沒收一切家產之家數不過五十左右，二十一年內增至三百家左右，二十二年內竟達二千家之多……目下定縣欠債之家數占全縣總家數百分之六十七，約四萬六千家，不欠債之家數占百分之三十三。借債之農家數目中，不滿二十畝之小農占百分之六十三，二十至四十畝之家數占百分之二十四，四十畝以上者占百分之十三。」〔註 117〕李景漢在文中所透露的信息：就是中國鄉村的境況，不僅沒有因為鄉村改造運動而得到改善，反而在鄉村改造運動中繼續沉淪。中國鄉村改造運動的如此結局，固然不是鄉建派人士的過錯，但對其所從事的鄉建運動來說，無疑是一種莫大的打擊與嘲弄。是以，同為鄉建派人士代表的梁漱溟先生，曾面對鄒平實驗區的現狀不得不發出「號稱鄉村運動而鄉村不動」的感歎，其寥寥數字，所表達的情感，除了無奈與傷感外，或許還有更多的抱怨與憂慮。

　　另一方面，儘管鄉建派人士在鄉村改造中取得的成就有限，但其改造鄉村的努力，就中國當時的現狀來說，其作用畢竟既讓身處苦難中的農民看到了希望的星火，也讓走在破敗中的鄉村呈現出難得的生機。因為鄉村實驗區，隨著鄉村改造運動的開展，其經濟、文化、教育、衛生、治安等面貌，都得到了長足的改善。比如山東鄒平的治安，隨著自衛組織聯莊會的建立，有了根本的改

〔註 117〕李景漢：《定縣農村經濟現狀》，《民間》半月刊，第 1 卷第 1 期，1934 年 5 月。

善。再如定縣實驗區的品種改良，其中經過改良的小麥，產量比普通品種增產百分之二十；經過改良的棉花，比原來品種增產百分之四十；改良的白菜，比當地的品種增產百分之二十五；改良的梨樹，比往年增產百分之二十四點三；改良的豬種，比本地豬種多產肉百分之十八。〔註118〕所以，鄉建派人士雖然不能對中國落後的鄉村進行根本性改造，但對其細枝末節的修補還是有目共睹的。

退一步說，在當時那樣一種兵荒馬亂的環境下，作為民間性力量來改造貧窮落後的鄉村，其本身就是一種義舉和挑戰；並且把其跟那些具有政府背景的鄉村建設相比較，即使成效不彰，也是情有可原。如作為國民政府首善之區的江寧縣，在成為實驗區兩年後，其縣長在報告中提到衛生建設時寫道：「南京是中國的首都，但是離南京市二十里，就找不到一個接生的醫生，在江寧較大的地方像秣陵關等處，才能有一箇舊式的接生婆，然而已是鳳毛麟角了。一般的鄉下人的生產，都是自己處理的，遇到了難產，就用種種奇奇怪怪的方法……所以嬰兒的死亡率，非常之高，如果稍能採用衛生新法，嬰兒的死亡，即可減少許多。在鄉間，不但是平時衛生問題談不到，生了病，就找不到醫生，他們只問醫生的有無，中醫呢，西醫呢，那個醫生好，那個醫生不好，這些都市中生病人所考量的，在農民是不成問題的，因為他們的問題，只是有沒有醫生，有沒有藥品。好好的一個農民，往往因沒有醫藥，活活的死掉，這是多嚴重的一個問題。」生產建設方面，其縣長更是感歎道：「改良生產這件事，不但問題大，而且成功難。江寧縣這兩年來，如果嚴格地說起來，那麼，改良生產這方面，百分之一、千分之一，都沒有做到，因為這問題實在太大太難了。」〔註119〕既然有政府支持的江寧實驗縣尚且如此，那麼沒有政府支持的鄉村建設，其成效有限，也自在情理之中。

不過，鄉建派人士並沒有因現實的困難而退縮，也沒有因成效不足而悲觀，相反，仍抱著那種「我們不能做成，他人當繼續成之，今日不能成功，明日當能成之」的奉獻而又樂觀的精神，繼續奮進在忠於信念、追求理想的路上。〔註120〕其中著名鄉建派人士瞿菊農針對來自外界的各種批評與懷疑，代表鄉

〔註118〕鄉村工作討論會編：《鄉村建設實驗》第 2 集，中華書局 1935 年版，第 66～68 頁。

〔註119〕梅思平：《兩年來的江寧實驗縣》，《中央週刊》1935 年 2 月 18 日。

〔註120〕鄉村工作討論會編：《鄉村建設實驗》第 2 集，中華書局 1935 年版，第 460 頁。

建派人士回應說：「總之，路是人走出來的。『多年的道走成河』，這句俗話是含有至理的，我們從事鄉村工作的人們只有一天一天的努力工作，報答我們對於社會所負的債務。批評與責難正是磨礪我們，鞭策我們，一點一滴的向上累積，一步一步地向前進行。同情的批評我們喜歡承受，破壞的批評亦可作為我們自身檢討的材料。我們不怨旁觀者的批評，只恨自己的努力不夠，不能取信於國人。我們不願意表功，亦不願意駁辯。我們只有努力地工作，開創鄉建運動的將來，為我們的勞苦大眾、我們的國家盡一點微末的力量。」〔註121〕瞿菊農把鄉建派人士忠於理想、獻身社會的志向，盡情地展現在公眾面前。華洋義賑會副總幹事章元善針對死氣沉沉的社會教育也並沒有完全喪失希望與信心，他說：「我們很遺憾，在通常情況下，一個縣城的民眾教育館常常是辦得無精打采的；一本本灰塵籠罩的土報紙刊物死沉沉的躺在古老的文廟兩廡睡覺，每每和隔壁小學校內生龍活虎的小學生們成了最鮮明的對照；不容諱言，我國社會教育辦得不如其他教育有成就，也正因此，教育的普及終難徹底；生活和知識脫節；學校裏的傳授也跟著不能深刻；這種大責，猶有待於從事社教者的繼續努力。」〔註122〕因此，即使鄉建派人士所從事的是一種「推車上山」的事業，但他們的精神和行為仍值得肯定與讚揚，即使其所取得的成就遠低於人們的期盼，但對於推進中國鄉村的現代化仍不失為一種先聲！

稍需補充的是，鄉建派人士之所以把鄉村改造運動搞得如此艱難曲折，其原因，除了外界的批評與懷疑、改造中的矛盾與困難，其自身的某些不足也是其中的重要根源，或者說正因為其自身的此種不足，既加劇了外界的批評與懷疑，也加重了改造中的矛盾與困難，從而使得原本就很艱難的事業，變得更加的艱巨。

本來鄉村改造運動如同中國的民主政治建設一樣，也是一項複雜的系統工程，不僅涉及生產建設、衛生建設、交通建設等偏重於物質方面的東西，而且涉及思想建設、文化建設、組織建設等偏重於精神方面的東西。故而，它既需要改造者有一種吃苦耐勞、深入民間的奉獻精神，更需要改造者有著改造農村、農民、農業的學識和本領。如果用此兩種要求來衡量鄉建派人士，可能有很多人難以達標。比如李景漢就鄉建派人士難與農民打成一片的問題議論道：「起初你願和他打成一片，他卻躲避，不願和你打成一片；等到後來他願和你

〔註121〕瞿菊農：《以工作答覆批評》，《獨立評論》1936年5月24日。
〔註122〕章元善：《生活與教育》，《民教通訊》1944年12月15日。

打成一片時，你又受不了，不願和他打成一片了……因為他本人的氣味使你不舒服，家內炕上的不潔淨使你坐不住，食品的粗劣使你難下嚥；其他種種不衛生的狀態，和拿時間不算回事的和你應酬，都是使你不大受得了的；就是能夠居然作下去，也免不了是很勉強的，痛苦的。」〔註123〕鄉建派人士的這樣一種心態，又如何能深入民間去「化農民」呢？而農民又怎樣能夠把他們的心裏話向你們這些非「農民化」的人傾訴，進而積極主動地參與鄉村改造運動呢？從此意義上說，梁漱溟先生「號稱鄉村運動而鄉村不動」的感慨，也不能全怪農民的愚昧與麻木啊！

　　此外，鄉建派人士改造鄉村理論與方法的差異，某種程度上也弱化了鄉村改造運動的影響，同時也為招致外界的批評提供了更多的口實。比如在實踐中，究竟是鄒平梁漱溟的改造理論好呢？還是定縣晏陽初的改造方法好呢？或者是其他實驗區如黃炎培、章元善、孫友農等人的改造辦法正確呢？應該說誰也難以給出客觀公正的評價。所以，現實中的人們，難免會因此而陷入是非對錯的價值判斷之中或利弊得失的功利取捨當中。其中梁漱溟的鄒平改造，就被許多人解讀成文化復古，而晏陽初的定縣試驗則被攻擊為沽名釣譽。事實上真是這樣嗎？就梁漱溟、晏陽初二人來判斷，答案無疑是否定的；但就所有跟他一起從事鄉村改造的人員來看，也許就不是一個「是」或「不是」所能講清的問題。故而，此種鄉村改造理論與方法的差異性，間接給鄉村改造運動造成負面影響自是無疑了。可悖論的是，如果鄉建派人士使用同一種理論或方法，來進行鄉村改造運動，那麼他們還是鄉建派人士嗎？國民黨政府還允許他們改造鄉村嗎？顯然又是一個難以回答的問題。從此意義上看，鄉建派人士自身存在的不足，或許正是稱其為鄉建派人士的重要原因；換句話說，鄉村改造運動在中國的遭遇，其實也是鄉建派人士在中國的歷史宿命。

　　鄉村改造運動，由於外在的批評與懷疑、內在的矛盾與問題以及鄉建派人士自身存在的不足，不僅使得其成效不彰，而且使得其困難重重。不過，鄉建派人士並沒有因此放棄自己的理想，仍堅持守望著微弱的希望，繼續奮鬥在改造鄉村、復興鄉村的路上。如是，也就意味著鄉村改造運動，宛若一輛大車，爬行在越來越陡、越來越窄的山道上，而鄉建派人士恰如推車的人們，雖然不知道前面的山頂還有多遠，卻依然賣力地推動著前進的車輪，或許在他們的心

─────────────────────────

〔註123〕李景漢：《深入民間的一些經驗與感想（上）》，《獨立評論》1935 年 12 月 1日。

中，不遠處就是希望的頂點！

小結

　　鄉建派人士從救亡與建國的立場出發，針對中國鄉村凋敝與混亂的現實，投身到鄉村改造的實踐之中，其中不僅重建鄉村秩序、發展鄉村經濟，而且興辦鄉村教育、注重醫藥衛生及革除積弊陋習，藉此在改變鄉村落後面貌的基礎上，為中華民族的獨立與復興探索出一條新路。不過，由於外界的懷疑與批評，以及鄉村改造運動中出現的矛盾與問題，使得鄉建派人士所進行的社會實踐，演化成一種推車上山的事業。當然，鄉建派人士所從事的鄉村改造運動，之所以變得如此舉步維艱、成效不彰，除卻客觀的因素，其自身不足也是其中重要原因。

　　也許有人會問：作為中間派人士重要組成部分的鄉建派人士，其改造鄉村社會的實踐，在政治取向上與中間路線是否契合呢？回答是肯定的。

　　因為他們對舊鄉村的改造固然是出於對現實的憂慮和不滿，但並沒有對其採取一種完全否定的態度。相反，在很大程度上還是對其抱著一種容忍和認同的立場，同時希望通過有限改造與因勢利導的辦法來達到變更「愚、窮、弱、私」的社會現實的目的，從而既使其從封建社會的狀態下解放出來走向現代性社會，也使其能夠為民族的獨立和富強做出貢獻，故而其改良的性質是毋庸置疑的。如職教社在徐公橋實驗區農村改進會工作綱要中就明確提出：以民眾為對象、以科學為方法、以生活為範圍、以感化為手段、以興趣為輔佐、以人格為基礎的改良措施，來達到喚起農民的自覺與養成農民的自動的目的。〔註124〕事實上也不難發現，鄉建派人士雖然在其實踐中對國民黨及其政府強烈不滿，但仍然對其權威性與合法性予以相當的認同，對中國共產黨的革命原因雖然有所同情和理解，但怎麼也難以諒解其在農村的土地革命政策和暴烈的武裝鬥爭。梁漱溟曾公開宣稱：其從事鄉村建設的目的之一，即一面要從地方保衛上抵禦共產黨勢力的滲透，一面要消除共產黨領導的農民運動。〔註125〕同時，鄉建派人士改造鄉村社會的路徑和取法，相對於國民黨的保甲制度及土地政

〔註124〕鄉村工作討論會編：《鄉村建設實驗》第 2 集，中華書局 1935 年版，第 241 頁。

〔註125〕中國文化書院學術委員會編：《梁漱溟全集》第 2 卷，山東人民出版社 1989 年版，第 407 頁。

策而言，無疑顯得進步；而相對於共產黨的鬥地主、分田地、建立農村革命根據地的措施而言，又無疑顯得溫和。所以，這從另一方面證明了其中間路線的固有性質。就此而言，作為中間派人士重要組成部分的鄉建派人士，其所發起與推動的鄉村建設運動，可以說就是中間路線為拮抗國共兩黨政治路線而進行的社會實踐。

第六章　博弈於國共之間

　　身處國共對峙格局中的中間路線，雖然在中間派人士的踐行過程中展示了自己基本的政治理念與目標，但要在這樣一種政治生態中維護此種理念與目標，就不能不有著自己的黨派立場。因為黨派立場既是其區別於國共政治路線的基本標誌，也是其約束中間派人士在社會實踐活動中言行的基本規範，更是其處理與民眾、政府及其他黨派社團關係的基本準則。如是，在 20 世紀三四十年代中國那樣一種內憂外患的境遇裏，作為中間路線為維護與捍衛自己固有的黨派立場，是如何在實踐中跟國共兩黨的政治路線進行博弈呢？

第一節　中間路線的特點

　　中間路線在國共政治路線所搭建的政治生態中，之所以稱其為中間路線而非別的什麼路線，一個根本原因，就是其所包含的觀點、主張與思想，相對於國共路線中截然對立的觀點、主張與思想而言，既有其調和的立場，也有其抗爭的態度，還有其屬於自己獨特的價值取向。正因為如此，中間路線在國共政治路線相互對立與鬥爭的政治生態下，不僅能夠得以姍姍前行，而且有時還能夠充當起二者矛盾的調和者，成為二者鬥爭的緩衝帶。

一、根本對立的國共政治路線差異

　　國共兩黨的政治路線在內涵上到底是什麼？也許是我們在探討其跟中間路線區別時，必須從正面做出回答。簡單地說，相對於中間路線而言，所謂國民黨政治路線，就是在堅持不放棄暴力手段的前提下以三民主義作指導思想

的、以國民黨為政治中心的、為實現民族獨立與國家富強的舊民主主義路線；而中國共產黨政治路線就是在馬克思主義思想指導下，以推翻帝國主義與封建主義統治為目的，並建立一個以工人階級為領導的、工農聯盟為基礎的各革命階級聯合專政的新民主主義路線。為什麼國共兩黨的政治路線在內涵上是如此內容呢？

就國民黨言之，自其成立以來，三民主義就成為其指導思想，並且國家的獨立與富強更是其孜孜以求的目標。早在《同盟會總章》中，孫中山就跟他的同志明確宣稱：「本會以驅除韃虜，恢復中華，創立民國，平均地權為宗旨。」〔註1〕不久在《民報》發刊詞中，孫中山對前面的十六字綱領作了進一步的闡述，第一次把其概括成「民族、民權、民生」三大主義，其後又在《革命方略》等著作與文章中對其基本內容進行全方位的修正和充實，使其名副其實地成為中國資產階級民主革命綱領。即便是後來隨著孫中山的逝世以及其繼承人蔣介石、汪精衛、胡漢民、戴季陶對其思想的曲解與發揮，但其精神內核並沒有發生根本的改變，而且也一直充任著國民黨意識形態領域的指導思想。如在 1925 年 5 月國民黨一屆三中全會通過的《關於接受遺囑之訓令》的文件中就明確規定：「以後本黨一切政治的主張，不得與總理所著建國方略、建國大綱、三民主義、第一次全國代表大會之宣言政綱及九月十三日宣言、十一月十三日宣言之主旨相違背。」〔註2〕胡漢民在國民黨第三次全國代表大會開幕式致辭中更是要求全體黨員必須遵循孫中山遺教，他說：「總之，總理給我們的遺教，關於黨的，關於政的，已非常完全，而且事實上都已條理畢具。我們只要去奉行，只要摸著綱領，遵循著做，不要在總理所給的遺教之外，自己再有什麼創作，這一點各位同志應該都要注意。在過去的兩次代表大會前後，本黨無論所遇的環境怎樣，所經的事實怎樣，一切工作所以總能夠有相當的效果的，就是因為大家僅僅在總理所定的主義、政綱之下努力，全黨始終意志統一，行動統一。如果黨中同時有兩種以上的主義與政綱，意志和行動便不能統一。」〔註3〕而蔣介石則在《中國建設之

〔註1〕中國社會科學院近代史研究所等編：《孫中山全集》第 1 卷，中華書局 1981 年版，第 84 頁。

〔註2〕榮孟源主編：《中國國民黨歷次代表大會及中央全會資料》上冊，光明日報出版社 1985 年版，第 85 頁。

〔註3〕胡漢民：《國民黨第三次全國代表大會開幕詞》，榮孟源主編：《中國國民黨歷次代表大會及中央全會資料》上冊，光明日報出版社 1985 年版，第 619 頁。

途徑》一文中聲稱：「我們要在 20 世紀的世界謀生存，沒有第二個適合的主義，只有依照總理遺教，拿三民主義來做中心思想才能統一中國……再不好有第二個思想來擾亂中國了。」〔註4〕再後，蔣氏在《中國之命運》一書中繼續對三民主義在政治思想領域的指導地位進行肯定，他說：「自國家有機體的生命上說，沒有了三民主義，中國的建國工作就失去了指導的原理。所以三民主義是國家的靈魂。」〔註5〕正由於國民黨對三民主義的堅持與強調，從而既使得其所領導的中國革命與建立的國民政府有了充分的理論依據，也使得其在領導中國革命與建立國民政府的工程中進一步凸顯出三民主義的獨特地位。

　　事實上正是這樣，國民黨通過北伐戰爭打敗北洋軍閥以後，一方面根據孫中山的三民主義學說，在南京正式建立起以「三民五權」為核心的國民政府及黨政並存的二元制政治機制。如其在 1931 年 6 月頒布了《中華民國訓政時期約法》，其中不僅在引言中明確宣稱：「國民政府本革命之三民主義，五權憲法以建設中華民國。既由軍政時期入於訓政時期，尤宜公布約法，共同遵守。以期促成憲政，授政於民選之政府。」而且在其中的第三章「訓政綱領」中規定：訓政時期之政治綱領及其設施依建國大綱之規定；地方之治依建國大綱及地方自治開始實行法之規定推行之；訓政時期由中國國民黨全國代表大會代表國民大會行使中央統治權；當中國國民黨全國代表大會閉幕時，其職權由中國國民黨中央執行委員會行使之；選舉、罷免、創制、復決四種政權之行使，由國民政府訓導之；行政、立法、司法、考試、監察五種治權由國民政府行使之。〔註6〕藉以特別強調國民黨在國家中的領導地位。並且為了確保國家權力機關的代表對三民主義的尊崇，或者說為彰顯三民主義在國家政治生活中的至尊地位，國民黨在 1931 年 4 月通過的「國民會議組織法」中明確要求：國民會議代表在會議開幕式上，必須舉行宣誓，其誓詞為：敬以至誠，代表中國人民，接受創立中華民國中國國民黨總理遺教，實行三民主義、五權憲法，依照建國大綱謀中華民國之統一與建設，並遵守國民會議之紀律。其後又在 1937 年 5 月公布的「國民大會組織法」中，再次強調國大代表在開會時，必須做如下之

〔註4〕張其昀編：《先總統蔣公全集》第 1 冊，中國文化大學出版社 1984 年版，第 577 頁。
〔註5〕蔣介石：《蔣總統著作全集》，金川出版社 1975 年版，第 166 頁。
〔註6〕中國第二歷史檔案館編：《中華民國史檔案資料彙編·政治（一）》第 5 輯第 1 編，江蘇古籍出版社 1994 年版，第 269～275 頁。

宣誓：敬以至誠，代表中國人民，接受創立中華民國之孫先生之遺教，依法行使職權，並遵守國民大會之紀律。〔註7〕

　　另一方面藉口對三民主義思想及其政制的維護，以「革命」和「國家」的名義，對異見、異行、異党進行嚴厲的打壓。如中國共產黨發動南昌起義後，國民黨在史稿中污蔑道：「乃賀、葉等甘做赤奴，竟於是月卅一夜實行叛變，襲擊防軍，強奪政權，詆毀三民主義，破壞國民革命。而朱德亦同時率匪部兩連稱叛附變。其所以出此叛黨叛國之謬妄舉動者，固因或於共產邪說，抑亦根於野性難馴，故叛變後不惜形同土匪，顛覆祖國也。」〔註8〕這裡，國民黨在批評中國共產黨所信仰的馬克思主義是異端邪說之外，也攻擊南昌起義的軍隊是顛覆國家的匪軍。解放戰爭時期，國民黨為了給自己的戡亂政策披上合法的外衣，對中國共產黨的攻擊更是不遺餘力。其在社論中說：「尤其使我們痛心的，是共產黨正進行全面動亂與歷史上空前未有的大屠殺，猶美其名曰『國內革命戰爭』。這種滅絕人性的反國家、反民族、反人民的叛亂行為，亦可謂之『革命』，豈非以國家民族及全體人民為其革命對象？在共產黨已發動『革命戰爭』的廣大區域，我們看到的是攻城、決堤、燒殺、掠奪，有計劃地製造毀滅性的恐怖，人民流離，廬舍為墟。必曰此乃『革命戰爭』，古今中外歷史上實無先例。」〔註9〕此外，為了進一步實現對中間黨派與自由知識分子思想言行的監控與管理，國民黨也相應制定了許多更為具體的法律和條例。其中在文化統治方面，制定了「關於省市黨部宣傳工作實施方案」「中央文化事業計劃綱要」「統制民眾讀物辦法」「隨軍記者及攝影人員暫行規則」「戰時新聞禁載標準」「非常時期報社通訊社雜誌社登記管制暫行辦法」「國民黨修正印刷所承印未送審圖書雜誌原稿取締辦法」等；在查禁進步出版物方面，制定了「檢查郵政暫行條例」「各縣市郵電檢查辦法」「修正重要都市新聞檢查辦法」「國民黨戰時圖書雜誌原稿審查辦法」「通俗書刊審查標準」等。國民黨通過這一系列法律法規的制頒，藉此以國家的名義來確保自己的統治，進而維護三民主義學說在國家政治生活中的正統地位。

〔註7〕中國第二歷史檔案館編：《中華民國史檔案資料彙編·政治（一）》第5輯第1編，江蘇古籍出版社1994年版，第146、258頁。

〔註8〕中國第二歷史檔案館編：《中華民國史檔案資料彙編·軍事（三）》第5輯第1編，江蘇古籍出版社1994年版，第1頁。

〔註9〕《解放區目前工作大綱》，《中央週刊》1946年9月11日。

　　就中國共產黨言之，馬克思主義雖然是一種外來的思想學說，但中國共產黨自成立後就把其尊奉為自己組織與行動的指導思想。因為無論從其所制定的政治綱領中，還是從其所發布的決議中，都體現出馬克思主義的政治取向。如其在「一大」通過的《中國共產黨綱領》中就明確提出：「革命軍隊必須與無產階級一起推翻資本家階級的政權」，「承認無產階級專政，直到階級鬥爭結束」，「消滅資本家私有制，沒收機器、工地、廠房和半成品等生產資料，歸社會公有」，「承認蘇維埃管理制度，把工農勞動者和士兵組織起來，並承認黨的根本政治目的是實行社會革命」等主張。不久，中共在吸取「一大」成果的基礎上，結合中國實際，又制定了「二大」綱領，其中最低革命綱領是：「消除內亂，打倒軍閥，建設國內和平」；「推翻國際帝國主義的壓迫，達到中華民族完全獨立」；「統一中國本部（東三省在內）為真正民主共和國」。最高革命綱領是：實現社會主義與共產主義。〔註10〕中國共產黨一大、二大所制定與通過的這些綱領性文件，對於指導中國革命有著非常重要的意義。此後，中國共產黨在歷次黨代會所通過的綱領與發布的宣言中，都明確表達了馬克思主義在其意識形態領域的領導地位。

　　中國共產黨除了以組織形式確認馬克思主義在意識形態領域的領導地位外，其領導人還把馬克思主義的觀點主張運用到政治實踐之中，用來宣示新民主主義革命的必然性與合理性。如瞿秋白針對戴季陶關於「共產主義」不適宜於中國的論調進行批駁道：「中國國民革命的鬥爭，是以無產階級的鬥爭領導中國一切被壓迫民眾的解放運動，是最適合於中國社會所需要的」，「是行向共產主義的第一步」，「是軍閥中國的唯一的道路」〔註11〕。鄧中夏在《論工人運動》一文中指出：「不論革命的政策為了應付時局的必要而要如何變更，然而工人運動卻是任何革命方式之下應該特別重視而不可變更的。不然，如此革命的基本勢力就不注全力使之更強固，更發展，而漫然高唱什麼樣式的革命，終歸是建屋於沙土之上，恐怕牆壁未立，屋瓦未覆，已是歪歪斜斜的坍塌了。」所以，「我們敬佩負中國革命唯一的使命的社會運動家呵！望你們仍鼓勵向來重視工人運動的精神與熱心，持續的努力呵！如此基礎已立，功虧一簣的工人運動，你們因稍稍受了一點波折，便認為此路不通，要另闢他道，我恐怕你們

〔註10〕中央檔案館編：《中共中央文件選集》第一冊，中共中央黨校出版社1989年版，第3、115頁。
〔註11〕中共中央文獻研究室編：《瞿秋白選集》，人民出版社1985年版，第191頁。

再革命一萬年，也不能成功呢。」〔註12〕可見，馬克思主義的一些基本主張已深深融入到了中國共產黨人的主張之中，並成為他們的精神家園和變更現實的重要工具。故而，正如毛澤東曾經在文章中談到的那樣：「災難深重的中華民族，一百年來，其優秀人物奮鬥犧牲，前仆後繼，摸索救國救民的真理，是可歌可泣的。但是直到第一次世界大戰和俄國十月革命之後，才找到馬克思列寧主義這個最好的真理，作為解放我們民族的最好的武器，而中國共產黨則是拿起這個武器的倡導者、宣傳者和組織者。」〔註13〕因此，正是在馬克思主義學說這個銳利思想武器的指導下，以中國廣大人民希望的承載者與整個中華民族利益的捍衛者形象出現的中國共產黨人，面對國內敵人的聯合進攻，走上了有中國特色的革命道路。

其中，在馬克思主義剛剛傳入中國的 20 世紀 20 年代初，早期的中國共產黨人鑒於中國工人階級生活艱難而又群龍無首的現實，就自覺地把其跟中國工人運動結合起來，從而使得 1922 年中國出現了第一次工人運動的高潮，顯示了中國無產階級的偉大力量。第一次國共合作期間，中國共產黨人在馬克思主義指導下，不僅繼續去發展和壯大工人階級的力量，而且也開始把廣大農民當成自己革命的同盟軍，而工人階級與農民階級也正是在馬克思主義指引和中國共產黨領導下，逐步成為國民革命的主力軍，並極大地推動了國民革命的發展。當第一次國共合作失敗後，以毛澤東為代表的共產黨人，適時地從原來的錯誤路線中走了出來，開闢了從農村包圍城市並最終奪取城市的道路。在此過程中，為了推動中國革命的發展，中國共產黨在馬克思主義指導下，先後領導紅軍、八路軍與新四軍以及解放軍，廣泛發動群眾，開展土地革命、進行武裝鬥爭、建立根據地與工農革命政權等實踐活動。隨著中國共產黨所領導的這一系列革命活動的展開，其以馬克思主義為指導、以中國共產黨為領導的新民主主義革命路線，也就昭然於世，成為影響中國政治格局的重要路線。

由此可見，作為政治路線的國共兩黨路線，彼此間在指導思想、領導力量、制度建構等方面存在明顯的區別，而此種區別，使得兩者長期陷於矛盾與衝突的鬥爭狀態，即使彼此間在挽救民族危亡與實現國家獨立方面存在著某些通約的成分，但也難以從根本上改觀相互間已成的敵對局面。故而，也就不難理

〔註12〕人民出版社編：《鄧中夏文集》，人民出版社 1983 年版，第 43~44 頁。
〔註13〕《毛澤東選集》第 3 卷，人民出版社 1991 年版，第 796 頁。

解，自大革命失敗後，國共兩黨政治路線的對立和鬥爭，也就成為構成中國政治生態的基本要素，並且中間路線也得以在此政治生態中順時而生。

二、救亡——共同的政治目的

面對身陷半殖民地半封建社會深淵的中華民族，以探索中國近代化路徑自許的國共兩黨的政治路線還是中間路線，不難發現彼此間都具有同一種政治傾向：即挽救民族危亡。

作為國民黨路線指導思想的三民主義，其所內含的民族主義就具有明顯的反帝國主義傾向，因為它不僅追求國內各民族的平等，更追求中華民族的獨立和解放。如20世紀20年代的孫中山在重新解釋了三民主義時，就倡言「三民主義就是救國主義」，就是「促進中國之國際地位平等，政治地位平等，經濟地位平等，使中國永久適存於世界」〔註14〕。隨後又在國民黨在第一次全國代表大會上提出：國民黨對內的責任是打倒軍閥，解放受壓迫的人民；對外的責任，就是將世界受壓迫的人民聯絡起來，共同反抗帝國主義的侵略，以謀求全體的解放。〔註15〕而中國共產黨路線為了救亡，更是把反帝國主義當作自己的基本任務，如其在二大提出的最低革命綱領中就正式聲明：要推翻國際帝國主義的壓迫，達到中華民族完全獨立。事實上也是這樣，國共兩黨在各自路線的導引下，把救亡當作一項基本的政治任務來執行，只是鑑於各自在國家中的政治身份，使得其救亡的表現方式存在著較大的差異。

其後，針對日本帝國主義步步緊逼而國家卻一盤散沙的現實，國民黨提出了以「勿忘國恥」「共赴國難」與「多難興邦」為基本內容的救亡主張。其中為了讓國人明白「國恥是什麼」與「誰是我們國恥的製造者」兩大問題，國民黨不僅把近代以來國家恥辱性事件發生的時間法定為國恥紀念日，如把南京條約簽字的8月29日命名為南京和約國恥紀念日，以及5月3日濟南慘案國恥紀念日，5月30日上海慘案國恥紀念日，9月7日辛丑條約國恥紀念日等。而且在這些紀念日開展大規模的反帝愛國活動，如南京條約國恥紀念日當天，國民黨要求全國各地高級黨部必須召集各機關、各學校、各團體代表舉行紀念會，並下半期以表哀恥，並根據習慣，在紀念會上，就國恥發生的原因、經過、

〔註14〕 中國社會科學院近代史研究所等編：《孫中山全集》第9卷，中華書局1986年版，第184頁。

〔註15〕 中國社會科學院近代史研究所等編：《孫中山全集》第9卷，第125頁。

結果及影響進行宣講，以便加強聽眾在瞭解事件經過的基礎上，更加明瞭紀念國恥的意義。同時，要求文宣部門積極宣傳「『南京條約』是腐敗的清政府在鴉片戰爭中被迫跟英國侵略者簽訂的喪權辱國的條約；『南京條約及其附件』所規定的割地賠款、開埠通商、協商關稅、領事裁判權、片面最惠國待遇等條款，是帝國主義者踐踏、摧殘中華民族的根據」等反帝思想。〔註16〕國民黨希望通過設立國恥日和開展國恥紀念活動，來展現國家民族的苦難和喚起民眾對國恥的記憶，進而產生同仇敵愾的鬥志。

為了洗刷國恥，國民黨除了軍事上抵抗外來侵略外，還在30年代初期，領導了一場改訂新約和回收利權的運動。因為鑒於當時的現實，他們認為不廢除不平等條約，中華民族絕無復興的希望。誠如其在陳述發起廢約運動的緣由時說：「不平等條約是中國的賣身契約，是帝國主義經濟侵略、文化侵略、政治侵略的護符。帝國主義靠不平等條約，把持我們的海關，割據我們的領土，侵害我們的主權，到處壓迫中國民族，屠殺中國民眾。如五卅上海南京路的殘殺，廣州沙基的屠殺，漢口、九江的屠殺，四川萬縣的屠殺，以至於今年五三日帝國主義在濟南演出空前絕後，屠殺一千民眾以上的大流血，都是不平等條約賜給我們的殘酷的禮物，所以這種賣身契約——不平等條約，一日不撕毀，中國永遠不能脫離帝國主義的鐵蹄而躋於平等自由的地位，中國民族永遠不免帝國主義的屠殺。」〔註17〕對此，蔣介石曾深有同感地說：「我們中國百年來國勢的陵夷，民氣的消沉，大抵以不平等條約為造因。不平等條約訂立的經過，全為中國國恥的紀錄。」〔註18〕顯然，在國民黨的政治視域中，廢除不平等條約如同其他救亡舉措一樣，也是中國人民用來挽救民族危亡與洗刷國家恥辱的基本途徑。

出於團結國人共赴國難的目的，國民黨還積極宣揚精誠團結的思想。九一八事變發生後不久，國民黨中央黨部秘書長吳鐵城在海外黨代表招待會上演說中提到：「現在只有國難，沒有家難，只有國仇，沒有私仇。要復國仇救國難，必須要全國一致，準備做最後最大之犧牲，本黨同志尤應以犧牲奮鬥的精神，為舉國先，方能抵抗暴日，收復東北失地。」〔註19〕陳銘樞說：「在

〔註16〕《南京和約國恥紀念宣傳要點》，《中央週刊》1929年8月19日。
〔註17〕《一周大事述評‧黨務報告‧廢約運動》，《中央週刊》1928年9月9日
〔註18〕蔣介石：《中國之命運》，青年軍出版社1944年版，第13頁。
〔註19〕吳鐵城：《精誠團結共赴國難》，《中央週刊》1931年11月16日。

本黨團結，固屬必要之舉，而全國之團結，政府與人民之結合，亦為刻不容緩之需要。」〔註20〕因為在陳氏看來，只有全國人民的團結，內戰才能真正地消除，國家才能真正地統一，全民族才能真正地萬眾一心、共禦外侮。即便是日後淪為大漢奸的汪精衛當時也在文章中提議：「今日之救亡之道，團結一致而已，同志與同志之間，政府與人民之間，中央與地方之間，均應視此為天經地義，而一致以赴之。至於地方與地方之間，因地盤衝突，而發生內戰，則尤不容於中國，彼躬冒大不韙而甘為戎首者，適足自滅也。」〔註21〕可見，在大敵當前的情況下，團結禦侮，已經成為國民黨的一種共識。並且，為了促進黨內外團結的實現，國民黨在日本侵佔東北後，特意在南京組織召開了國難會議，與會者不僅包括國民黨各派系代表，而且彙集了社會各團體、各階層的精英，即便是長期以來被國民黨打壓的青年黨，其領袖人物也在其列。七七事變爆發後，面對日寇的全面侵華戰爭，國民黨更是在國防參議會的基礎上組建國民參政會，其組成人員，既有國共兩黨代表，也有各中間黨派與社會賢達代表，特別是中國共產黨的參加，更顯示出各黨派及社會精英在禦侮方面的一致性。

　　鑒於敵強我弱的現實，國民黨為鼓舞廣大將士與民眾的士氣，還把「多難興邦」作為一種觀念與思想融匯於禦侮救亡的主張之中。如其領袖蔣介石針對當時內憂外患的現實，為鼓勵國人迎難而上，在《多難興邦全在共同努力》的報告中說：「我相信這個難關渡過之後，國家的光明大道，就在目前了。嘗考更事，凡是一個國家要成就他的建國偉業，一定要經過很大的困難，很多的險阻，才能得到真正的成功。就是做任何偉大事業，也須經過如此的階段。現在我國遭遇到這樣大的天災人禍，內憂外患，我們為國民的，固然覺得傷心慘目，但從他方面想，也就是距我們國家光明的前途不遠了。我們應該更加振作起來，打破這個難關，完成我們的責任。革命的成功，原不是從平安中得來的，乃是從危險中得來的，我們一定要有轉危為安、轉禍為福的精神，方可以真正完成我們革命的使命。」〔註22〕蔣介石在告訴國人：一個國家民族在通往復興與繁榮的路上，從來就不是一帆風順的，期間必然會面臨著許多挑戰和困難，而且這些挑戰與困難並不見得就是壞事，相反，它可能就是推動這個國家走向

〔註20〕陳銘樞：《團結統一在求國家人民之利益》，《中央黨務月刊》1931年第41期。
〔註21〕汪精衛：《告別書》，《中央週刊》1932年10月24日。
〔註22〕蔣介石：《多難興邦全在共同努力》，《中央週刊》1931年9月14日。

強盛的重要動力，尤其是對中國這樣一個有著悠久歷史而又面臨空前危機的國家而言，就更是如此。故而，憂患重重的現實，對中華民族來說並不可怕，可怕的是在憂患重重的現實中，人們不思進取，而白白喪失這麼一個反敗為勝、轉危為安的機會。

此外，國民黨為了表明自己的抗戰決心，蔣介石在 1936 年國民黨五屆二中全會上聲稱：「中央對外交所抱定的最低限度，就是保持領土主權的完整，任何國家要來侵犯我們領土主權，我們絕對不能容忍，我們絕對不訂任何侵害我們領土的協定，並絕對不容忍任何侵害我們領土主權的事實。再明白些說，假如有人強迫我們簽訂承認偽國等損害領土主權的時候，就是我們不能容忍的時候，就是我們最後犧牲的時候。」〔註23〕同時，還在內政上改組政府，削弱親日派勢力；在軍事上制定國防規劃，構築國防工事，整編擴充軍隊，加快抗日作戰的準備。盧溝橋事變發生後，蔣介石更是提出了「地無分南北，年無分老幼，無論何人，皆有守土抗戰之責任」的號召。〔註24〕也許正是國民黨這一種日趨明朗與堅定的對日政策，才進一步使得中華大地從白山黑水到天涯海角，從東海之濱到華夏腹地，四處燃燒起抗日的烽火。

中國共產黨自成立起就把救亡當作自己的基本任務，所以在 20 年代其所領導的安源路礦工人大罷工、香港海員大罷工等，就有明顯的反帝傾向。其後隨著日本帝國主義侵華戰爭逐步加深，中國共產黨更是把救亡工作跟抗日結合起來。九一八事變發生後，中國共產黨即刻發表了《中國共產黨為日本帝國主義強暴佔領東三省事件宣言》，號召：「全中國工農兵士勞苦大眾，必須堅決一致在爭取工農革命勝利自求解放的利益之下，實行反帝國主義反國民黨的鬥爭。」〔註25〕1935 年又發表了著名的《八一宣言》，表達了強烈的抗日意願，其中提出：「今當亡國滅種大禍迫在眉睫之時，共產黨和蘇維埃政府再一次向全體同胞呼籲：無論各黨派間在過去和現在有任何政見與利害的不同，無論各界同胞間有任何意見上或利益上的差異，無論各軍隊間過去和現在有任何敵對行動，大家應當有『兄弟鬩于牆外禦其侮』的真誠覺悟，首先大家都應當停止內戰，以便集中一切國力（人力、物力、財力、武力等）

〔註23〕蔣中正：《組織國防會議之意義》，《中央國報》1936 年 7 月 20 日。

〔註24〕彭明編：《中國現代史資料選輯》第 5 冊上，中國人民大學出版社 1989 年版，第 28 頁。

〔註25〕中央統戰部、中央檔案館編：《中共中央抗日民族統一戰線文件選編》上冊，檔案出版社 1984 年版，第 2 頁。

去為抗日救國的神聖事業而奮鬥。蘇維埃政府和共產黨特再一次鄭重聲明：只要國民黨軍隊停止進攻蘇區行動，只要任何部隊實行對日作抗戰，不管過去與現在他們與紅軍之間任何舊仇宿怨，不管他們與紅軍之間在對內問題上有何分歧，紅軍不僅立刻對之停止敵對行動，而且願意與之親密攜手共同救國。」〔註26〕

　　特別是盧溝橋事變發生後，中國共產黨為了實現全民族的抗戰，即刻向全國發出了「平津危機！華北危機！中華民族危機！只有全民族的抗戰，才是我們的出路」的通電〔註27〕。進而為了實現此種目的，中共又在《中共中央為公布合作宣言》中明確表示承認國民黨的領導地位，其在宣言中說：孫中山先生的三民主義為中國今日之必須，本黨願為其徹底的實現而奮鬥；取消一切推翻國民黨政權的暴動政策及赤化運動，停止以暴力沒收地主土地的政策；取消現在的蘇維埃政府，實現民權政治，以期全國政權之統一；取消紅軍名號及番號，改編為國民革命軍，受國民政府軍事委員會之統轄，並待命出動，擔任抗日前線之職責。〔註28〕宣言中體現出中國共產黨為了國家民族利益而不記舊仇宿怨、黨見私利的博大胸懷。

　　不僅如此，中國共產黨領導人還積極聯絡社會上的著名人士，一方面向他們介紹自己抗日主張，另一方面希望他們利用自己的資望來推動抗日工作的開展，如1936年5～6月，劉少奇兩次給鄒韜奮主辦的《生活日報》去信，闡釋中國共產黨建立抗日民族統一戰線的主張；周恩來也於1936年5月致函教育界名流張伯苓，懇請他出面做抗日統戰的工作；與此同時，毛澤東也給鄒韜奮、陶行知、沈鈞儒、章乃器、杜斌？、許德珩等愛國民主人士寫信，表達中國共產黨團結抗日、一致對外的立場。其中毛澤東在一封信中說：「我們不反對統一，我們所反對的是內戰，是漢奸，我們認為現在統一中國的道路，只有一條，就是各派平等的聯合，對日抗戰，與實行大家聽命於人民的民主制度。如果離開這條道路，而企圖用內戰與武力去征服一切敵對勢力的方法來統一中國，那不會是中國的統一，而會是中國的分裂的滅亡。為著這個原因，我們

〔註26〕《中國共產黨為抗日救國告全體同胞書》，中央檔案館編：《中共中央文件選
　　　　集（1934～1935）》，中共中央黨校出版社1985年版，第486頁。
〔註27〕彭明主編：《中國現代史資料選輯》第5冊上，中國人民大學出版社1989年
　　　　版，第23頁。
〔註28〕轉引吳雁南等主編《中國近代社會思潮》第4卷，湖南教育出版社1998年版，
　　　　第12頁。

現在反對這個企圖。我們現在擁護平等的聯合，抗戰與民主統一中國的道路。」
〔註29〕中國共產黨這些舉措，儘管其批評者或政敵可以指陳當中所存在的不足或者懷疑其抗日的誠意，但它至少在全國人民面前表明了中國共產黨的救亡立場，進而也鮮明地體現出中國共產黨跟所有抱有救亡宗旨的黨派、團體以及個人一樣，都是愛國的。

當然，如同國共兩黨的政治路線一樣，救亡同樣也是中間路線的一項基本政治目標。不過，稍需說明的是，救亡之所以成為中間路線的基本政治目標，一方面救亡是支撐其進入歷史舞臺的主要依據，另一方面救亡也是其達到與國共路線共存的重要平臺。因為自鴉片戰爭以來，中國士大夫們挽救民族危亡的多次失敗，才使得中間路線的出現成為必要；同時，由於國共兩黨在救亡方面跟中間派人士存在著某種共同語言，才使得中間路線的存在成為可能。

三、難以逾越的鴻溝

雖然說「救亡」是中間路線與國共兩黨路線共同的政治目的，但作為不同的政治路線，彼此間畢竟有著本質的差異。

其一，指導思想不同。分別作為國共路線指導思想的三民主義和馬克思主義，儘管跟中間路線的指導思想——自由主義在政治取向上存在著一定範圍內的重疊共識，但在一些具體的價值方面則有明顯的差異。

就民主自由在各自思想體系中的地位而言，自由主義更強調自由，而三民主義與馬克思主義則側重於民主，所以在三民主義中，民權主義處於一種非常突出的位置，在中國共產黨的革命旗號中，就直接以新民主主義革命相標榜。正因為如此，國共兩黨為確保其民主權利的實現及民主制度的建立，在組織上特別強調紀律與服從，而中間派人士在組織上則更看重於志趣和道義。比如國民黨在一大通過的黨的章程中規定：「凡黨員須恪守紀律。入黨後即須遵守黨章，服從黨義。其在本黨執政地方及在軍政時期，尤須嚴行遵守。黨內各問題各得自由討論，但一經決議定後，即須一致進行。凡不執行本黨決議者、破壞本黨章程者、違反本黨黨義及黨德者，須受以下處分：黨內懲戒或公開懲戒，並在黨報上詳細登出原委，及暫時或永久開除黨籍。已開除黨籍之黨員，不得

〔註29〕《毛澤東致章乃器、陶行知、鄒韜奮、沈鈞儒函》，中央統戰部、中央檔案館編：《中共中央抗日民族統一戰線文件選編》中冊，檔案出版社1985年版，第205頁。

在本黨執政地方之政府機關服務。」〔註30〕而民盟在其「成立宣言」中宣稱：
中國民主政團同盟今次成立，為國內在政治上一向抱民主思想各黨派一初步
結合；言外之意，其團體不是一個嚴密的組織。〔註31〕相反，為了消除來自國
民黨的懷疑與猜忌，又在發表的社論中再次聲明：第一、這是一個聯合體，不
是一個組織。它本身不是一個政黨，而是許多黨派的聯合。第二、因為它本身
不是一個政黨，所以不要看作國內兩大黨之外，政治上又增多一競爭單位。它
只是為了當前時勢需要，而作此聯合行動。第三、這一聯合，實在由來已久，
不是偶然出現的。〔註32〕即使到了 1945 年以中國第三大政治力量的身份出現
在政治舞臺上後，民盟對其組織紀律仍然不是特別地強調。如其在臨時全國代
表大會通過的組織規程「退盟」章中規定：「本同盟盟員有違反本同盟宗旨、
政綱、決議及不履行本規程所規定之義務或以言論及行為破壞同盟者，經中執
會之決議得令其退盟。」〔註33〕顯然，由中間派人士組成的民盟，即使轉化成
現代的政黨，那種「合則留，不合則去」的傳統士大夫精神氣質還是非常濃厚
的，尤其是相對於國共兩黨的嚴密組織紀律而言，其自由之特性尤為明顯。

　　鑒此，在嚴格推行組織紀律情形下，國共兩黨的領袖在黨員中處於絕對
的核心地位，其黨眾在絕對服從領導之外，還不能隨便地脫離組織關係。而
中間派人士則在其組織中相對地自由，他們不僅可以隨意決定加入或退出某
一組織，而且可以以個人的身份發表政見，其領導人在群眾中的威望與地位，
憑藉的不是權謀和紀律，而是品德和才氣。此外，相對於中間派人士，國共
兩黨在維護人的自由權利時，更多地關注群體或多數人的自由權利，甚至有
時為了群體或多數人的利益，而不惜犧牲個人或少數人的利益。如在抗戰中，
國民黨為了民族的獨立和自由，明確提出了「國家第一，勝利第一，抗戰第
一」的口號，提出了「一個政黨，一個領袖，一個主義」的號召，言外之意，
就是要求人民為了國家民族的利益，在適當的時候必須放棄個人的或局部的
權益，而接受國民黨的領導，哪怕這種領導違背了民主自由的基本原則。安

〔註30〕《中國國民黨總章》（1924 年 1 月），榮孟源主編：《中國國民黨歷次代表大會
　　　　及中央全會資料》上冊，光明日報出版社 1985 年版，第 31～32 頁。
〔註31〕《中國民主政團同盟成立宣言》，中國民主同盟中央文史資料委員會編：《中
　　　　國民主同盟歷史文獻（1941～1949）》，文史資料出版社 1983 年版，第 5 頁。
〔註32〕社論：《中國民主政團同盟的成立宣言》，《光明報》1941 年 10 月 16 日。
〔註33〕《中國民主同盟組織規程》，中國民主同盟中央文史資料委員會編：《中國民
　　　　主同盟歷史文獻（1941～1949）》，文史資料出版社 1983 年版，第 97 頁。

定大家生活就是民生主義。

就階級立場而言，馬克思主義相對於三民主義和自由主義更具有鮮明的階級性。因為它絲毫不隱瞞和迴避自己的階級本質，不以「超階級」的幌子來標榜自己是全人類利益的代表，而是公然申明自己是為工人階級與勞苦大眾服務的；同時堅決批判一切剝削階級的理論觀點，自覺地捍衛無產階級與廣大人民群眾的利益，以爭取工人階級與全人類的解放為己任。相反，無論是三民主義還是自由主義卻在此問題上顯得含混與模糊。如黨國元老李烈鈞為宣示三民主義的非階級性，提出三民主義是一種「博愛」主義，他在文章中說：「總理博愛精神寄於三民主義，對國內求民族一律平等，對世界謀被壓迫民族全體解放者，民族主義也；本天下為公之心，謀全民衣食住行之所得者，民生主義也；實行全民政治，反對階級專政，求人民在政治上之平等者，民權主義也。」〔註34〕無獨有偶，同為黨國元老的丁惟汾也發表了跟李氏類似的觀點，他說：愛護同類就是民族主義，服務國家就是民權主義，安定大家生活就是民生主義〔註35〕。所以在現實中，中國共產黨除明確主張進行無產階級革命外，還提出工人階級是革命的領導階級、農民階級是中國革命的主力軍等觀點，並認為：「中國革命如果沒有無產階級的領導，就必然不能勝利。」〔註36〕而國民黨則主張國民革命，一些中間派人士卻宣稱全民革命。

就國家政制建構而言，馬克思主義主張在推翻資本主義制度的基礎上，建立無產階級專政的社會主義國家，然後大力發展生產力，最終實現共產主義。正如毛澤東在文章中寫道：「每個共產黨員須知，中國共產黨領導的整個中國革命運動，是包括民主主義革命和社會主義革命兩個階段在內的全部革命運動；這是兩個性質不同的革命過程，只有完成了前一個革命過程才有可能去完成後一個革命過程。民主主義革命是社會主義革命的必要準備，社會主義革命是民主主義革命的必然趨勢。而一切共產主義者的最後目的，則是在於力爭社會主義社會和共產主義社會的最後完成。」〔註37〕自由主義則主張在三權分立制度、議會制度、政黨政治的基礎上，建立起資產階級民主共和國。因而，作為中間派人士代言者的民盟在其國家政治制度的建構中，提出了其建國的根

〔註34〕李烈鈞：《以大無畏精神挽救國難》，《中央黨務月刊》1931年第42、43、44期合刊。
〔註35〕丁惟汾：《一心一德之意義》，《中央週刊》1936年7月6日。
〔註36〕《毛澤東選集》第2卷，人民出版社1991年版，第645頁。
〔註37〕《毛澤東選集》第2卷，人民出版社1991年版，第651～652頁。

本原則是英美政治民主加蘇聯經濟民主，最後目的是把中國造成一個十足道地的民主國家。而三民主義則主張在維護國民黨既得利益的前提下，把中國建設成一個三民主義的資產階級共和國。所以，在現實中儘管國民黨也召開國民大會，制定憲法，組建五院制政府；也儘管其領導人宣稱「只能還政於全國民眾代表的國民大會，不能還政於各黨各派的黨派會議，或其他聯合政府」〔註38〕，但仍然無改於國民黨及其三民主義在政府中的特權地位。誠如《大公報》在指陳《五五憲草》的弊端時所說：一，對人民的自由都拖著可以用法律限制的尾巴；二，國民大會形同虛設，人民代表制權極不充分；三，選舉法不訂在憲法內，人民的選舉權不明確；四、憲草上的五院制，集一切權力於政府而本身職權關係不明晰。〔註39〕故而，國民黨所建立起來的三民主義共和國，並非是真正意義上國人所向往的民主國家。

也許正因為指導思想上述諸種差異的存在，國民黨領導人蔣介石在《中國之命運》一書中對自由主義與共產主義進行批評道：「個人本位的自由主義與階級鬥爭的共產主義，不外英美思想與蘇俄思想的抄襲和附會」，它們「不切於中國的國計民生，違反了中國固有的文化精神」，「失去了要為中國而學亦要為中國而用的立場」。它們「以某一外國的立場為立場，以帝國主義者的利益為利益」，「甚至為帝國主義作爪牙」，「這真是文化侵略最大的危機和民族精神最大的隱患」〔註40〕。此外，蔣氏還通過比較，認為共產主義雖重視經濟，近於民生主義，卻不重視民族與民權主義，而且其所倡導的民生主義，亦只重視一個階級的利益，而不顧全民的利益；自由主義雖注重民權，並以全民利益相號召，但資本主義氣味太濃，不能給民生問題以真正的解決，同時其選舉方法極不平等，不能算真正的民權主義；相反唯有三民主義博大精深，涵蓋一切，把各方面皆行均衡顧及，無絲毫偏頗之弊，因而是圓滿無缺的革命建國的最高指導原則。〔註41〕同理，中國共產黨領袖毛澤東也主動劃清共產主義與三民主義的界限，他在 1939 年 8 月 24 日中央政治局會議上指出：孫中山的三民主

〔註38〕中共中央黨校黨史教研室編：《中共黨史參考資料》第 9 冊，人民出版社 1979 年版，第 488 頁。
〔註39〕社評：《論憲草審議——五五憲草不宜做藍本》，《大公報》1946 年 2 月 26 日。
〔註40〕轉引自吳雁南等主編《中國近代社會思潮》第 4 卷，湖南教育出版社 1998 年版，第 368～369 頁。
〔註41〕蔡尚思主編：《中國想的思想史資料簡編》第 4 卷，浙江人民出版社 1983 年版，第 329 頁。

義是小資產階級的三民主義，資產階級在民主革命時期其主要綱領與我黨相同，但其整個革命的全部綱領則與我黨不同，因為中國共產黨在新民主主義革命完成後，還有一個建立社會主義與共產主義社會制度的最高綱領。所以，共產黨對三民主義的態度是：既要在理論上承認它，承認它為中國當前之必需，是抗日統一戰線的政治基礎，也要在實踐上推行它，否則就不能扶持國民黨左派和爭取群眾。〔註42〕毛氏的言外之意，馬克思主義才是指引中國革命和未來的指導思想。

其二，變更社會現實的手段有異。無論是國民黨的政治路線還是中國共產黨的政治路線，彼此都強調用革命的手段來改變現成的社會制度。早在辛亥革命時期，孫中山就在其主張中強調用革命手段來推翻清王朝的統治。為此，他不僅明確提出「驅除韃虜，恢復中華」的口號，而且領導革命黨人在全國各地進行武裝起義，尤其是針對來自康有為、梁啟超等改良派的批評，他還同其戰友以進化論為武器來為革命張目，他說：「以進化一學，有天然進化、人事進化之別也。若曰天然『天演』、人事『天演』則不合也，因人事進化與天然進化有相因的，亦有不相反的也。」〔註43〕陳天華也在文章中說：「宇內各國，無不循進化之理。其所以雄飛突步得有今日者，進化為之也，非自古而然，革命亦其一端也。」〔註44〕其後孫中山及其繼承人在反北洋政府和重建國民政府的過程中，基本上都沿著革命的道路進行。所以蔣介石曾經鼓吹革命道：「人類應為的工作，不單關於政治要革命，社會也要革命，科學也要革命。政治不革命，政治不能進步；社會不革命，社會不能進步；科學不革命，科學也不能進步。多一番革命，便多一番進步，便多一番改良，不革命即不能進步，不會改良。所以革命是一件很好的事情，各界若各做各的事情，不同向革命的路上走，那是大錯而特錯。」〔註45〕雖則後來隨著南京國民政府的建立，三民主義成為國家的指導思想，國民黨成為執政黨，但其路線中的革命情結仍然是其重要的特色，所以在現實中，國民黨常常以革命的名義，對那些批評或攻擊政府的人士採取殺戮政策，對於那些擁兵自重的地方實力派進行武力剿除。

〔註42〕《毛澤東年譜》中，人民出版社1994年版，第134頁。
〔註43〕中國社會科學院近代史所編：《孫中山全集》第1卷，中華書局1981年版，第385頁。
〔註44〕劉清波、彭國興編：《陳天華集》，湖南人民出版社1982年版，第214頁。
〔註45〕《蔣介石言論集》，中華書局1965年版，第459頁。

相對於國民黨的政治路線，中國共產黨的政治路線或許更強調用革命手段來改變社會的現狀。一方面作為其指導思想的馬克思主義對革命比較推崇，因為在其看來，革命不僅可以快速推動社會由低級向高級發展，而且可以充分發揮人民群眾創造歷史的主動性和積極性，同時使革命階級在革命鬥爭中受到鍛鍊與改造，成為建設新社會的基礎。其創始人馬克思曾經說：「革命之所以必需，不僅是因為沒有任何其他的辦法能夠推翻統治階級，而且還因為推翻統治階級的那個階級，只有在革命中才能拋掉自己身上的一切陳舊骯髒的東西，才能成為社會的新基礎。」他甚至還說：「革命是歷史的火車頭」〔註46〕，「暴力是每一個孕育著新社會的舊社會的助產婆」〔註47〕。馬克思的繼承人列寧更是把奪取政權當作革命的首要目標，他說：「無論是從革命這一概念的嚴格科學意義來講，或是從實際政治意義來講，國家政權從一個階級手裏轉到另一個階級手裏，都是革命的首要的基本的標誌。」〔註48〕而且，為了給革命賦予歷史的進步性和人間的道義性，馬克思還從生產力與生產關係的角度來論證革命的合理性，他說：「社會物質生產力發展到一定階段，便同它們一直在其中運動的現存生產關係或財產關係……發生矛盾。於是這些關係便由生產力的發展形式變成生產力的桎梏。那時社會革命的時代就到來了。隨著經濟基礎的變更，全部龐大的上層建築也或慢或快地發生變革。」〔註49〕列寧也在解釋階級鬥爭時說：「什麼是階級鬥爭？這就是一部分人反對另一部分人的鬥爭，就是廣大無權者、被壓迫者和勞動者反對特權者、壓迫者和寄生蟲的鬥爭，雇傭工人或無產者反對私有主或資產階級的鬥爭。」〔註50〕顯然，在馬克思、列寧的眼中，革命合乎天意而順乎民情。另一方面，作為中國共產黨政治路線的實踐模版──俄國十月革命，更是讓中國共產黨對革命充滿了信心和希望。當十月革命勝利的消息傳到中國，中國共產黨創始人之一的李大釗就感言道：「法蘭西革命是18世紀末期之革命，是立於國家主義上之革命，是政治的革命而兼含社會的革命之意味者也。俄羅斯之革命是20世紀初期之革命，是立於社會主義上之革命，是社會的革命而並著世界的革命之彩色者也。」「吾人對於俄羅斯今日之事變，惟有翹首以迎其世界新文明之曙光，傾耳以迎其建於

〔註46〕《馬克思恩格斯選集》第1卷，人民出版社1995年版，第91、456頁。
〔註47〕《馬克思恩格斯全集》第44卷，人民出版社2001年版，第861頁。
〔註48〕《列寧選集》第3卷，人民出版社1995年版，第25頁。
〔註49〕《馬克思恩格斯選集》第2卷，人民出版社1995年版，第32～33頁。
〔註50〕《列寧全集》第7卷，人民出版社1986年版，第169頁。

自由、人道上之新俄羅斯之消息，而求所以適應此世界的新潮流，勿徒以其目前一時之亂象遂遽為之抱悲觀也。」〔註51〕中國共產黨領導人毛澤東則在文章中說：十月革命的一聲炮響，給中國送來了馬克思主義。正因為這樣，以馬克思主義做指導思想的中國共產黨自成立起，就高舉革命的大旗，主張用暴力的手段推翻現存的社會制度。其後隨著大革命的失敗，中國共產黨更意識到革命的必要性，如毛澤東在「八七」會議上指出：「政權是由槍桿子中取得的。」〔註52〕後來他還強調：「經驗告訴我們，中國的問題離開了武裝就不能解決。」〔註53〕為此，中國共產黨則組建革命軍隊，走上了一條從農村包圍城市最後奪取城市的道路；同時，他們在農村鬥地主、分田地，建立革命根據地，向國民黨展開全面的奪權鬥爭。

　　然而，跟國共政治路線不同的是，中間路線在變更社會現狀方面則更傾向於改良，因為作為其指導思想的自由主義，認為社會改造是一項系統工程，社會進步是一個逐步進化的過程。美國實用主義大師杜威在 20 世紀 20 年代訪華時發表演說道：「現在世界上無論何處，都在那裏高談再造世界、改造社會。但是要再造改造的，都是零的，不是整的，如學校、實業、家庭、經濟、思想、政治，都是一件件的，不是整塊的。所以進化是零買的。」〔註54〕中國自由主義代言人胡適也認為世界是一點一滴一分一毫長成的，具體問題多解決了一個，社會的改造便多前進了一步，為此他針對當時社會上流行空談主義的風氣，撰文批評道：「空談好聽的主義，是極容易的事，是阿狗阿貓都能做的事，是鸚鵡與留聲機都能做的事。」〔註55〕相反對於革命，中外自由主義者都明顯持反對態度。英國著名自由主義者柏克針對法國大革命所產生的消極後果，認為革命出自自私的動機和狹隘的觀點，革命所能實現的只能是殘忍、嚴酷、不成熟，並與傲慢和不正義聯繫在一起，跟人的本性和既成的制度相對立，同時也破壞社會的道德原則與良好的願望。張東蓀也在總結革命所造成的負面效應時說：「所以歷史上的革命幾乎無一不是犧牲太大而代價不足償其十分之

〔註51〕李大釗：《李大釗選集》，人民出版社 1959 年版，第 102、104 頁。
〔註52〕中共中央文獻研究室和人民解放軍軍事科學院共同編輯：《毛澤東軍事文集》第 1 集，軍事科學出版社、中央文獻出版社 1993 年版，第 2 頁。
〔註53〕《毛澤東選集》第 2 卷，人民出版社 1991 年版，第 544 頁。
〔註54〕遼寧大學哲學系中國哲學史研究室編：《中國現代哲學史資料彙編》續集第 3 冊，1984 年版，第 137 頁。
〔註55〕胡適：《胡適文存》第 1 集，遠東圖書公司 1985 年版，第 343 頁。

一。換言之，即成就太少而浪費太多。」〔註56〕可見，在變更社會手段上，中間路線跟國共兩黨的政治路線存在著鮮明的不同。不僅如此，中間派人士在其自由主義理念的驅使下，還對國共兩黨所標榜的革命提出批評。如胡適在文章中寫道：「我們今日認為所謂『革命』，真所謂『天下多少罪惡假汝之名以行』。用武力來替代武力，用這一班軍人來推倒那一班軍人，用這一種盲目勢力來替代那一種盲目勢力，這算不得真革命。至少這種革命是沒有多大意義的，沒有多大價值的。結果只是兵化為匪，匪化為兵，兵又化為匪，造成一個兵匪世界而已。於國家有何利益？於人民有何利益？就是那些有主張的革命者，喊來喊去，也只是抓住了幾個抽象的名詞在那裏變戲法。有一班人天天對我們說：『中國革命的對象是封建階級。』又有一班人天天說：『中國革命的對象是封建勢力。』我們孤陋寡聞的人，就不知道今日中國有些什麼封建階級和封建勢力。」所以，「今日所謂有主義的革命，大都是嚮壁虛造一些革命的對象，然後高喊打倒那個自然的對象；好像捉妖的道士，先造出狐狸精山魈木怪等等名目，然後畫符念咒用桃木寶劍去捉妖。妖怪是收進葫蘆去了，然而床上的病人依舊在那兒呻吟痛苦」〔註57〕。胡適此種對「革命」批判與否定的立場，應該說在中間派人士中很有代表性，因為他們在自由主義的所謂理性指引下，相信只有充分採用世界的科學知識與方法，一步一步地作自覺的改革，中國才有變更「愚、窮、弱、私、亂」現實的希望與可能。

其三，處理黨政關係的原則有別。無論是國共兩黨的政治路線還是中間路線，彼此在處理黨政關係上都主張政黨政治，強調通過政黨來爭取國家政權，但是在行使國家政權方面，前者常有一種主義至上的原則傾向，而後者則仍然信守著法治的原則，讓政黨跟政權保持著適當的距離。

就國民黨政治路線看：一則強調黨義治國，其最顯著的特徵是把黨的指導思想上升為國家的意識形態，如胡漢民、孫科等在《訓政綱領說明書》中就提出：「三民主義乃救國的宗旨，五權憲法乃建國的制度；若以總理之用語說明之，即三民主義乃五權憲法之目的，五權憲法乃三民主義之實行；不經由五權憲法之制度，三民主義即無由整個地實現。」其後國民黨又在第三次全國代表大會上確定訓政時期的根本法是：「確定總理所著三民主義、五權憲法、建國

〔註56〕中國人民大學中共黨史教研編：《批判中國資產階級中間路線參考資料》第4輯，中國人民大學1962年版，第346頁。

〔註57〕胡適：《我們走那條路？》，《新月》1929年第10期。

方略、建國大綱及地方自治開始實行法為訓政時期中華民國最高值根本法。舉凡國家建設之規模，人權、民權之根本原則與分際，政府權力與其組織之綱要及行使政權之方法，皆須以總理遺教為依歸。」〔註58〕再後在《五五憲草》中，又明確規定中華民國的性質為三民主義共和國。如是，在現實中，國民黨可以從法律的角度要求人民服從其領導，信奉三民主義，而對於那些積極主張個別主義或消極反對三民主義的黨派與個人，又可以借國家的力量予以制裁，從而達到借國家的根本制度來保證其對政權的壟斷。

二則是黨員治國。一方面國民黨黨員長期把持從中央到地方各級政府部門的職位，出現一種政府對黨員開門而不對人才開門的局面，如其五院院長基本上都是國民黨黨員，各部部長職位也長期為國民黨人士所把持；另一方面國民黨的各級組織常常干預同級政府的行政權力，而此種特徵在中央特別突出，因為根據《中華民國訓政時期約法》第30條規定：「訓政時期，由中國國民黨全國代表大會代表國民大會行使中央統治權；中國國民黨全國代表大會閉會時，其職權由中國國民黨中央執行委員會行使之。」〔註59〕顯然，國民黨中央執行委員會在實質上扮演了國家最高權力機關的角色，而國民政府則無疑異化成它的執行機關。不僅如此，國民黨還專門設置了中央執行委員會政治會議，其主要職能是決定政策、制定法律、選用官吏，其中心任務是從政治上、組織上實現對國民政府全方位的監控，保證國家一切大政方針的制定直接受控於國民黨的領導集團。如是，一方面就為黨員進入政府開設了綠色通道，另一方面也為黨權凌駕於政權之上提供了理論依據。

就中國共產黨政治路線看：在處理黨政關係上，雖然沒有國民黨政治路線那種黨在國上的特徵，但是在實踐中黨政不分的情形還是相當明顯的。土地革命時期在中國共產黨所建立的工農政權中，所有擔任政府職務的人員，絕大部分是共產黨員，尤其是關鍵的職位更是非中國共產黨人士莫屬；即便全面抗戰時期，中國共產黨在邊區政府中採取「三三制原則」，保證大量的黨外人士進入政府，然而在實權的控制上，仍然沒有改變政權的固有性質。同時，黨還通過民主集中制原則來實現對政府的領導與控制。從表面看來，黨組織與政府是兩個不同的部門，本身沒有直接的聯繫，可是，由於政府各個部門領導人的黨

〔註58〕 中國第二歷史檔案館編：《國民黨政府政治制度檔案史料選編》上冊，安徽教育出版社 1994 年版，第 586、591 頁。
〔註59〕 中國第二歷史檔案館編：《中華民國史檔案資料彙編‧政治（一）》第五輯第一編，江蘇古籍出版社 1994 年版，第 271 頁。

員身份，使得他們必須接受和服從所屬組織的領導。這樣，不僅直接為黨的意志與主張變成政府意志與主張打開了方便之門，而且為政府的領導人臣屬於黨的領導人提供了可能。所以，早在井岡山時期，有人就感歎道：「指導機關日常僅有一二人包辦之。個人專政，書記獨裁。」〔註60〕毛澤東也曾經在文章中寫道：「許多事情為圖省便，黨在那裏直接做了，把政權機關擱置一邊。這種情形是很多的。」〔註61〕

　　此外，中國共產黨所實行的「黨指揮槍」的原則，在某種意義上也是以黨代政的重要依據。因為根據民主憲政的原理，軍隊是屬於國家與政府的，任何一個集團或黨派都不能據為己有，但是，自毛澤東在江西永新三灣對軍隊改編開始，就牢牢確立起黨對軍隊的絕對領導權；其後，隨著武裝力量的發展和壯大，中國共產黨在對軍隊的領導制度上也實行了進一步改善，不過「黨指揮槍」這一本質並沒有多少的改變。因為他們知道，在中國這樣一個弱肉強食的政治生態下，沒有槍就無法生存。對此，毛澤東曾說得非常明白：「槍桿子裏面出一切東西」，「誰想奪取國家政權，並想保持它，誰就應有強大的軍隊」〔註62〕。當然，中國共產黨並不是沒有發覺自己施政過程中這樣一種黨政不分的現象，也並不是不反感此種現象，他們也曾在大會的決議中明確提出：「應立即消滅黨包辦政府的現象，『黨是立法機關，政府是執行機關』的惡現象。」〔註63〕然而馬克思主義所提出的無產階級專政的主張，在某種程度上決定了黨對政府的絕對領導地位；同時，從當時的客觀現實來看，也決定了中國無產階級若想實現自己專政的目的，就必須通過其先鋒隊——共產黨來實現。故而，黨政不分現象在中國共產黨政治路線的社會實踐中自然難以避免。

　　就中間路線而言，在黨政關係的處理上，堅持憲政法治的理念，強調黨政分開。為此中間派人士在社會政治活動中，堅決主張政治民主化。針對國民黨黨天下的現實，羅隆基在文章批評道：在黨治底下，「國民黨的一個小黨員可以任意控告任何人民反動罪名」，「國民黨任何區分部可以根據一個小黨員的控告，用黨部名義指揮軍官，拘捕人民」，「國家的軍警機關，僅憑國民黨區分

〔註60〕江西省檔案館、中共江西省委黨校黨史教研室選編：《中央革命根據地史料選編》上冊，江西人民出版社1982年版，第41頁。
〔註61〕《毛澤東選集》第1卷，人民出版社1991年版，第73頁。
〔註62〕《毛澤東選集》第2卷，人民出版社1991年版，第547頁。
〔註63〕江西省檔案館、中共江西省委黨校黨史教研室選編：《中央革命根據地史料選編》上冊，江西人民出版社1982年版，第306頁。

部的一紙無憑無據的控告，可以不經法定手續，任意拘捕人民」，「國家的軍警，受國民黨區分部的指揮，可以不帶拘票搜索票，隨時直入住宅及公共團體機關檢查及拘捕人民」〔註64〕。諸青來更明確提出，要實行民主政治就必須廢除黨治，如其所說：「黨治與民治根本不相容，有黨治則無民治，有民治則無黨治。欲勵行黨治，不必再談民治，欲完成民治，應立即取消黨治。」因為他發現：「國民黨所謂黨治，實際抄襲蘇俄陳文，章章明甚。考蘇俄自1917年十一月革命成功，標榜農工專政，實則倡行黨治。黨治與政黨政治或稱政黨握權不同。後者由各黨更迭執政，在朝之黨承認他黨在野，喚起輿論，監督政府，英倫所謂王的反對黨是也。前者則大不然，一黨取得政權，不容有在野之黨，即使異黨名稱尚未消滅，為當局所壓迫，不能保持在野地位，盡監督之天職。質言之，一國之內，一黨獨裁而已。」〔註65〕民盟還在抗戰最後階段的政治主張中說：召集各黨派會議，產生戰時舉國一致之政府；開放黨禁，承認各黨各派公開合法地位，立即釋放一切政治犯；迅速籌備實施憲政，立即召開全國憲法會議，制頒憲法；在憲法頒布前賦予國民參政會以各民主國家議會具有之主要職權；簡化政治機構，分明權責。〔註66〕可見，在中間派人士的政治取向中，國民黨結束黨治是實現民主政治的重要條件。

中間派人士在踐行中間路線過程中，鑒於國民黨黨員治國的現實，還建言國民黨實行專家政治，實現政府對人才開門而不只對黨員開門。如國社黨領導人張君勱、張東蓀說道：「我們主張不僅是藉重專門家的知識，並且必須使專門家佔有地位，這個地位是不為黨派作用所左右，或為政潮所衝動。這樣的主張不僅在於使政務各部都由專門知識來處理，並且亦在於使政務的大部分因為由於專家設計，便可比較上成為堅實穩定，不至於時常發生無謂的變法。」〔註67〕而羅隆基則就專家政治的實現途徑，提出了自己的看法：「要解決中國的政治問題，最要緊的是專家政治。要專家政治的實現，消極方面，先要除去武人政治和分贓政治，積極方面，要實行選舉制度與考試制度。」〔註68〕當然，中間派人士主張專家政治的目的，就是希望國民黨結束一黨專政的現狀，

〔註64〕羅隆基：《我的被捕的經過與反感》，《新月》1932年第3期。

〔註65〕諸青來：《黨治之下果能完成民主政治乎？》，《民聲週報》1931年11月7日。

〔註66〕《中國民主同盟對抗戰最後階段的政治主張》，中國民主同盟中央文史資料委員會編：《中國民主同盟歷史文獻》，文史資料出版社1983年版，第32頁。

〔註67〕《再生》記者：《我們要說的話》，《再生》創刊號，1932年5月20日。

〔註68〕羅隆基：《專家政治》，《新月》1929年第2期。

真正地把國家政制推進到民主的軌道上。另一方面積極響應中國共產黨所提出的組建聯合政府的主張，如民盟主席張瀾在「國是座談會」上發表演說道：「國家的事要以大多數的民意為依歸，民主政治的開步走就是聯合政府。」〔註69〕為此，以民盟為代表的中間派人士在重慶政協會議上，還與中國共產黨攜手跟國民黨做鬥爭。

特別是針對國共兩黨在政治民主化與軍隊國家化問題上，各執一端、互不妥協的現實，中間派人士在堅決主張政治民主化的同時，也強烈要求軍隊國家化。如民盟發言人在答記者問時說：「吾人自來主張軍隊國家化，即謂軍隊屬於國家，軍人只能效忠於國家，非任何個人所得而私有！亦非任何黨派所得而私有！在今日國共兩黨之軍隊，仍各有黨的組織與宣傳，甚至變本加厲，一隸軍籍，即須同時入黨，此不惟大背軍隊國家化之本旨，實亦阻礙國家統一之禍根。目前中國之迫切需要，不僅須切實做到『還政於民』；更須做到『還軍於國』。」〔註70〕其後還在其政綱中正式提出：軍權及軍隊屬於國家，按國防需要設置最低額之常備軍，非國防必要不得調用軍隊，國家並應以法律禁止軍隊中之黨團組織；實行徵兵制，人民有依法服兵役之義務；現役軍人不得干預政治，並不得兼任行政官吏。〔註71〕中間派人士希望通過政治民主化與軍隊國家化來達到黨政分離、黨軍分離的目的，從而實現中間路線政黨政治的理想。

作為20世紀三四十年代並存的政治路線，中間路線、國民黨路線與共產黨路線，雖然在抗日救亡的問題上，相互間的觀點與主張存在著若干通約的成分，並且正因為此種通約的成分，彼此才集結在抗日民族統一戰線的旗幟下，為中華民族的獨立與解放做出了各自應有的貢獻。但是，由於所屬指導思想自由主義、三民主義、共產主義在意識形態與價值理念方面的差異乃至對立，無異於從根本上決定了三者之間有著不可逾越的鴻溝。此外，因受制於現實政治的制約，三條路線在變更社會現實的手段上與處理黨政關係的原則上，更是擴大了彼此間的距離，進而加劇了相互間的衝突與對立。不過，三條路線雖然在實踐中相互衝突與對立，但作為其中之一的中間路線，相對於國共路線的對立

〔註69〕龍顯昭等編：《張瀾文集》，四川教育出版社1991年版，第206頁。

〔註70〕《中國民主同盟發言人對最近國內民主與團結問題發表談話》，中國民主同盟中央文史資料委員會編：《中國民主同盟歷史文獻》，文史資料出版社1983年版，第38～39頁。

〔註71〕《中國民主同盟綱領》，中國民主同盟中央文史資料委員會編：《中國民主同盟歷史文獻》，文史資料出版社1983年版，第69頁。

與衝突而言，或許要緩和得多。換句話說，中間路線在實際運行中與國共兩黨路線所形成的關係，相對於國共路線之間所形成的關係而言，在表象上或許要友好、緩和得多。故此，在某種程度上也就體現出中間路線有著不同於國共兩黨政治路線的黨派立場——調適與抗爭，即因為調適，中間路線不僅在實踐中能夠充當國共兩黨政治路線緩衝的中間地帶，而且在救亡與建國問題上更能夠跟國共兩黨政治路線保持最大限度地一致；而因為抗爭，中間路線既在實踐中標誌著自己跟國共兩黨政治路線存在著某種對立與衝突，也為自己在救亡與建國問題上展現出自我特色創造了條件。

第二節　積極參政議政

中間路線在與國共兩黨政治路線博弈過程中，不僅在理念上表現出不同的黨派立場，而且在實踐中也同樣表現出類似的特質。只是二者略有不同的是，理念上的黨派立場，更多的依賴一種文字語言的表達，而實踐中的黨派立場，則不僅需要借助語言文字的表達，而且需要借助一種實實在在的行為來證明，同時，該「行為」，不但要與其所處的環境相協調，並且更要充分地利用環境為固有黨派立場的落實創造條件。故而，中間派人士在社會政治活動中，針對國民黨及其政府的主張與行為，是以一種什麼樣的姿態與角色來宣示和堅持中間路線的黨派立場呢？

一、忠誠的批評者

國民黨在當政過程中，由於對黨見黨利的看重與政治路線的固守，使得其不僅沒有很好地信守與兌現自己的政治諾言，而且沒有把國家與民族從內憂外患中解救出來。故而，作為本就不滿於國民黨政治現狀的中間派人士，以其所篤信的中間路線為視角，自然會更加清楚地看透國民黨政策、措施所存在的不足及原因。同時，出於對民族危亡的憂慮與人民苦難的同情，信奉中間路線的中間派人士更覺得自己有責任和義務站出來批評國民黨。此故，中間派人士無論從信守自己的政治理想出發，還是從挽救民族的危亡出發，專制、腐敗而無能的國民黨及其政府，都必然成為其踐行中間路線過程中的批判對象。當然，換一種角度看，中間派人士對國民黨及其政府不得人心的舉措進行批評，既是其在政治追求上的一種必然結果，也是其在現實活動中的一種應然舉動。如是，中間派人士在中間路線指引下是怎樣來批評國民黨

那些不得人心的舉措呢？

　　其一，批評黨國不分的政治體制。國民黨的黨國不分體制，從淵源上來說是一種俄式政治體制在中國的移植。因為國民黨不僅在組織上襲用俄共的民主集權制模式，而且在制度上仿照蘇俄的各級黨代表大會制度；為此孫中山在剛師法蘇俄的一次演說中明確表示：「法美共和國皆舊式的，今日唯俄國為新式的；吾人今日當造成一最新式的共和國。」〔註72〕從後來實施的結果來看，孫中山口中所說的新式共和國，本質上就是建立一個黨在國上、以黨領政、以黨治軍的政治體制。其中 1925 年 7 月，新組建的國民政府就在其組織法中提到：「國民政府受中國國民黨之指導及監督，掌理全國政務。」〔註73〕30 年代初期，時任國民政府主席的蔣介石在制定《訓政時期約法草案》中特別強調：國民政府統率海陸空三軍；國民政府設行政院、立法院、司法院、考試院、監察院及各部會；國民政府主席對內對外代表國民政府；各院及各部會長受國民政府主席之推舉，由國民政府依法任免之；公布法律，發布命令，由國民政府主席依法署名行之。而國府主席這個其大無比的權力由誰來擔任呢？自然非國民黨領袖莫屬。此外，國民黨還在《中央執行委員會軍事委員會組織大綱案》中提出：「軍事委員會及軍事委員會主席團所議決之重要議案及辦法，須經中央執行委員會通過方生效力。」「總司令、前敵總指揮、軍長等職，由軍事委員會提出中央執行委員會通過任免之；師長至團長及其同級軍官，由軍事委員會全體會議通過任免之。」〔註74〕如是，本屬於國家的軍隊，被國民黨堂而皇之地轉化為自己的軍隊。這樣，隨著此種黨政不分、黨軍難分政治機制的建立與運行，國民黨也就實現了其對政府與軍隊牢牢掌控的目的，並進而逐步確立起蘇聯式的黨國不分的政治體制。

　　從治國模式上來說，國民黨的黨國不分體制，就是黨義、黨員、黨魁三者結合，相互為用的黨治機制。為此有人說：「總理遺教，已成為中華民國所由創造之先天的憲法，為我國建國之典型，同時亦即為訓政時期之根本法，與憲政時期憲法之準則。凡遵依遺教之措施，即為合法；反之，即為違法。其效力實較中國以前所見之任何約法為更大。」〔註75〕胡漢民甚至公然說：「夫以黨

〔註72〕《總統新年在桂之演說》，《民國日報》1923 年 2 月 23 日。
〔註73〕黃鴻源主編：《民國法規集成》第二冊，黃山書社 1999 年版，第 230 頁。
〔註74〕浙江省中共黨史學會編：《中國國民黨歷次會議宣言及重要決議案彙編》，出版社及年代不詳，第 402、185、187 頁。
〔註75〕灼華：《胡適所著「人權與約法」之荒謬》，《民國日報》1929 年 8 月 9 日。

建國者，本黨為民眾奪取政權，創立民國一切規模之謂也。以黨治國者，本黨以此規模策訓政之效能，使人民自身能確實用政權之謂也，於建國治國之過程中，本黨始終以政權之保姆自任。其精神與目的，完全歸屬於三民主義之具體的實現。」〔註76〕而在全面抗戰時期，為了把蔣介石在黨國中的至尊地位進一步貫徹落實，國民政府在頒行的《公民宣誓暫行辦法規則》確定宣誓的內容為：「誓以至誠，奉行三民主義，擁護國民政府，服從最高統帥，履行國民應盡義務，分擔建國之大業。」〔註77〕顯然，國民黨更是借抗戰之機，把其黨魁至高無上的威權國家化，使其成為全國人民的忠誠對象。所以隨著南京國民政府的建立和鞏固，這種黨國不分的政治體制不僅從嶺南一隅蔓延全國，而且得到了進一步的完善和強化。

如果站在民主制度的平臺上觀之，就會發現國民黨這樣一種政治格局所引發的後果，既會使政府淪為執政黨的附庸，也會使執政黨養成「朕即國家」的傲慢，從而造成國家在對其臣民做出是非對錯的價值判斷時往往違背其固有的價值中立原則；同時，作為執政黨，則憑藉其佔據國家機器的優勢，常常對現實中那些帶有異見異行的黨派、團體與組織缺乏應有的寬容和認同。事實上，自國民黨定都南京後，除了對原來的政治盟友——中國共產黨及要求革命的左派群眾繼續進行殘酷的殺戮外，對政見相對溫和或保守的中間派人士及其團體也實施打壓政策，使整個國家處於白色恐怖之中。

中間派人士站在中間路線的立場上，對國民黨這樣一種黨國體制持強烈的批評態度。如羅隆基對黨義治國論者詰問道：「遺教、全書、大綱經過了一種什麼法定手續，成為今日中國的憲法，成為我們全體人民應遵守的大典章。」〔註78〕而胡適則對國民黨擁有訓政特權的合法性提出質疑，他說：「程度幼稚的民族，人民固然需要訓練，政府也需要訓練。人民需要『入塾讀書』，然而蔣介石先生，馮玉祥先生，以至於許多長衫同志和小同志，生平不曾夢見共和政體是甚麼樣的，也不可不早日『入塾讀書』罷？人民需要的訓練是憲法之下的公民生活。政府於黨部諸公需要的訓練是憲法之下的法治生活。」〔註79〕胡氏的言外之意，就是說國民黨憑什麼擁有了訓練人民行政的特權？難道國民黨是先知先覺？張君勱隨後也聲援道：「就中國人民知識能力不及格來說，倘

〔註76〕徐矛：《中華民國政治制度史》，上海人民出版社1992年版，第208頁。

〔註77〕陳念中編：《縣各級民意機關》，正中書局1946年版，第14頁。

〔註78〕羅隆基：《我們要什麼樣的政治制度》，《新月》1930年第12期。

〔註79〕胡適：《我們甚什時候才可有憲法》，《新月》1929年第4期。

使為事實，則必是全國的人民都如此。決不能有一部分人民被訓，另一部分人民能訓。被訓的人民因為沒有畢業，所以必須被訓。試問能訓的人民又於何時畢業過呢？何以同一人民一入黨籍便顯分能訓與被訓呢？可見訓政之說真不值一駁。所以即主張中國人民程度不夠，勢必亦得不著訓政的結論。」〔註80〕張君勱的意思非常明白，國民黨跟廣大民眾一樣，都是知識能力尚未及格的群體，只是「黨」「民」身份的差異，才導致「訓」與「被訓」的結局。

不僅如此，一部分中間派人士還特意對訓政本身進行批評。一個筆名為「無悶」的作者在文章寫道：「訓政二字在君主專制時代以太上皇或皇太后之資格端拱於深宮之中，隨時對其君臣指示機宜，是為訓政。中山乃襲取之，以竊比於帝后，在外國政治史上，從無此類名詞，中山蓋不屑用舶來之狄克維多制，而惟以發揚國粹為務。」〔註81〕言外之意，孫中山所提出的訓政主張，在表象上就是以封建的「帝后」自許，在本質上就是要實行專制獨裁。還有人說得更直白：「吾人敢直言告國民黨人曰，訓政之說，決不能成立者也，夫先生之於學生，年齡差，知識殊，一為訓者，一為受訓者，猶可言焉。若夫同為國民，年齡相等，知識相類，乃以一為革命黨一為非革命黨，而分成訓人與訓於人之兩級，靡論其知識道德之不足以語此，既令能之矣，而訓政說亦不能成立。」〔註82〕所以，在中間派人士看來，國民黨的訓政理由是難以成立的。

對於國民黨20世紀30年代所搞的名曰實行憲政、實為維護黨國體制的憲法草案，中間派人士同樣持批評立場。其中張佛泉認為「憲法草案」中的吳經熊稿所制定的政權組織制度既非內閣制，又非總統制；既似內閣制，又似總統制；因為在該稿中說是內閣制，是由於總統沒有權力；說是總統制，是由於立法與行政並無密切的聯繫。〔註83〕林紀東則認為吳經熊稿的指導思想存在問題，他說：「在憲法裏規定三民主義，豈不仍然是一黨專政，憲政於何有？」並且就「憲草」中有關「中華民國為三民主義共和國」的條文繼續說：「我們知道，大凡一種主義的實用性都附有嚴切的事件與空間的條件。在環境需要的時候，他固然應運而生，但一旦時過境遷，就有增綴減縮或根本廢棄的必要了。取譬不遠，即就三民主義本身而論，在興中會、同盟會時代，都只有個民族主

〔註80〕《再生》記者：《我們所要說的話》，《再生》創刊號，1932年5月2日。

〔註81〕無悶：《建國大綱質疑》，《新路》1928年第5期。

〔註82〕立齋：《關訓政說》，《新路》1928年第7期。

〔註83〕張佛泉：《民元以來我國在政制上的傳統錯誤》，《國聞週報》1933年11月6日。

義，以後感於環境的需要，才跟著有民權主義、民生主義的發生。這可見他的相對性為何如了。至於憲法，雖則未必是什麼『行之百世而不悖』的東西，然而他終竟是國家的根本大法，其受制於時間性的程度，遠視一種主義為不同。所以我們以為以其具有嚴切的時間條件的政治主義，附在國家根本大法的憲法之中，這種立法政策，是很可懷疑的。」〔註84〕顯然，在張、林二氏看來，國民黨制訂憲草的動機不純，有違國家根本大法的宗旨與原則。胡適則認為該草案在內容構成的理路上缺乏聯絡與一貫信仰，是一個七拼八湊的百衲本，實行起來必定會遇到許多麻煩和挫折。而《大公報》則在社評中指出其在立法系統中設立國民大會、國民大會委員會與立法院三個立法機關一項，既可能在操作上會造成立法機關彼此間相互對峙的局面，也可能還會招致立法責任將無專歸的後果，這無疑有違現代科層制原理。羅隆基乾脆在標題為《五權憲法？一權憲法？》的一文中直言不諱地說：「總統權力高高在上，總統當然可以做獨裁者。五權分立的制度在哪裏？」〔註85〕這裡，胡適等中間派人士認為，這樣的憲法不是一種真正推進國家民主化的工具，而是一道守護國民黨獨裁政治的符咒。

此外，中間派人士還從後果上對國民黨「黨國」不分體制所可能造成的消極影響提出批評。其中王造時結合國民黨一黨專政的現狀撰文批評道：「各派都拿著三民主義，或孫氏其他著作的一端，來做爭奪政權的護符。於是聚訟紛起，莫衷一是。這種紛爭，若純粹是國民黨本身的問題，還於全國沒有多大關係。這種紛爭，若純粹是意見上的分歧，而不牽及武力的行動，還不至破壞社會的安寧。但是因為一黨專政的結果：全國政權，全國政權都落在國民黨手裏，黨就是國，國就是黨，黨的紛爭，也就是國的紛爭。黨內失意的派系，為爭奪政權起見，不得不與黨內的軍閥勾結，軍閥為出師有名起見，也不能不找所謂黨的立場，利用一部分黨員做工具。於是武裝同志與長衫同志便互相為用，而與異派的武裝同志，及其附屬的長衫同志，相互爭殺。」〔註86〕跟王氏不同的是，羅隆基則對國民黨黨治天下所造成的黑暗進行控訴道：「這種無辜侵犯人民身體自由的罪惡，南京政府不能卸責於下級黨吏，國民黨黨魁不能卸責於下級黨員。黨部有軍用電話，隨時可以調動軍警；地方軍警，隨時服從黨部指揮。

〔註84〕林紀東：《關於「三民主義共和國」通信》，《獨立評論》1933年4月23日。
〔註85〕羅隆基：《五權憲法？一權憲法？》，《益世報》1936年5月9日。
〔註86〕王造時：《由「真命天子」到「流氓皇帝」》，《新月》1931年第11期。

這是現在各地的黨與各地政府的關係，這是現在黨治的制度。這就是如今黨高於一切的真實意義。個個黨員是軍警指揮官，個個軍警機關是國家的司令部。在這種局勢底下，我們小民，我們非黨員的小民，絕對沒有偷生苟活的機會。黨員指揮軍警，軍警代行司法。在地方如此，在中央亦如此。上有好者，下必有甚焉。所以……我認為一切罪孽，都在整個的制度，一切的責任，都在政府和黨魁。」〔註87〕王造時、羅隆基明顯是在指責國民黨，其南京建政以來之所以內爭不斷，草菅人命，就是其所建構的黨義、黨員、黨魁三位一體的黨治體制，為紛爭與專制的產生提供了溫床。

對此，左舜生從軍閥、政客與內爭關係的角度發表相似的觀點。他說：國民黨及其政府何以成了一個內爭的製造者？其最大的原因，便由於一黨專政。因為一黨專政，無論任何荒謬的軍閥，非依附於國民黨便無以自存，但是軍閥各有其歷史，各有其關係，其依附國民黨又非出自本心，只有一時的利用，再加上國民黨幾個領袖從而操縱之，無人不想收軍閥以為己用，於是軍閥成為奇貨，氣焰因以薰天，欲望因以大熾，表面上是傚忠於國民黨某一領袖，實際上是鞏固或擴大自己的地盤。因為一黨專政，無論任何荒謬的政客，非依附於國民黨也便無活動餘地，但是政客是唯恐天下不亂的，並且是要乘天下大亂之際，將以求吾所大欲的；可是政客要在一黨專政的局面下討生活，便除了這種縱橫捭闔的手段以外無辦法。〔註88〕所以，國民黨以一黨專政為基本內容的黨國不分體制，不僅是軍閥政客得以滋生的淵藪，而且是內爭與戰亂得以蔓延的土壤。

其二，抨擊思想統制的現實。國民黨在南京建政以後，出於鞏固政權的需要，一方面大力強化與推崇以三民主義思想為主體的黨義學說，把其上升為國家意識形態的指導思想。比如吳鐵城讚揚三民主義時說：「就國內情勢來說，本黨本三民主義倡導國民革命，數十年如一日，三民主義為本黨的靈魂，是總理所創造，先烈熱血所培護，數百萬黨員所寄託，一般民眾所共信，卒使國家民族由專制而到民主，由紛崩而統一，由『瓜分』『共管』而締結新約，而崛起為四大強國之一。此其豐功偉績，不能不歸本於三民主義。」〔註89〕正因為

〔註87〕謝泳主編：《羅隆基：我的被捕的經過與反感》，中國青年出版社1999年版，第116頁。

〔註88〕左舜生：《永除內爭與廢除黨治》，《民聲週刊》1932年4月16日。

〔註89〕吳鐵城：《信仰以主義為第一》，《中央週刊》1943年9月2日。

如此，中央委員李宗黃則強調國人，「自應以三民主義為『聖經』，則口有道應道主義，目有視應視主義，耳有聞亦應聞主義」，做一個真正的三民主義信徒。〔註90〕可見，在國民黨言談中，三民主義既是救國濟世的「良方」，也是統一國人言行的「聖經」。另一方面，對那些非三民主義甚至反三民主義的思想學說予以嚴厲查禁，藉此以確立和維護三民主義學說在中國輿論界的至尊地位。比如在輿論監控方面，國民黨制頒了「統制民眾讀物辦法」「戰時新聞禁載標準」「非常時期報社通訊社雜誌社登記管制暫行辦法」「國民黨修正印刷所承印未送審圖書雜誌原稿取締辦法」等法律法規，特別是為了實現對進步出版物的查禁，國民黨還制頒了「著作權法及其施行細則」「出版法及其施行細則」「宣傳品審查條例及其標準」「日報登記辦法」「檢查新聞辦法大綱」「檢查郵政暫行條例」「各縣市郵電檢查辦法」「修正重要都市新聞檢查辦法」等條例條令，試圖把那些不利於自己統治的思想言論扼殺在初始階段，進而營造出一種三民主義思想一統天下的假象。

然而，中間派人士從自己所信奉的政治路線出發，針對國民黨及其政府強行控制國人思想言論的舉措，提出強烈的抗議。如胡適在文章中寫道：「殊不知統一的思想只是思想的僵化，不是謀思想的變化。用一個人的言論思想來統一思想，只可以供給一些不思想的人的黨義考試夾帶品，只可以供給一些黨八股的教材，決不能變化思想，決不能靠此『收革命之成功』。」〔註91〕對此，羅隆基也深有同感地說：「思想是愈求統一，愈不統一的。只有公開的發揮，比較的研究，平情的討論，才能得到真理。壓迫對方的思想，其實是代對方做宣傳，偶像本身的主義，其實是為本身造僵屍……最危險的思想，是想壓迫敵人的思想，思想最大的危險，是思想沒有人來壓迫。壓迫對方思想的人到頭來把自己的思想造成僵屍，把自己的思想暴露弱點，把自己的思想表示愚笨。被人壓迫的思想，思想本身添了刺激性，添了引誘力，添了磨煉，添了考驗。」〔註92〕顯然，胡適、羅隆基以言論思想自由為原則，認為思想本身不僅控制不了，而且也統制不了，相反無論是好思想還是壞思想，你越是控制它越是思想，越是統制它越是蔓延。事實上，思想作為一種意識，它是人對外界刺激的一種高級心理反應，具有穿越時空的力量，任何一種形

〔註90〕李宗黃：《民生主義與合作政策》，《中央週刊》1936 年 10 月 26 日。
〔註91〕胡適：《新文化運動與國民黨》，《新月》1929 年第 6 期。
〔註92〕羅隆基：《論中國的共產》，《新月》1930 年第 10 期。

而下的東西是怎麼也難以對其進行禁錮與控制的,甚至它還會因為此種禁錮與控制的存在,表現出更為強勁的生機與活力。所以早在五四時期李大釗就曾大膽地斷言:「禁止思想是絕對不可能的,因為思想有超越一切的力量。監獄、刑罰、苦痛、窮困,乃至死殺……都不能鉗制思想,束縛思想,禁止思想。」如果「你要禁止他,他的力量便跟著你的禁止越發強大。你怎樣禁止他、抑制他、滅絕他、摧殘他,他便怎樣生存、發展、傳播、滋榮,因為思想的性質力量,本來如此」〔註93〕。因此,在以胡適、羅隆基為代表的自由知識分子看來:要發生的思想,那是無法壓制的;不能發生的思想,那也是難以提倡的;亂壓制便是替被壓制者鼓吹,亂提倡就是對被提倡者摧殘。遺憾的是,國民黨及其政府在黨見黨利的驅動下,根本無視思想這種特質的存在。

　　同時,中間派人士還站在自由主義立場,對國民黨統制思想的事實進行揭露與批判。老報人胡政之曾感慨道:「要講言論壓迫,從我二十年來的經驗看來,真是一個時代比一個時代進步。因為在軍閥時代記者還借『玩筆桿、掉槍花』的手段來行保全之術,而到了國民黨統一全國,不僅這些手法全然失效,而且檢查者還可以對原來的文章進行任意修改。」〔註94〕其實,胡政之用現身說法的方式諷喻國民黨在思想言論的開放上連北洋軍閥都不如。《大公報》更是在社論中公然抱怨說:「中國就新聞統制言,實際情形已視新出版法為甚,如郵電檢查之嚴,新聞禁扣之細,停郵停電之酷練,實新聞界最感痛苦者,希望出版法中竟無一言使之合理化合法化,反將許多監督干涉之權,公式地授諸組織欠缺安全之地方官廳,而一切委諸行政處分,又更未規定任何救濟辦法,是則事實上政府對於報界,只有統制而無保護。」〔註95〕

　　如果說前述算是來自新聞界中間派人士批評的話,那麼文藝思想界中間派人士批評的聲音也不少。其中文藝評論家梁實秋針對國民黨及其政府所宣傳的社會科學三民主義化與文藝美術三民主義化的主張,就用其特有的幽默與詼諧抗議道:「很明顯的,現在當局是要用『三民主義』來統一文藝作品。然而我就不知道『三民主義』與文藝作品有什麼關係,我更不能瞭解宣傳會議決議創造三民主義的文學,如何就能產生出三民主義的文學,我們願意等十

〔註93〕李大釗:《危險思想與言論自由》,《每週評論》1919年6月1日。
〔註94〕政之:《中國為什麼沒有輿論》,《國聞週報》1934年1月1日。
〔註95〕社論:《新聞出版法再檢討》,《大公報》1935年7月30日。

年，二十年，三十年，請任誰忠實同志來創作一部『三民主義的文學』給我們讀讀。」〔註96〕胡適則從思想自由的立場出發，對政府當局神化孫中山及其思想的舉措直接的聲討道：「上帝可以否認，而孫中山不許批評。禮拜可以不做，而總理遺囑不可不讀，紀念周不可不做。」〔註97〕顯然，梁實秋、胡適在詰問國民黨：孫中山及其三民主義憑什麼享有如此的特權？

與此類似，潘光旦也批評道：「三民主義的理論也許已經是相當成熟，但總還不能說已經到一個十全十美無可增損的程度……中山先生的學說應該如何解釋，歸誰解釋，目前已有嚴格的限制，又何況增損呢？不過我們希望服膺三民主義的人要瞭解，這終究是一個孔子所說的自畫的政策。自畫是進展的反面。」而且，潘氏還對國民黨所鼓吹的「加入國民黨，信仰三民主義，更有利於抗戰建國」的謬論進行批駁，他說：「愛國家，愛民族，擁護國民政府，支持抗戰建國的國策，時至今日，早已成為全國人共通的意志，初不問一個人是不是黨員，信不信仰三民主義。國民參政會的組織是誰都曉得的，參政員中間有不少是國民黨以外的別黨別派與無黨無派的人，而參政會的歷史是和抗戰的歷史同時開始的。若說無黨籍與不信主義的人不免削弱抗戰的力量，則參政會是一個最大的反證。若說必須人人有黨籍才足以增加抗戰的效率，則參政會便是一個絕大的錯誤。目前直接間接參加抗戰工作的人中間，究屬有多少黨員，多少非黨員，我們沒有統計，怕誰也沒有統計過，但我們相信非黨員是要比黨員多得多。抗戰與入黨與否沒有不可須臾離的關係，好比做人與信教與否不可須臾離的關係一樣。」〔註98〕潘光旦的意思非常明白，國民黨人用來統制人民思想的理由不僅是不成立的，而且是非常有害的。

不過，國民黨及其政府面對來自中間派人士的批評，無論是戰前戰後還是戰時，仍然固守著其思想統制的既定立場。不用說在30年代初，胡適的《人權論集》剛一出版，就遭到了國民黨口誅筆伐的圍攻；就是抗戰時期，國民黨仍然沒有忘記對思想的控制，所以在此期間國民政府先後制定並頒布了一系列加強思想控制的法令法規；即使到了40年代後期情形也依然一樣，甚至有過之而無不及。故此，30年代，羅隆基針對國民黨的思想暴力和恐怖政策曾憤怒地說：「無論什麼書報，只須貼上『反動刊物』的字樣，都在禁止之列，

〔註96〕梁實秋：《論思想統一》，《新月》1929年第3期。
〔註97〕胡適：《新文化運動與國民黨》，《新月》1929年第6期。
〔註98〕潘光旦：《自由之路》，上海三聯書店2008年版，第80～81頁。

都不算侵害自由了。無論什麼學校，外國人辦的只須貼上『文化侵略』字樣，中國人辦的只須貼上『學閥』『反動勢力』等等字樣，也就都可以封禁沒收，都不算非法侵害了。」〔註99〕梁實秋更是直言不諱地指出「國民黨執政以來，最使知識分子惶恐不安者，即是對其思想言論的自由之取締干涉。且其設計之工，推行手段之嚴，皆遠過於北洋軍閥統治時代之所為。」〔註100〕進入40年代，一位叫全蔚天的中間派人士也曾在文章中苦悶地說：「如果在這種精神苦悶的時代中，確有思想與言論自由的保障，任知識分子用各自的智慧自由探討，自由摸索，雖然暫時不必每人都能在思想找到出路，精神生活得到安定，但至少有了求得出入和安定的機會與希望，到達另一境界所必須通過的『窄門』總是開著的。」然而，「各式各樣的思想統制方法，死硬要把這道『窄門』死死地關閉起來，不許你這樣想，不許你那樣想。你認為黑板是黑的，但只能說是白的；粉筆是圓的，但只能說成是方的。自己想說的話要悶在心裏，而說一些不想說的話。」〔註101〕當然，國民黨如此強化思想統制的目的，跟其要在中國製造一種「主義」政治或「神學」政治有關。誠如潘光旦在批判國民黨思想統制的現實時所說：「總之，一切的設施無非要達到一個目的，就是，於『普天之下，莫非王土；率土之濱，莫非王臣』之外，更做到『率王之臣，莫非主義之信徒』。」〔註102〕

其三，譴責武力安內的政策。國民黨雖然在大革命時期借助於中國共產黨和蘇俄的力量，打敗了北洋軍閥，建立起南京國民政府，但是其內部派系間原有的矛盾並沒有因此而消解，相反卻因利益分配的不均而變得更為尖銳；同時，那些迫於形勢而歸附的軍閥與政客們，也時有渾水摸魚的「不臣之心」。所以，國民黨看似團結的外衣下掩蓋的是一盤以各自利益為旨歸散圈。比如蔣介石雖自1928年起號為統一的中央政府領袖，但黨權上有改組派、西山會議派、胡漢民派的掣肘，軍權上有桂軍、晉軍、川軍、粵軍、滇軍、西北軍、東北軍的牽制；雖經中原大戰後，這種號令不一，政出多門的局面有所改觀，可政權的內部，依然有同床異夢者、陽奉陰違者、不臣之心者、分庭抗禮者。此外，經歷大革命洗禮的中國共產黨及革命的工農群眾，

〔註99〕 胡適：《人權與約法》，《新月》1929年第2期。
〔註100〕 梁實秋：《算舊賬與開新張》，《大公報》1935年11月10日。
〔註101〕 全蔚天：《知識分子的苦悶》，《自由批判》1948年第10期。
〔註102〕 張忠棟等編：《現代中國自由主義資料選編》第3冊，唐山出版社1999年版，第136頁。

　　儘管在國民黨的屠殺政策中力量遭到了很大削弱，然而，在以毛澤東為代表的一批共產黨人領導下，在全國各地開展鬥地主、分地田、攻城「掠」地、建立工農政權等活動，使得革命的星星之火形成了燎原之勢。是以，面對這樣一種內憂重重的困境，南京國民黨所採取的主要應對辦法，就是武力鎮壓，希望通過「鐵與血」這樣一種暴烈性政策來維護自己的專制，進而實現國家的統一。可是，在以中間路線為圭臬的中間派人士看來，國民黨的此種武力安內政策，與其說是有緣木求魚之嫌，不如說有南轅北轍之慮。事實上也是這樣，比如 30 年代推行的「攘外必先安內」政策，結果是內憂未平而外患日重，民族危機進一步加深；40 年代推行的戡亂政策，結果是越戡越亂，最後是民心盡失。

　　此故，中間派人士一方面從抗日救亡的角度批評國民黨的武力安內。在中間派人士觀之，武力安內不僅會導致同室操戈、自毀長城的慘局，而且還會造成一種兵禍連接、民不聊生的後果；尤其是近代以來中華民族在抵禦外侮上屢戰屢敗的史實，更讓中間派人士認識到各種政治力量團結的重要。所以，隨著九一八事變的發生，中間派人士從共急國家大難的立場出發，發出了「立息內戰，共禦外侮」〔註 103〕「我們要『停止一切內戰』，『兄弟鬩于牆，外禦其侮』」等倡議。〔註 104〕其中針對國民黨所實施的「攘外必先安內」政策，王造時撰文批評道：「依我們局外人的觀察，政府當局的想法，大概認為『攘外必先安內』，如果不先把共產黨剿滅，軍權統一，政權集中，全國聽命於南京，而貿然對日作戰，恐怕不但不能得到最後的勝利，並且一切的『反動』勢力，要乘機起來奪取政權……政府根據這個政策，所以對於日本得寸進尺的侵略，不惜忍辱負重。日本占南滿，不反攻；占北滿，不反攻；占錦州，不反攻；占閘北，不反攻；占山海關、九門口，不反攻；就是將來占熱河，也不會反攻。」〔註 105〕1936 年「兩廣事變」所引發的內戰危機，救國會華南分會在致蔣介石公開信中建言道：「抗日則民族生，內戰則民族死。故本會不惜一再懇請中央，當機立斷，即日撤調內戰之師，揮戈北指，驅逐日寇，收復失地，則不特垂亡之民族得一線轉機，即中央威信亦可確立於群疑冰釋之中，祈中央再勿僅固特『抗日』準備，而坐視此千載難遇之良機，否則國人將謂中央僅為對內而不對

〔註 103〕 朱維錚編：《馬相伯集》，復旦大學出版社 1996 年版，第 902 頁。

〔註 104〕 王造時：《荒謬集》，沈雲龍主編：《民國叢書‧第二編‧第 100 卷》，上海書店 1990 年版，第 26 頁。

〔註 105〕 王造時：《安內必先攘外——為政府進一忠言》，《自由言論》1933 年第 1 期。

外之政府，中央將更難置辯矣。」〔註106〕中間派人士站在國家民族利益的立場上，認為在民族存亡危如累卵的情況下，任何政治領域內的岐爭都應該擱置或冰釋，任何黨派個人的恩怨仇恨都應該化解或拋棄。

　　囿於黨見黨利的國民黨並沒有接受來自中間派人士的建議，相反而是固執地堅持自己既定的內戰政策。比如蔣介石在1931年12月召開的全國內政會議上說：「『攘外必先安內』是古來立國的一個信條，如果內部不能安定，不但不能抵禦外侮，而且是誘致外侮之媒。」〔註107〕甚至還盲目地認為，「日本不配做我們的敵人，我們當前的敵人還是赤匪，如果我們在內部把赤匪的禍亂消除了，對日是沒有問題的。」〔註108〕因此，他們不僅在局部抗戰時期以安內作為其延緩攘外的託詞，而且在全面抗戰時期仍無視國共再次合作的既存事實，先後發起了三次反共高潮。對此中間派人士在國民參政會上的提案中說：「迭聞各戰區各地有我軍自相火拼之事，是以敵人殘我而不足，而又自相殘也。天弱抗戰力量，援敵人以可乘之際，天下可痛之事孰逾於此。」〔註109〕特別是「皖南事變」發生後，中間派人士更是痛心疾首，因為他們知道，國民黨及其政府這樣一種只有黨見黨利而沒有抗戰大局的安內行為，無疑是親痛仇快、自殘手足之舉，勢必會影響全民族抗戰的士氣和前景。

　　另一方面，從民主統一的角度來批評國民黨的武力安內。中間派人士針對國民黨及其政府武力安內的現實，其中有人提出：「武力解決不了國共的問題，也決產生不了統一的中國。」〔註110〕有人甚至還喊出：「我們反對武力統一，是因為武力不能真正的統一，也是因為武力必產生獨裁，獨裁必變專制。」〔註111〕因為他們認識到近代以來的中國戰亂問題，是整個社會政治組織的改變問題，不是打倒某甲、某乙、某黨、某派的問題，而此種改變又是一項系統的社會工程；在此工程中，只有通過民主的辦法、改良的措施，才能逐步地收到成

〔註106〕　《全國各界救國會華南分會請蔣介石領導全國抗日》，《生活日報》1936年6月29日。

〔註107〕　秦孝儀主編：《先總統蔣公思想言論總集》第10卷，中央文物出版社1984年版，第685頁。

〔註108〕　軍事科學院軍事歷史研究部編：《中國抗日戰爭史》上卷，解放軍出版社1991年版，第239頁。

〔註109〕　孟廣涵主編：《國民參政會紀實》上卷，重慶出版社1985年版，第718～719頁。

〔註110〕　錢端升：《唯和平可以統一論》，《觀察》1947年第4期。

〔註111〕　胡道惟：《論專制與獨裁》，《獨立評論》1934年3月4日。

效。如張君勱在引用英國 18 世紀政治家巴克氏反對使用武力的理由時說：武力的使用是暫時的，不是長久的，因為國家之所以能安寧，不是僅靠征服的手段取得；武力是靠不住的，有了武裝不等於勝利，拿武器嚇人，不一定能使人懾服，政府若真有愛民之心，自能取得其權力；暴力能毀損人民的精力與物力。〔註112〕為此，民盟從歷史的發展潮流出發，在其成立的宣言中也說：「中國之興必興於統一，中國之亡必亡於不統一，盡人可曉。而統一之道果何在，亦盍取三十年間事而深思之乎？民國以來統一之可數者，元年革命成功，一度也；五年恢復共和，一度也；十七年北伐完成，一度也。每一度各有人心同趨者，其統一實為國人意志之統一。武力於此為統一之具，而非統一之本。」〔註113〕其後，民盟中央又在致蔣介石的電文中說：「中華民國之產生，已三十餘年於茲矣。內戰相循，民無息寧。其主要原因即過去當權負責者始終未能用政治解決內爭，始終陷於武力統一之錯誤途徑。」〔註114〕在中間派人士看來，武力安內與其說是消除內亂的方法，不如說是激化內亂的淵藪。

是以中間派人士積極向國民黨及其政府力陳消除內亂、實現統一的建議。如王造時說：「政府須相當容納共產主義的政策，實行民主政治，使共黨及其他政黨有和平公開參政的機會。」〔註115〕抗戰勝利後，中國民主同盟針對國共兩黨在軍隊國家化問題上的嚴重對立，在政協會議上提出了軍隊國家化的兩大原則：「一、全國所有軍隊應即脫離任何黨派關係，而歸屬於國家，達到軍令政令之完整統一。二、大量裁減常備軍額，而積極從事科學研究，工業建設，而一面普及國民軍訓，以為現代國防根本之圖。」〔註116〕與此類似，脫離民盟的青年黨人也提出了跟民盟相似的主張，即實行公平編遣，建立精練的國防軍；實行軍民分治，避免軍人干政；實行軍黨分立，防止政爭變為兵爭；實行徵兵制度，以徹底革新全國軍隊；設立國防部，以統一陸海空軍之行政；

〔註112〕 方慶秋編：《中國社會民主黨》，檔案出版社 1988 年版，第 318 頁。

〔註113〕 《中國民主政團同盟成立宣言》，中國民主同盟中央文獻資料委員會編：《中國民主同盟歷史文獻》，文史資料出版社 1983 年版，第 6 頁。

〔註114〕 張瀾、沈鈞儒等：《中國民主同盟政協代表對召開國大事致蔣介石電》，中國民主同盟中央文獻資料委員會編：《中國民主同盟歷史文獻》，文史資料出版社 1983 年版，第 234 頁。

〔註115〕 王造時：《荒謬集》，沈雲龍主編：《民國叢書·第二編·第 100 卷》，上海書店 1990 年版，第 26 頁。

〔註116〕 張瀾、梁漱溟等：《中國民主同盟提出實現軍隊國家化並大量裁兵案》，《新華日報》1946 年 1 月 17 日。

實行民意監督，以徹底整飭軍紀風紀。〔註117〕中間派人士以為這樣，既有助於讓非國民黨政治勢力進入到各級國家權力機關之中，以擴大國家政權的合法性與權威性，從而實現真正的統一；也有助於防止國民黨的獨裁專制，促使其成為一個真正講究民主法治的政黨。

此外，中間派人士還從人道主義立場來批評國民黨的武力安內政策。在中間派人士觀之，戰爭的真正受害者是人口占絕大多數的普通民眾，因為他們不僅要承擔戰爭所造成的經濟重壓，而且還要直接充當戰火中的炮灰。所以，當戰後國共兩黨再次兵戎相見的時候，中間派人士在致國民黨領導人的電報中說：「今者國共兩黨正在進行中國歷史上空前激烈之內戰，一地之爭，殺人盈野，一城之爭，殺人盈城。烽火遍天地，膏血塗原野，雖歷年內戰，無此規模，更無此殘酷。」〔註118〕不僅如此，中間派人士還對戰爭後的慘狀與蕭條進行了描繪：「接近戰區之農村，行數百里，不見一個壯丁，並一個中年婦女而無之；而戰區之外之農村，因徵兵而壯丁一空，因徵糧而蓄藏一空，被徵者一家，被索者百家，徵一分而索賄百分，則物力盡矣。」中間派人士希望通過這樣一種方式來表明自己對武力安內政策的嚴正立場，同時也希望藉此喚起黨國的政要們的人道主義情懷，進而重新檢討自己的安內政策。不過，國民黨及其政府並沒有因此而動搖其安內的既定方針，仍繼續用人民的膏血來維繫其戰爭機器的運轉，哪怕中間派人士發出了「誰要用武力來解決黨爭問題，誰就負內戰的責任，誰就是全國的公敵」的最強音〔註119〕。

也許從純粹的國家職能方面考慮，國民黨及其政府的武力安內不應該受到中間派人士的批評與否定，因為武力本就是政府固有的力量，安內也是政府應盡的職責。問題是國民黨政要們只知道武力安內既是政府的職責所在，也是執政黨的職責所在，但卻不能很好地回答武力安內的目的到底是什麼，後果究竟會怎樣？如果其目的不是為了維護國家和民族利益，而是為了保全某黨、某派、某些集團的私利，那麼這樣的武力安內與其說是在平息內亂，倒不如說是

〔註117〕曾琦、陳啟天等：《中國青年黨提出停止軍事衝突實行軍隊國家化案》，《新華日報》1946 年 1 月 17 日。

〔註118〕張瀾、沈鈞儒等：《中國民主同盟政協代表對召開國大事致蔣介石電》，中國民主同盟中央文獻資料委員會編：《中國民主同盟歷史文獻》，文史資料出版社 1983 年版，第 233 頁。

〔註119〕中國民主同盟中央文獻資料委員會編：《中國民主同盟歷史文獻》，文史資料出版社 1983 年版，第 332、102 頁。

在挑起紛爭；如果其後果是內而不安或越安越亂，那麼如此的武力安內就應該
盡快地改轅易轍、棄如敝屣。但黨國的政要們偏偏在這兩個問題上執迷不悟，
甚至為了號召國民黨人團結起來，一致對付中國共產黨及革命力量，蔣介石曾
說：「中國亡於帝國主義，我們還能當亡國奴，尚可苟延殘喘，若亡於共產黨，
則為奴隸遠不可得。」〔註120〕而且還在盧山軍官訓練團上說，一切的設施，
均以共匪為對象。難道中國共產黨真的甚於日寇的外患嗎？說白了，一方面是
中共鮮明的反蔣立場，另一方面是蔣氏濃厚的「寧贈友邦，不畀家奴」的媚外
心態。同時，國民黨及其政府武力安內的行為與舉措，雖然就目的言之，不能
完全排除其動機上有維護國家民族利益的成分，但絕對不能否認其更多地是
為了借武力安內這種手段來達到打擊政敵消除異己的目的，否則，怎麼也難以
理解其在強鄰入境民族危機的緊要關頭仍繼續推行「攘外必先安內」的政策。

故而，早在30年代上半期，王造時就國民黨內訌不斷的現實及其所造成
的後果感慨道：「六年的訓政，告訴我們，國民黨本身是絕對不能統一的。武
有武的地盤，文有文的系統。黨內有派，自昔已然，於今尤烈，這是事實，無
可諱言。過去數年內戰，固然是同志打同志；現在各處已發將發的內戰，又何
嘗不是同志打同志。天災奇重，不能使他們『精誠團結』；日本佔據瀋陽，不
能使他們『精誠團結』；日本統一東北，不能使他們『精誠團結』；日本屠焚淞
滬，不能使他們『精誠團結』；日本現在要『滿洲國』吞併熱河，進兵平津，
還不能使他們『精誠團結』。那麼，還有什麼可以使他們『精誠團結』？」〔註
121〕全面抗戰時期，針對國民黨不斷挑起的反共摩擦事件，民盟在其成立的宣
言中說：「凡此事實，寧不足以資人深省！更轉看此四五年間，統一氣象後不
如初者，其幾之動，毋以各恃其力，而有忽於人心之向背耶！不求於心而求於
力；人心抑閉，武力充塞，寢假而至於今日，彌漫周匝，唯是強霸之力。以此
為國，真可痛哭！」〔註122〕因此，在奉行中間路線的中間派人士看來，國民
黨武力安內政策，真是國家民族的大不幸！

當然，國民黨及其政府的武力安內政策之所以陷入此種南轅北轍的困境
之中，一方面是其欠考慮引發國家內而不安的原因是什麼？沒有做到對症下

〔註120〕榮孟源：《蔣家王朝》，河南人民出版社2005年版，第51～52頁。
〔註121〕王造時：《我的當場答覆》，中國青年出版社1999年版，第134頁。
〔註122〕中國民主同盟中央文獻資料委員會編：《中國民主同盟歷史文獻》，文史資料
　　　　出版社1983年版，第6頁。

藥。如果說內憂是軍事造成的,那麼就訴諸武力;如果是政治造成的,那麼就訴諸政治;如果是經濟造成的,當然就只能在經濟上想辦法。如是,方為對症下藥。可國民黨及其政府卻誤以為武力是包醫百病的良藥,不管產生內憂的原因是什麼,認為只要一用武力是包醫百病的良藥,不管產生內憂的原因是什麼,認為只要一用武力,便可藥到病除。另一方面是其有違歷史發展方向,沒有順應時代潮流。因為 20 世紀的世界,民主自由已經成為時代的主旋律,當家做主已經成為普通民眾的共同呼聲,而國民黨卻仍然迷信於武力的效能,妄圖以大棒政策來維護其專制統治。可事實上怎樣呢?武力安內只是黨國的政要們自我編織的神話。誠如有中間派人士憤怒聲討國民黨及其政府濫用武力的行為時所說:「武力肅清不了病入膏肓的貪污風氣,武力振作不了推脫鬼混的行政效率,武力挽救不了已如堤決的經濟危機,武力收拾不回麻痺死去的人心,甚至武力也決定不了前線的戰局。」〔註 123〕對此,梁漱溟更是從歷史角度對武力的功能做了一段精彩的點評,他說:「武力雖強,獨不能抗潮流。試看三十年前武力全屬清廷,清廷有那樣大的武力,可曾抗得革命潮流來?袁世凱也唯能順應潮流,才得據有中國;一旦背逆潮流,隨即敗倒。十五年北伐,北洋軍閥如摧枯拉朽而盡。唯早迎合潮流者,能苟存。不是武力的制勝,全是革命空氣吹倒的。武力本身實無威靈,武力和潮流結合起來方有威靈;武力離去潮流,威靈便一起一落,皆隨潮流而變化,無能久者。」〔註 124〕既然如此,那麼中間派人士對國民黨及其政府的武力安內政策的批評也就自在情理之中。

必須指出的是,中間派人士對國民黨的批評絕不局限上述幾個方面。比如,30 年代,丁文江就國民黨的軍人政治提出了批評,他說:「共產黨所以有了今天,是湖北、江西、安徽幾個主席幫他們忙的。最近政府似乎也有專心改革這幾省的政治,所以撤換了這幾省的主席,但主席雖然換了新人,而舊主席仍然是『綏靖主任』。綏靖的成績我們絲毫沒有看見,而綏靖主任卻大有督軍化的趨勢。省政府的文官如何能制裁那些有兵有槍的新督軍?稅收仍然在軍人委派的人手裏。軍人委任的縣長,省政府也休想更動得一兩個!只看見省城裏添了一個非現役軍人的主席,只看見舊主席換了新銜頭,然而一省政治的改革在這種雙料政制之下,我們真不知道從何說起!製造遍地土匪和共產黨的,

〔註 123〕儲安平:《中國的政局》,《觀察》1947 年第 2 期。

〔註 124〕《梁漱溟全集》第 2 卷,山東人民出版社 2005 年版,第 484 頁。

原是這些舊主席和他們手下的虎狼。」〔註125〕丁文江的意思，就是說無論是土匪的出現還是共產黨力量的發展，完全是國民黨這種軍人政治所導致的官逼民反的結果。

傅斯年對國民黨空喊口號的形式主義進行了譴責。他說：「中國的統治階級之喉舌——即大人——向來是好說空話的，因而中國的政治無論在如何混亂的時候，總有一篇好聽的空話。近年來開會宣言、貼標語的風氣更盛，所以空話更說得無以復加的程度，真所謂『顏之厚矣』。」〔註126〕傅氏的意思是說，國民黨把先人喊口號的傳統發揮到了極致，真可謂「古已有之，於今為烈」。相對於傅斯年言辭的籠統，董時進則批評得更加直接。他說：「最愛說廢話的，要數一般要人，他們可算廢話階級的舌人。天天充滿報紙的，大都是他們的廢話——談話、演講、通電、宣言，等等——他們的目的，無非是為出風頭，表白自己，敷衍人民，攻訐仇敵，或為其他私圖……他們不但好說廢話，並且喜歡召集會議，大規模地製造廢話。近幾年各種會議不知開了多少，試問哪一個會議不是以廢話始廢話終，哪一個會議曾經發生實際的影響，哪一個會議曾經解決了什麼問題。」〔註127〕顯然，董時進指出黨國要人空喊口號的做法，只能是自欺欺人、敷衍民眾的把戲，於國、於民有害無益。

進入全面抗戰時期，中間派人士從救亡的目的出發，針對國民黨及其政府不良的軍政現實提出了尖銳的批評。其中張瀾等對國民黨用人不當所造成的不良政治提出了批評，他們在提案中說：「惟詳察後方之政治，則令人不勝其焦慮。古語云『為政在得於人心』，蓋得人則治，不得人則亂，歷史皆然。況在抗戰救亡之今日，乃就見聞所及，百職少負責之人，萬事漸呈頹廢之象；機關繁多，成效顯著；法令詳密，實行甚寡。知其確當興辦，而徒事敷衍；知其深為弊害，而迄未能除。至於兵役辦理不善，壯丁逃亡；土匪教匪無法肅清，日形猖獗。官吏多懷貪私，人民時生怨謗。所以致此，皆由為政之不得人。」〔註128〕儘管張瀾等人表面上沒有說導致國民黨用人不當的根本原因乃是黨人政治使然，但明眼人一看，何異於「無聲勝有聲」。而第三黨人通過對中日雙方政象軍情的觀察，認為我國存在許多不利抗戰的現象，他們在「時局宣言」

〔註125〕丁文江：《所謂「剿匪」問題》，《獨立評論》1932年5月26日。

〔註126〕孟真（傅斯年）：《多言的政府》，《獨立評論》1932年12月11日。

〔註127〕董時進：《中國的廢話階級》，《獨立評論》1933年4月16日。

〔註128〕《抗戰建國之後方政治必須選任人才案》，楊力主編：《中國抗戰大後方中間黨派文獻資料選編》下冊，重慶出版社2016年版，第706頁。

中說：「再一反觀我們自己方面則如何呢？抗戰已經四年，民眾尚未真正動員，物力人力，作用未能充分發揮。各黨派社團，未能精誠團結。人造的糧食問題，日趨嚴重，人民受著不應受的痛苦。特務遍地，人民動遭捕殺，形成從來未有的恐怖。大官巨宦，利用特殊地位以走私囤積，操縱金融，吮吸著億萬人的膏血，養得自己腦滿腸肥。更還有財政上的因無計劃而顛倒錯亂。抗戰教育因黨化而變為特化。前方戰士大多難得一飽，後方抗屬有的流為餓殍。海外僑胞未受國家應有的保護，有的反遭各種束縛。至於若干戰地，因主政者不得其人，政治一樣腐敗，民眾毫無組織，敵偽反得恣所欲為，其情形亦未能略較後方為佳。」〔註129〕第三黨人顯然是告訴國人，此種不利抗戰局面的出現，國民黨有著不可推卸的責任。王造時則從批評的角度對造成國民黨抗戰中吏治亂象的原因進行診斷，認為主要原因有：「人事之不妥當是其一；機構之不健全是其二；考核之不嚴密是其三；監察之不負責是其四；職位之無保障是其五；薪水之太低微是其六；民權之未發展是其七，然而社會的風氣也有密切關係。」〔註130〕是以，王氏的言外之意，國民黨要澄清吏治，就必須對症下藥。

　　不難發現，中間派人士站在中間路線的立場上，從國家民族的利益出發，對國民黨及其政府的批評是非常廣泛的，即使其中的某些言辭與態度難免顯得偏頗或暴烈，但仍無改於其批評的本色。

二、局外的建議者

　　中間派人士出於對中間路線黨派立場的信守，並非一味對國民黨及其政府進行批評與譴責，相反也向其提出許多有益的建議。

　　其一，實行民主政治。針對國民黨所建立起來的以「三民」「五權」為用、黨治天下為體的黨國政治，中間派人士秉承中間路線的政治取向，強烈建議國民黨實施民主政治。因為在他們看來，實現民主政治，不僅符合世界與時代的潮流，而且符合中間路線的主旨；同時他們也認為只有實行民主政治，才能真正地維護人民的民主自由權利，才能真正在中國推行西方的議會制度、政黨制度、選舉制度等各種民主政治制度，進而才能取得抗戰的勝利。是以胡適在《再論建國與專制》一文中說：「民主政治的好處，在於不甚需要出類拔萃的人才；

〔註129〕　《中華民族解放行動委員會對時局宣言》，《中華論壇》1945年12月1日。
〔註130〕　王造時：《今日所應提倡的道德——正義・氣節・廉潔》，楊力主編：《中國抗戰大後方中間黨派文獻資料選編》上冊，重慶出版社2016年版，第472頁。

在於可以逐漸推廣政權，有伸縮的餘地；在於『集思廣益』使許多阿斗把他們平凡常識湊起來也可以勉強對付；在於給多數平庸的人有個參加政治的機會，可以訓練他們愛護自己的權利。在我們這樣缺乏人才的國家，最好的訓練是一種可以逐漸推廣政權的民主憲政。」〔註131〕而吳景超認為民主政治之所以可貴：「第一，民主政治是理智的政治，誰能說服大眾，誰就可以當權。第二，民主政治是自由的政治，我們的主張，無論是贊成政府，或反對政府，都有充分發表的機會。第三，民主政治是和平的政治，假如我們對於政府不滿意，可以提出我們的主張來，以求民眾的擁護；假如民眾贊成我們，我們便可上臺，不必流血，不必革命。第四，民主政治是大眾的政治，凡是公民，都有參政的權利與義務，民眾與政治，打成一片，沒有統治者與被統治者的分別。」〔註132〕羅隆基甚至拿中國共產黨力量壯大的事實來反證實行民主政治的迫切性，他撰文說：「總括起來，我認為中國目前促成共產成功的主要原因，最緊要的是兩點：（一）經濟上的貧窮；（二）政治上的專制。經濟上『無產可共』，就是民不聊生；政治上『有權可分』，就是民不安命。到了人民的生命關頭，革命總是要爆發的，掛什麼招牌，打什麼旗子，這是毫不相干的問題。」〔註133〕與此類似，章伯鈞則從挖掘和壯大抗日力量的角度建議國民黨應切實推行民主政治，他在接受記者採訪時說：「中國政治上最大的缺陷，是傳統的東方式官僚主義：法治精神本敵不過人事的壓迫。所謂樹立戰時民主政治機構與實行戰時政治綱領，必須全國上下具有真正民主精神，徹底的反省及自我的犧牲。中華民族雖然到了最為難的關頭，但抗敵圖存的力量和條件，依然具備。惟問題的關鍵，在如何開發這一偉大的潛伏的民族力量而已。」〔註134〕顯然在民族危亡的緊要時刻，章氏認為解決時局的關鍵，就是用民主政治與民主精神來激發潛伏的民族力量。可見，中間派人士看來，民主政治不僅是實現和平政治所必需，而且是防止革命政治所必要，尤其是推行救亡政治所不可少。

出於向國民黨推銷自己民主政治理念的目的，中間派人士一方面從概念上對作為民主政治標識的憲政進行闡釋，藉此以強化其對民主政治的認同。如民盟在發表的聲明中說：「憲法為國家的基本大法，同時亦是全國人民一種神

〔註131〕歐陽哲生編：《胡適文集》第 11 集，北京大學出版社 1998 年版，第 567 頁。

〔註132〕吳景超：《中國的政制問題》，《大公報》1934 年 12 月 30 日。

〔註133〕羅隆基：《論中國的共產——為共產問題忠告國民黨》，《新月》1930 年第 10 期。

〔註134〕《各黨派參政員發表談話》，《新華日報》1938 年 10 月 29 日。

聖的共同契約，此種契約必須以全國人民的共同意志為基礎，所以制憲的國民
大會必須為全國人民代表所願共同參加的一種會議……只有用民主統一方式
產生的憲法，而後憲法才有真正民主的內容，而後憲法才能發生真正的效力。」
〔註135〕學者張友漁從制度角度對憲政做出解釋，他說：「所謂憲政，就是拿憲
法規定國家體制、政權組織以及政府和人民相互之間的權利義務關係，而使政
府和人民都在這些規定之下，享受應享受的權利，負擔應負擔的義務，無論誰
都不許違反和超越這些規定而自由行動的這樣一種政治形態。」〔註136〕跟張
氏不同的是，學者蕭公權則從法治的層面來立論，他說：「憲，法也；政，治
也；憲政者，法治也。國民治立大法以定制，政府依據此法以行權。全國上下
咸守此法而莫有或違，則憲政之基礎大定。」〔註137〕另一方面則從制度上來
貫徹和落實憲政理念，以凸顯其民主憲政不只是用來宣揚的政見，也是可以用
來實施的主張。如張君勱主張利用國民黨的五權憲法形式來推行英國式的憲
政體制內容，即將監察院作為上議院，立法院作為下議院，行政院作為內閣，
但須對立法院負責，實行省自治制，省長民選，自制省憲。後來在政協會議上，
由於中間派人士的努力，會議通過的《關於憲草問題的協議》中，確定了議會
制、內閣制與地方自治的原則。

　　抗戰後期，陳啟天鑒於中國終將取得全面抗戰勝利的現實，就憲政的實
施問題，向國民黨提出了更為詳盡的方案。他說：「關於憲政實施方案的期限，
可定為十年：前五年，規定戰時所宜實施的初步憲政事項；後五年，規定戰
後繼續實施的憲政事項。分年規定進度，切實如期完成。在前五年內，必須
實施並完成的重要憲政事項，當包含有：（一）人民對於政治的言論出版集會
結社等自由之合法保障；（二）中央及省縣設立名實相符的民意機關；（三）
城市自治；（四）與一般憲政有關的單行法規之制定與實施；（五）司法機關
及監察機關的完成；（六）後方各省軍民分治；（七）軍隊的國家化；（八）憲
草的修正。在後五年內，必須實施並完成的重要憲政事項，當包含有：（一）
憲法的制定與實施；（二）中央及省縣正式民意機關的召集；（三）鄉村自治；
（四）為實施憲法所必要的單行法規之制定與施行；（五）全國各省一律軍民
分治；（六）人民對於政治的言論出版集會結社等自由之繼續保障；（七）絕

〔註135〕　中國民主同盟中央文獻資料委員會編：《中國民主同盟歷史文獻》，文史資料
　　　　　出版社 1983 年版，第 258 頁。
〔註136〕　張有漁：《張有漁文選》，法律出版社 1997 年版，第 155 頁。
〔註137〕　蕭公權：《憲政與民主》，清華大學出版社 2006 年版，第 35 頁。

對防止內戰內亂。」〔註138〕陳啟天希望通過自己的建議，來幫助國民黨把民主憲政落到實處。

特別是針對國民黨「黨在法外」「權大於法」的政治作風，胡適就國民黨文宣部門大肆鼓吹「制憲」而民眾反應冷淡的現實建言說：「所以我們希望政府明白這種很明顯的事實。此時未嘗不可制憲，但制憲之先，政府應該要在事實上表示守法的榜樣，養成守法的習慣，間接的養成人民信任法律的心理。這才是憲政的預備。憲政的預備不在雇人起草，不在徵求討論，而在實行法律。與其請吳經熊先生們另起新花樣的憲法草案，不如請他們先研究研究現在已有的各種法律，看看有多少種法令是應該立刻廢止的，看看有哪些法律是從來沒有執行的，看看有多少種法律是必須編制施行細則方才可以施行的，看看有什麼法子可以教官吏、軍人、黨部多懂一點法律，多守一點法律。總而言之，制憲不如守法。」〔註139〕胡適的意思非常清楚：制憲不在多言，而在對現行法律的遵守。而陳啟天更是從抗戰建國的角度力陳實施民主憲政的必要性，他倡言道：「民主憲政，是建國成功之路，也是抗戰勝利之路。欲求建國成功與抗戰勝利，只有依著民主憲政的大路前進。」〔註140〕顯然，陳氏希望藉此來推動國民黨由黨國政治向民主政治的軌道轉進。

此外，中間派人士還從提高政治效率的角度向國民黨建言實行專家政治。因為在中間派人士的政治預設中，專家政治既適應現代政治領域的技術化與專門化趨勢，也適應當時技術統治與智囊統治的世界潮流，更能夠幫助國民黨及其政府招賢納士、網羅人才，進而提高辦事效率、增強其執政地位的合法性和凝聚力。可以說，專家政治也是現代民主政治的重要組成部分。為此，羅隆基在文章中對專家政治推崇道：沒有專家政治，什麼樣的主義都談不上，因為無論什麼主義，總要靠好的行政去實施主義上的一切主張。沒有行政，一切主義都是空談。行政腐敗，主義天花亂墜，人民依然遭殃。而且20世紀的政治更要注重行政，因為20世紀政治上的行政已成了專門科學，20世紀的政治行政人員，要有專門人員。最後羅氏告誡國民黨道：「專家政治是時代的趨勢，在用人上不要為主義和黨治的牢籠所禁錮，而應該只問行政，不管主義，只問其才不才，不問其黨不黨。」〔註141〕順著羅隆基的思路，胡適更是斬釘截鐵

〔註138〕陳啟天：《民主憲政的實施問題》，《民憲》1944 年第 4 期。
〔註139〕胡適：《制憲不如守法》，《獨立評論》1933 年 5 月 14 日。
〔註140〕陳啟天：《民主憲政的實施問題》，《民憲》1944 年第 4 期。
〔註141〕羅隆基：《專家政治》，《新月》1929 年第 2 期。

地說：「今後必須尊重專家，延請專家去顧問政治，解決難題；沒有專門研究的人，不配擔負國家與社會的責任。」〔註142〕羅隆基、胡適在告知國民黨，在政治學日趨複雜與科學的現代社會，治國是一件最為複雜、最為煩瑣而又最為重要的技術，所以正確解決問題的途徑，只有充分地請教專家，充分地運用科學方法。

　　為了強調專家政治在現代政治生活中的重要性，張君勱特意在其「修正的民主政治」中規劃道：「此後國家行政上關於管理經濟事項既多，非有專家不足以討論技術方面之問題。所以我國規定國民代表會議中之議員，若干人須有農工商之技術知識及科學家之資格。行政與經濟計劃，雖經國民代表會議之統一，但事先事後，須與專家共同商定。以專家知識加入於行政與經濟計劃中，則其計劃具有科學性，自然與昔日由政客操縱者絕對不相同。」〔註143〕而《大公報》也在社論中說：「惟專家不必盡明政治，更不必辦理事務。最重要者能將專家人才之意見，消納於政務事務之中。」〔註144〕可見，在踐行中間路線的中間派人士看來，實施專家政治是歷史發展與現代政治的必然趨勢。

　　並且為確保專家政治的實現，即使在全面抗戰期間，中間派人士仍繼續建言國民黨採取政府向人才開門的政策。其中張君勱在其領銜的提案中說：「以今日之嚴重局面，雖全國人群策群力，猶恐未必有濟。而政府對於人才，目前猶復以黨派而劃分畛域，因畛域而加以歧視，其或投閒置散，其或相抵相消，以其減弱抗戰建國之力量多多矣。故今日中國唯政治上之徹底開放，人人為國，勝於為黨，人人愛國，勝於愛黨，而國家各真材始能真為國用。」而王造時在其提案中呼應道：「用人但問其才不才，不問其黨不黨，並戒以是否親故為進退人之標準；承認各黨派之合法存在；限制兼差，使人當其職，既無過忙也無過閒，免廢人廢事；推進民權主義，實施民主制度，是人人得貢獻其意見，發揮其才能。」〔註145〕張君勱、王造時等希望國民黨通過政府向人才開門這一舉措，不僅鞭策自己順應民主政治的時代潮流，而且使國人在民族救亡過程

〔註142〕季羨林主編：《胡適全集》第21卷，安徽教育出版社2003年版，第453～455頁。

〔註143〕張君勱：《修正的民主政治之方案》，中國人民大學中共黨史教研室編：《批判中國資產階級中間路線參考資料》第三輯，中國人民大學1962年版，第58頁。

〔註144〕《政務，事務，技術》，《大公報》1933年9月12日。

〔註145〕孟廣涵主編：《國民參政會紀實》續編，重慶出版社1987年版，第434～435、436頁。

中真正做到人盡其才、才盡其用。

中間派人士雖然在民主政治的框架上主張專家政治，但什麼是專家政治，彼此並沒有完全一致的說法。陳之邁將專家政治理解為吏制問題，他覺得所謂專家並不是什麼智囊團，而是成千上萬的員吏，而且像這樣的專家，無論是現代民主國家還是現代獨裁國家都是需要的。只要有適當的考試制度，給考取任職的人變成專家的機會、充分的保障、舒適的待遇，尊重其研究事物，使其脫離政潮，避免遷調，幾十年後，專家政治或技術政治的目標便可達到。〔註146〕蔣廷黻則認為專家政治是「工程師」政治，原因是現代科學與機械的發展會突破政治體制的框架並推動社會的前進，從而使得制度的改革問題變成了社會工程問題，於是政治家所從事的工作就有點類似於工程師的工作。〔註147〕而丁文江則將專家政治解讀成智囊團政治。然而，儘管中間派人士對專家政治的看法各有不同，但在他們的視野裏專家政治絕對是對現實中黨員政治的一種否定與批判。

當然，以民主憲政和專家政治為基本內容的民主政治的建立，畢竟是一項異常複雜艱巨的工程，尤其是對當時的中國來說，更是如此。故而，一些中間派人士就民主政治的實現提出了一些原則性主張。比如王造時等人提出了建設民主法治政府的三大內容，即全民政治，以法治國，民權保障。〔註148〕吳景超認為民主政治在一個國家能否推行，主要看是否具備以下五個條件：政黨組織；自由討論；普選權利；多數黨執政；常態化選舉。〔註149〕陳啟天則提出實現民主憲政的六大根本原則：「（一）公人政治，（二）公法政治，（三）公利政治，（四）公理政治，（五）民治政治，（六）實踐政治。」〔註150〕因為在陳啟天看來，民主憲政自民國元年建立以來，之所以屢受破壞，主要是以「私人政治、私法政治、私利政治、強權政治、官治政治、虛偽政治」為基本內容的舊政治，在中國根深蒂固使然，而其所提出的六大原則剛好是對症治病的良方。青年黨人鄭振文更是提出要實施憲政，就必須革除人們生活中那些固有的反民主習慣，即自私自利，剛愎自用，不平民化，做奸違法，侵犯人身自由，反對革新；因為只有這樣人們才能變得大公無私、氣量恢宏、

〔註146〕陳之邁：《專家與政治》，《獨立評論》1934年11月11日。
〔註147〕蔣廷黻：《現今史家的制度改革觀》，《清華學報》1928年第2期。
〔註148〕王造時等：《我們的根本主張》，《主張與批評》1932年11月1日。
〔註149〕吳景超：《中國的政制問題》，《大公報》1934年12月30日。
〔註150〕陳啟天：《民主憲政的原則問題》，《民憲》1944年第1期。

誠實質樸、遵紀守法、平等待人、與時俱進，而這些都是作為憲政國家公民所必需的美德。〔註151〕中間派人士之所以對民主政治的實現，提出了諸多的前提和條件，是因為他們意識到民主政治的真正落實不是一件容易的事。中間人士費鞏在文章中指出：「顧實行憲政並不難，難於有真憲政。頒布憲法不難，難於能真奉行。憲政也，憲法也，徒外表耳，政權之嬗遞有常軌，民意之伸張有保障，斯為實質。名與實果能符合與否，為憲政成敗之所繫。」〔註152〕是以，對中間派人士來說，真正的民主政治才是他們追求的目標。而國民黨自南京建政以來先後實行訓政、憲政，雖然從形式上看似具有民主政治的外形，但實質上跟中間派人士理想中的民主政治，無疑存在很大的差距。正因為如此，他們才在踐行中間路線過程中，不斷地向國民黨及其政府爭取民主政治。

　　遺憾的是，國民黨及其政府面對來自中間派人士的建議，卻仍然滯步於黨國體制的樊籬。也許從國家利益上考慮，中間派人士的政制設計確實不失為一種引導國家的政治制度走向現代化的良方，但從黨派的利益出發，國民黨卻不得不予以拒絕。因為黨國的政要們知道：國民黨之所以擁有眾多的追隨者，絕不是因為它的政治路線多吸引人，而是這種政治路線指導下的黨國政治能夠為其追隨者們提供豐厚的政治特權和優越的社會地位，並且國民黨正因為有了這些追隨者，才能打敗政敵維護自己的統治。因此，在國民黨及其政府看來，如果一旦把中間派人士的憲政治國與專家政治的理念移植到黨國政治的系統中，就必然會動搖其統治的根基，打亂其統治的秩序，即它不僅在某種程度上否定國民黨黨義，顛覆國民政府，而且還會剝奪大量黨棍、黨混與黨閥的特權，使國民黨力量遭到削弱或流失。從此意義上看，國民黨及其政府對中間派人士的憲政治國與專家治國的排拒實在有其難言之隱。是時，也就意味著中間派人士的憲政治國與專家政治的理想實現，在國民黨政治路線所主導的政治生態中只能是一種不合時宜的「高論」。

　　其二，一致對外。自晚清以來，民族危機就成為中國人所面臨的主要問題之一，期間雖有許多的先進之士為解決它而進行了艱苦的探索和抗爭，但問題照樣還是問題，即便是中華民族歷經了由清朝到民國這樣一種改朝換代的滄桑巨變，可它仍似高懸於神州上空的利劍，依然讓每一個有思想的炎黃子孫深

〔註151〕鄭振文：《實施憲政應先革除反民主習慣》，《民憲》1944 年第 5 期。
〔註152〕費鞏：《實施憲政應有之政治標準》，《民憲》1944 年第 5 期。

感國運的阽危，特別是九一八事變的發生和日寇的步步緊逼，更是使中華民族陷入一種生死存亡的災難之中。就在這樣的背景下，中間派人士從民族的利益出發積極建議國民黨及其政府要團結禦侮一致對外。因為在中間派人士看來，中國作為一個尚處於半殖民地半封建狀態中的國家，若想戰勝日本帝國主義，單靠政府或某一黨派的力量是不現實的。正如救國會人士所認為的那樣：「脫離了民眾，單靠政府，抗日必然失敗；但是沒有一個政府的領導，單是民眾自動地作戰，也絕不會有勝利的前途。中央政府要是沒有各地方當局的合作，固然談不到抗日，但是地方當局，在和中央政府對立的狀態下，即使出兵抗日，也未必有勝利的把握。」〔註153〕而且，自近代以來，中國的對外戰爭之所以屢戰屢敗，一個重要的原因，就是在這些戰爭發生時，國家的力量並沒有全部而真正的動員起來，比如第二次鴉片戰爭期間，南方的清軍在進行內戰，北方的清軍在進行外戰；八國聯軍侵華時期，北方的中央政府與義和團在跟外國的軍隊血戰，南方的地方政府卻在跟外國的軍隊實行東南互保；如此的戰爭何得不敗？所以無論是從現實出發，還是對歷史上經驗教訓的吸取，中間派人士認為只有集中國力進行全民族的抗戰，國家與民族才有勝利的希望和可能。正如陶行知在接受記者採訪時指出：救國之道，就是全國民眾應一致團結起來武裝起來，與日本帝國主義進行殊死戰。〔註154〕可是怎樣才能把全國的民眾團結在抗日的旗幟之下呢？對此中間派人士從三個方面向國民黨及其政府提出自己的看法。

在民眾方面，中間派人士認為，雖然中國有「天下興亡，匹夫有責」的古訓，同時在國家民族的危急關頭也不乏勇於獻身的志士，但在民族民主意識普遍覺醒的時代，當政者還企圖用「家天下」或「黨天下」的政治策略，來驅趕和誘導民眾去為一姓一家或某黨某派的私利而在戰場上前仆後繼的話，無疑是相當困難的。故而正確的方法，是當政者在施政時應給人民以廣泛而充分的民主自由權利，使絕大部分人感覺到不僅所屬民族的可愛，而且所處國家的可親。如是，當祖國有難時，即便當政者不去動員人民保家衛國，但作為她的子民也會奮勇向前，為生養於他的土地貢獻出自己的熱血和生命。因為只有這樣，廣大民眾才會發現自己的命運與國家民族的命運緊密相連，從而真正承擔起「地無分南北，人無分老幼，都有守土抗敵的責任」；否則，

〔註153〕周天度編：《救國會》，中國社會科學出版社1981年版，第118頁。
〔註154〕陶行知：《與記者談訪桂計劃》，《民國日報》1936年5月9日。

就極有可能重複晚清禦侮時的屢戰屢敗的故事。事實上，也許只有千千萬萬的廣大民眾參與到抗日的洪流中去，中華民族才真正具有抗擊外侮的資本和實力。

　　然而，國民黨怎樣才能團結民眾去禦侮呢？中間派人士主張，國民黨只有實行民主，取消黨治，廣開言路，勤求民隱，才能得到人民的擁護與愛戴。如羅隆基說：「幾年來黨治的歷史，在成績上果足以滿足人民的希望，則今日國事危機之秋，國民黨仍以單獨擔負國事的資格，號召國人，此種號召，或可取得人民的信用。不幸，黨治的成績，不但不能滿人民的希望，即黨員本身的希望，亦不能滿足。幾年的黨治，在內政上是幾年連綿不斷的黨爭，在外交上，濟案、中俄案和這次的東三省案，又是相繼的失敗。如今國民黨在過去的黨治歷史上，可以拿什麼成績來取得人民的景仰，來維持人民的信用？說句苛刻的話，如今的黨治，在內政上以黨治國，是以黨亂國；在外交上以黨治國，是以黨亡國。然而成事不說，既往不咎，過去的算過去了。只要國民黨肯開放黨禁，解放思想，我們一班小民，我們一班以國為前提的小民，總願犧牲一切政見，來與國民黨合作。」〔註155〕張瀾代表民盟在給蔣介石信中建議：「得民必由於得心，民之欲惡，是為民意。乃現在一切民意機關的代表，都是由黨部和政府制定和圈定，於是只有黨意官意，而無真正民意之表現。其在群眾集會偶有批評政府指謫時弊之人，即被目為反動。法令紛繁苛擾，官吏敷衍惟肆貪污，從未有如今日之甚者。人民遭受壓抑，痛苦百端，不能上達，厭恨之情，到處可見。必須實行民主，首先廢除言論、思想、出版的統治與檢查，使人民本所欲所惡，對政治可以自由批評討論，輿論有監督之力，然後政治修明，人心悅服，然後民力始可發揮。」〔註156〕是以，當全面抗戰時期國民黨發布「抗戰精神總動員」命令時，潘菽特意從心理學角度進言道：「就現在的精神總動員講，被動員者的需要是不成問題的。因為抗戰建國是每一個真實的中國人所急切期望的。問題只在怎樣使每一個人由這種需要產生出強烈的動機。所以，分析到最後，精神總動員所要做的事情不外乎兩件：第一件是設法使每一個人明瞭他自己在現在抗戰建國環境中的需要，並因此設法引起他的動機；第二件是設法供給適當的刺激或機會，使每一個人都由他所已有的動機充分表現而成為

〔註155〕羅隆基：《告日本國民和中國的當局》，《新月》1931 年第 12 期。
〔註156〕張瀾：《中國民主政團同盟主席張瀾致蔣介石書》，中國民主同盟中央文獻資
　　　　料委員會編：《中國民主同盟歷史文獻》，文史資料出版社 1983 年版，第 16
　　　　～17 頁。

參加抗戰、盡力建國的行為。」〔註 157〕那麼根據當時的實際情況，作為心理學家的潘氏其實暗示國民黨要想真正實現國民精神總動員，就必須實行民主憲政，讓每一個炎黃子孫都能感受到自己也是國家的主人。因此，對國民黨來說，團結民眾禦侮，不是空洞的愛國主義、愛黨主義思想宣傳所能解決問題的，而應該切切實實地拿出實際行動與成績來，讓老百姓確實覺得「黨」「國」之可愛！

在黨派方面，領導和團結民眾進行抗戰固然是國民黨及其政府所必須從事的工作，但僅僅只局限於團結民眾去對抗日本帝國主義，對於最大限度地增強抗日力量和壯大抗日隊伍尚有不足，因為在現代的社會，除卻原子式的普通民眾，還有著團體式的黨派。作為當政者如果在一致對外的緊要時刻，而置其他黨派於不顧，那麼此種行為無疑既有排除異己的嫌疑，也是危害國家的失策。事實上各個黨派作為來自民間的政治力量，相對於渙散的民眾而言更具有凝聚力和戰鬥力，同時相對於政府而言，它們既是民眾的黏合劑，也是民眾的代言人。

九一八事變發生後不久，中間派人士就提出了「政黨休戰」「召開國難會議」等主張，言下之意就是建議國民黨及其政府要以國家民族的利益為重，捐棄黨見私利，領導和團結其他各黨派來共圖抗日的大業。並且就如何團結各黨派進行抗戰，青年黨人向黨國的政要們獻計道：「一黨專政之制即應取消，國民黨一黨宰制之政府，自應根本改組。依『共赴國難』的原則，集各方優秀人才，組織國防政府，一洗前此不重國防、不圖抵抗的錯誤，而引起國民奮發圖存的精神。」〔註 158〕救國會同人也呼應道：停止軍事衝突，釋放政治犯，互派談判代表，制定共同抗敵綱領，建立抗敵政權。〔註 159〕也許中間派人士的這些建議，並不契合黨國政要們的意圖與打算，甚至有南轅北轍之嫌，但本著中間路線的固有立場及團結禦侮的目的，中間派人士仍然宣揚黨派合作的主張。

全面抗戰爆發後，針對國民黨頑固堅持一黨專制的舉措與國共兩黨摩擦不斷的現實，民盟為促進黨派間的團結、合作與抗戰，在時局主張中提出：嚴格避免任何黨派利用政權在學校中及其他文化機關推行黨務；政府一切機關

〔註 157〕潘菽：《心理學對於精神總動員的貢獻》，《教與學》1939 年第 2 期。
〔註 158〕《我們的主張》，《民聲週報》1932 年 2 月 13 日。
〔註 159〕《全國各界救國聯合會成立大會宣言》，《救亡情報》1936 年第 9 期。

實行選賢與能原則，力行避免為一黨壟斷及利用政權吸收黨員；堅決反對以國家收入或地方收入支付黨費等主張。〔註160〕其後，民盟又在其政治主張中，建議國民黨：召集各黨派會議，產生戰時舉國一致之政府；開放黨禁，承認各黨各派公開合法地位，立即釋放一切政治犯。民盟認為只有這樣，才能真正實現各黨派的平等、團結與合作，進而打敗日本侵略者。

　　不僅如此，中間派人士在民族危機日益加深的形勢下，也希望國民黨團結起來充當起抗戰的領導核心與中流砥柱。為此有人向其建議道：「以中央政府為訓練全國人才的總機關，輪流集中各省實際工作人員到中央政府或指定的機關擔任訓練或接受訓練，派人到各省考察實際工作狀態，指導如何改善。用此方式使各地有人參加中央政務，地方政務，中央亦有人參加。意義止於參與而非變更，止於幫助而非奪取；其結果乃可打破集團間的畛域，推動政治的設施，不讓現有集團爭相消長，而將現有集團合為一真正為國家努力的大集團。」〔註161〕顯然，中間派人士希望藉此幫助國民黨在中央與地方、派系與派系之間建立一種互通聲氣、同仇敵愾的行政機制，從而達到更好地集中全國的人力物力進行抗擊外敵入侵的目的。因為他們知道，雖然國民黨在本質上跟一個四分五裂的政黨沒有多少區別，但其綜合實力相對於其他的黨派而言仍有其無人能敵的優勢，特別是其執政黨的地位與身份更讓其擁有「挾天子令諸侯」的政治資源，正如其大員陳誠在評估部隊戰鬥力時所說：「以之內訌則有餘，以之禦侮則不足。」〔註162〕故而，它的團結不只關係到整個抗戰的大局，而且也牽繫著中華民族的未來，如果它一旦真正分裂，那麼中華民族的危亡將會變得更加的險惡。因此有人說道：「自九一八以至塘沽協定及所謂何梅協定，在重疊的對外屈辱之下，國民政府早應該垮臺了；但結果卻適得其反，她一直存在下來，而且是有力地存在著。這是一個奇蹟。這個奇蹟的原因何在呢？是因為我們國家在政治上只有國民黨一個中心勢力。大家儘管對國民黨及其國民政府不滿意，因為顧慮取消了這個中心勢力，再樹立一個中心勢力，不是容易的事，或將使國難更行加深，所以始終對之期待，並加以支持。」〔註163〕也許正是出於如此的憂慮，國民黨的團結對中

〔註160〕　《中國民主同盟對時局主張綱領》，中國民主同盟中央文獻資料委員會編：《中國民主同盟歷史文獻》，文史資料出版社1983年版，第8頁。
〔註161〕　凌耀倫、熊甫編：《盧作孚文集》，北京大學出版社1999年版，第407頁。
〔註162〕　《陳誠私人回憶資料》，《國民檔案》1987年第1期。
〔註163〕　王芸生：《三寄北方青年》，《國聞週報》1937年1月25日。

間派人士來說也就顯得尤為重要與迫切。

其三，消除黨爭。國民黨黨爭，自其南京建政以來，就是一種常態化現象，其中既有內部派系間的紛爭，也有外部跟中國共產黨的衝突，從而使得整個國家長期處於動盪不安的狀態。同時，該黨爭不僅阻礙著國家民主政治的形成與發展，而且還嚴重削弱了中華民族在外抗強權方面的實力。如王造時在《國民黨怎麼辦》一文中就國民黨內訌不斷的事實批評道：「六年以來，國民黨層出不窮的內訌，文武同志，忽左，忽右，忽聯共，忽反共，忽『西山』，忽『改組』，忽同志，忽叛逆，忽通緝，忽歡迎，忽打仗，忽講和，鬧來鬧去，他們仍不失為『黨國要人』，只可憐我中國鬧得河山破碎，只可憐我國民鬧得家破人亡。其實，我中國何嘗不統一，只因武裝同志要割據。我國民何嘗不統一，只因長衫同志要搗亂。嗚呼，國民黨不統一，不但是國民黨本身之不幸，也是中國之不幸，更是人民之不幸。」〔註164〕所以針對黨爭的現實，中間派人士紛紛要求國民黨及其政府採取措施解決黨爭問題。如在抗戰勝利前後，章伯鈞就大聲呼籲道：「凡我全國黨派，無論在朝在野，均應以和平建國為共同目標，不算舊賬，不結新冤，更不能以未來之威脅利害觀念，而阻撓當前民主統一事業之進行。」〔註165〕張瀾、黃炎培、梁漱溟等也在《停止戰爭恢復和平案》中提出：「確定政治解決黨爭的大原則，依據政治協商會議的精神與路線，重新舉行和平會議，以達到全國統一的最高目的。」〔註166〕

究竟如何來消除黨爭呢？就國民黨內部派系間的黨爭而言，中間派人士認為只有實行民主憲政，才可以消除內鬥。因為他們發現，國民黨一黨專政，是造成內部派系衝突的溫床。其中一個筆名叫「純士」的人提出：「一黨專政最不利於國民黨的，便是造成黨內的分派。」因為在一黨專政的政治生態中，由於三民主義內容的龐雜性與一黨專制的僵硬性，不僅迫使形形色色的不同分子匯聚於一途，而且使得不主張、不同利害的派系集結在同一塊招牌之下；進而造成以「一黨專政」的空名，受「一派專黨」的實禍，甚至「一專派黨」也不能實現，即實現也不能持久，最後乃造成各派互毆的局面。〔註167〕事實

〔註164〕 王造時：《我的當場答覆》，中國青年出版社1999年版，第135頁。
〔註165〕 張軍民：《中國民主黨派史》，華夏出版社1989年版，第400頁。
〔註166〕 《中國民主同盟代表向國民參政會提出聽之內炸恢復和平案》，中國民主同盟中央文獻資料委員會：《中國民主同盟歷史文獻》，文史資料出版社1983年版，第334頁。
〔註167〕 純士：《為國民黨計論一黨專政之利害》，《新路》1928年第2期。

上也是這樣，在一黨專政的局面下，由於三民主義學說的彈性太大，從而為許多投機鑽營的軍閥政客、學者名流打著三民主義旗號，進入國民黨陣營成為可能；同時，一黨專制所造成的政府對黨員開門的現實，也使得許多投機鑽營的軍閥政客、學者名流為了做官和飯碗，而有亟須加入國民黨隊伍的必要。而這些人一旦加入國民黨隊伍，成為國家的統治者，希望其遵行三民主義、貫徹黨的政策，只能是天方夜譚。不僅如此，這些黨化的軍閥、政客及學者為了地盤或名位，還會在國民黨內部拉幫結派、煽風點火，故意挑起紛爭，使得本不平靜的政壇更惡化成「亂哄哄你方唱擺我登場」的亂局。

對此，王造時也認為，國民黨要實現統一，只有結束披著訓政外衣的一黨專政，而實實在在的施行憲政。他建議道：「結束訓政，讓國民有言論自由，讓國民有出版自由，讓國民有政治結社自由。有政治結社自由，國民才能阻止起來；有組織，才有力量；有力量才能制止軍閥混戰。有言論出版自由，社會才能產生言論；有輿論，才有是非；有是非，才能監督政客搗亂。老實說，國民黨的招牌壓不住了；惟有信仰人民的力量，養成人民的力量，發揮人民的力量，才有希望鎮壓一班好亂成性，狼心狗肺的軍閥政客。除此以外，別無生路。實行憲政，各黨各派可以公開競爭，以法治代替人治，以選舉票代替機關槍，政治勢力有地方發洩，有正路可走，黨外各派不必去革命，黨內各派不必去搗亂。有本事有主張的，儘管堂堂正正去組織，去號召，不必在黨內排斥離間，興風作浪。一切的一切，最後讓我們國民來裁判。」〔註168〕所以，王造時的觀點非常清楚，國民黨內部紛爭的消除，只有通過民主的手段，借助於人民的力量，才能制約好亂成性的軍閥政客。

消除國民黨黨內紛爭應該如此，其實，消除黨外紛爭又何嘗不是這樣呢？中間派人士從國共相爭的兩個焦點——政爭與軍爭入手，認為只要這兩個問題解決了，黨爭便可消解於無形。因為國共相爭的目的無非是為了政權和軍隊，相爭的前提也無非是擁有政權與軍隊，除此二者，相爭既無必要更無可能。因此，中間派人士就國共相爭問題，向國民黨開出了黨政分開與黨軍拆離的藥方。

就前者言之，張申府等中間派人士在提案中主張政府用人，「但問其才不才，不問其黨不黨。切戒以黨之不同，即外視之，或歧視之，或防範之；並戒以是否親故為進退人之標準」〔註169〕同時，嚴格避免任何黨派利用政權在學

〔註168〕王造時：《我的當場答覆》，中國青年出版社1999年版，第135～136頁。
〔註169〕孟廣涵主編：《國民參政會紀實》上卷，重慶出版社1985年版，第591頁。

校及其他文化機關中推行黨務，嚴格避免政府一切機關為一黨壟斷或任何政黨利用政權吸收黨員的現象，嚴格禁止任何黨派利用國家或地方財政收入來支付黨費。因為在中間派人士看來，評判人才的標準並不在於其是否入黨，而在於其是否有才有德有能；也許黨員中不乏德才能兼備的精英，但絕不是一入了黨庸才就變成了人才；而國家固然離不開政黨的領導，但其權利則必須依賴人才來行使；如果執政黨憑藉其領導國家的便利而隨意將權力濫施其黨眾，無異誤入了以黨代政或黨政不分的歧途。如是，於國於黨於民都是一種傷害。

所以，為了打破國民黨一黨獨佔政府的局面，戰後，柳亞子提出了建立一個由各黨各派領袖與無黨無派領袖共同參加的聯合政府，他設計道：「（一）國民政府設主席一人，副主席兩人，主席人選仍舊，副主席則以中共的領袖和民主同盟的領袖分任之；（二）設委員七十二人，其人選由國民黨和中共各提出四分之一，還有其餘四分之二，則由民主同盟從國共兩黨以外的各黨各派和無黨無派的領袖中推定之；（三）由正副主席三人和委員七十二人合組國民政府委員會，實行委員制精神，每星期開例會兩次，這委員會是中華民國最高統治機關……（四）這聯合政府——新的國民政府成立後，原有的國防最高委員會應該立即取消，而執政黨的中常會，也不再容許干涉國家政務，以杜絕政府之上復有太上政府的積弊。」〔註170〕而青年黨人主張通過改組政府的辦法來解構國民黨既有的黨國體制，為此，他們提出改組政府的具體辦法為：用中央政治會議替代國防最高委員會職權，但中央政治會議成員應包括各方面代表；改組行政院以及有關財政、經濟、外交、軍事、交通各重要機構，其組成人員，應包含各方面代表；擴大國民參政會現有規模及相應提高其職權，使其足以履行監督政府的職責，但參政會代表，應來自各個方面，尤其是無黨無派的代表，更需增加其名額。〔註171〕中間派人士希望通過這樣一種「明修棧道、暗度陳倉」的辦法，來促使國民黨主動消解其黨政不分的政治體制。

當然，中間派人士並不否認國民黨曾經的歷史功績與現實的特殊地位，但現代的民主潮流畢竟告別了那種「打天下，坐天下」的綠林模式。所以，在此基礎上中間派人士力勸國民黨應該放棄其革命黨加執政黨的那種「朕即國家與民族、吾即真理和道義」的傲慢與偏見，而認同其他黨派，既有治理國家的

〔註170〕柳亞子：《解決國是問題的最後方案》，《新華日報》1945年10月27日。
〔註171〕曾琦、陳啟天等：《中國青年黨代表團提出改革政治制度實行政治民主化案》，
《中央日報》1946年1月15日。

能力和人才，也有建設國家、復興民族的理想與追求，從而自覺地結束黨治，在民主憲政的基礎上與其他黨派共享對國家的治理權；這樣無異於既給已有黨爭的消除再貼了一道催命符，也給未來黨爭的出現重砌了一堵防火牆。

就後者言之，民盟鑒於戰後國家百廢待興的現實與國共兩黨不斷掀起的政爭軍爭暗潮，認為中國要實現真正的團結與和平，就必須推行軍隊國家化。據此，他們明確主張：軍隊屬於國家，軍人忠於國家，杜絕軍隊中黨團組織的存在和以武力從事黨爭；認為軍隊應統一指揮，統一編制，任何黨派或個人都不得對軍隊私有私占。〔註172〕事實上也是這樣，國共兩黨黨軍不分的現狀，既是政爭出現的重要根源，也是政爭異化成兵爭的前提與條件。比如說，執政的國民黨之所以不惜用黨爭來推行其一黨獨裁的政策，就是因為它控制著大量的軍隊，擁有用暴力來對抗並打擊政敵與對手的資本；而作為黨爭另一主角的中國共產黨，之所以在民主無望時不懼國民黨的大棒政策，很大程度上也就是因為手中持有相當的武裝力量。

故而，著名中間派人士施復亮針對國共兩黨擁兵自重的現實，就軍隊國家化問題，提出了自己的辦法。他著文說：「現在國民黨的軍隊雖然號稱國家的軍隊，共產黨雖然號稱人民的軍隊，但在我們第三者看來，雙方都是黨軍，即黨所控制的軍隊。共產黨的軍隊不能交給國民黨，等於國民黨的軍隊不能交給共產黨。這不但是一個有關雙方生存的問題，而且這樣做是違反整個國家人民的利益的。所謂軍隊國家化，必須國共兩黨的軍隊一律同時交給國家，而這個國家，必須變成人民的國家，不是一黨或一人的國家。簡單說，必須先把我們的國家變成真正的『民國』，不可依舊是『黨國』或『君國』。要做到這一層，首先就要改組我們的政府，使它變成多黨參加的比較民主的聯合政府，再由這樣的政府以公平合理的辦法來裁減並政變軍隊，逐漸使黨軍變成國軍——名實相符的國軍。在這政變過程中，第一不許任何黨派在軍隊內有黨團的組織和活動，第二要普遍施行一種新的超黨派的保國愛民的民主的政治教育。」〔註173〕施復亮顯然是在建議國民黨，若想消除黨外紛爭，軍隊國家化是必需的前提和基礎；但要達到軍隊國家化的目的，就應該率先在政治上實行民主，而不是借國家政權來迫使中國共產黨交出軍隊，以維護自己的

〔註172〕《中國民主同盟發言人對最近國內民主與團結問題發表談話》，中國民主同盟中央文獻資料委員會編：《中國民主同盟歷史文獻》，文史資料出版社1983年版，第38～39頁。

〔註173〕施復亮：《我的答案》，《新華日報》1946年1月1日。

專制政治。也許在施復亮的政治預設中，希望通過軍黨分立的途徑，讓軍隊從政黨的控制中解放出來，真正隸屬於國家，從而在某種程度上達到消解黨爭的目的。如是，即便是黨爭不能真正的消解，但也不會因軍隊黨化而再現兵戎相見的局面。

為了進一步向國民黨說明自己所開的消除黨爭的「藥方」，中間派人士認為黨爭的消除，僅僅只停留於黨政分開和黨軍分開兩個單一的層面是遠遠不夠的，還必須在政權上實實在在地做出相應的開放，因為這樣可以更好地防止政黨借政權以養軍擴黨或借軍權來護黨統政。故而梁漱溟提出建立「一相多容」的透明政權；羅隆基主張建立「多黨共襄」的公開政權；青年黨人倡言建立「輪流執政」的民主政權。這些見解在名稱上雖有不同，但在目的上卻只有一個，那就是國民黨應開放政權。鑒於國民黨對軍政兩權貪戀的現實與國共黨爭時有激化的可能，中間派人士還提出了：召開國共民盟三黨參加的圓桌會議，產生聯合政府，由聯合政府召集新選的國大代表制定憲法，實施憲政等主張。〔註174〕並且，出於防範國民黨虛假開放政權的目的，羅隆基還就國民政府改組提出了三原則，即必須有共同綱領為施政共同準繩；共同決策機關要真能決策；各方面人才參加執行機關辦法要使它真能執行。沈鈞儒則乾脆提出：要結束黨治，各黨派及無黨派民主人士共同組織政府；參加政府的人士，不是作為諮議的性質，而要有實際的行政權。〔註175〕因為作為參政員的羅隆基們已在國民參政會上厭倦了國民黨實行的那種「會而不參，參而不政」的幕賓式政權。並且為敦促國民黨在民主政治上採取真正的行動，以吳藻溪、張西曼、郭沫若、沈鈞儒等中間派人士為主體的文化界人員針對國共黨爭的激烈化，於是在一份簽名的時局宣言中呼籲道：「在今天迫切的時局下，空言民主固屬畫餅充饑，預約民主亦僅望梅止渴。今天的道路是應當當機立斷，急轉舵輪，凡有益於民主實現者便當舉行，凡有礙於民主實現者便當廢止，不應有瞬息的躊躇，更不應有絲毫的顧慮。」接著，他們建議國民黨刻不容緩採取的民主措施有：「一、由國民政府立即召集全國各黨派所推選之公正人士組織一臨時緊急會議，商討應付目前時局的戰時政治綱領，使內政、外交、財政、經濟、教育、文化等均能有改進的依據，以作為國民會議的前期。二、由臨時會議推選幹練

〔註174〕《中國民主同盟雲南省支部為紀念抗戰八週年敬告國人書》，中國民主同盟中央文獻資料委員會編：《中國民主同盟歷史文獻》，文史資料出版社1983年版，第46頁。

〔註175〕張軍民：《中國民主黨派史》，華夏出版社1989年版，第478頁。

人士組織一戰時全國一致政府，以推行戰時政治綱領，使所推選之公正人士組織一臨時緊急會議，商討應付目前時局的戰時政治綱領，使內政、外交、財政、經濟、教育、文化等均能與目前戰事配合。」〔註176〕總而言之，中間派人士這些建議的落腳點，就是要國民黨不僅要開放政權，而且要真正開放政權，只有這樣才能實現黨政、黨軍的分離，從而在根本上達到消除黨爭、進而實現各黨派團結合作的目的。

然而在國民黨政治路線處於強勢狀態下，中間派人士試圖建議國民黨消除黨爭的努力，並沒有取得應有的成效。因為在國民既有政治體制下，無論是30年代還是40年代，不僅現實中黨爭依然如故，就是黨政軍也照樣是三位一體，儘管期間也有過政權開放的浮華，但浮華背後站立的卻仍然還是黨天下的幽靈。如此的結局，對篤行中間路線的中間派人士而言，這究竟是建議的錯誤，還是建議的不合時宜呢？個中緣由，也許並不是身處局內的中間派人士所能回答與體會的。

三、無奈的擁護者

然而，鑒於中間路線的黨派立場以及中間派人士的既有特性，從而注定了中間派人士為踐行中間路線而在國民黨及其政府面前所扮演的角色，絕不僅僅是批評者與建議者，亦是擁護者。

自國民黨南京政府建立起，許多中間派人士在批評國民黨政策失當的同時，在某種程度上也表達了對國家領導者身份的認同。比如1928年5月3日「濟南慘案」發生後，張君勱、李璜等人創辦的《新路》雜誌在發表聲明中說：「一、督促負責當局，要求日本即時撤兵，賠償中國軍民被害者之損失並向中國人民道歉，不能貫徹此項正當主張者即認為賣國媚外之政府，全體國民共起而聲討之。二、認定濟南事件為國民黨歷來謬誤的外交所招致之結果，國民責成國民黨政府，戴罪立功，在對外交涉期間仍一致為之後盾。三、在全國一致對外期間，為集中全國人民力量起見，國民黨應立即取消一黨專政，與國人協力同心，共禦外侮。」〔註177〕這裡，張君勱、李璜等人確實在批評國民黨的專制與外交的無能，但無疑也表達了承認與擁護南京國民政府的立場。

〔註176〕《文化界發表對時局宣言要求召開臨時緊急會議》，《新華日報》1945年2月22日。
〔註177〕《本報同人對於濟南事件發生後時局之主張》，《新路》1928年第5期。

　　到了 20 世紀 30 年代初，儘管國民黨在內政外交上出現了更嚴重的失誤，但中間派人士並沒有因此而動搖對其合法性的認同。如九一八事變發生後，一向以反國民黨著稱的青年黨人就自行宣布政黨休戰，率先停止對國民黨及其政府的批評和攻擊，並表示願意參加國民黨主持下的國難會議與國防政府。〔註178〕其領導人左舜生甚至撰文說：「最近幾年來的國民黨，雖然對於其他黨派隨時加以種種壓迫，但我們每當國家陷於生死關頭之際，仍然對於國民黨有滿腔善意的期望，這因為：一、我們始終承認國民黨是中國一個有歷史的黨，他們應該對國家負一部分責任；二、我們相信原始的國民黨曾為中國盡過他們相當的努力；他們的種種錯誤，都是近年來舉措失當，或有改正的可能；三、我們相信他們在握有政權以後加入的分子，比較的糅雜，但他們多數的老同志，卻多少還保存著有他們最初從事革命的原意，每當國家到了一個嚴重時期，便隨時都可看見他們這種精神的流露。」〔註179〕而向來以自由知識分子自居的傅斯年，針對外敵入侵、社會分裂、文化崩潰的現實，也撰文宣稱：「照這樣形勢，雖有一個最好的政府，中國未必不亡，若根本沒有了政府，必成亡種之亡。人家正以其經濟的、政治的軍備的一切最有組織之能力全力對付我，我若全然表示出原形質的狀態出來焉有生路？所以，好政府固是我們所希望，而沒有了政府乃是萬萬了不得的，最可怕者，是中國此時大有沒有政府的可能，因為在此時中國形勢之下，能組織政府的花樣是很少的。」〔註180〕左舜生、傅斯年雖然並不滿意國民黨的統治，但為了民族的利益，仍然把其視為國家合法的領導者。

　　人權運動的代表人物胡適也一改從前的立場與態度，他在給友人的一封信中表白道：「我因為很想幫國家政府的忙，所以不願意加入政府。」「我在野——我們在野，——是國家的政府的一種力量，對國外，對國內，都可以幫政府的忙，支持他，替他說公平話，給他做面子……在這個時代，我們做我們的事，就是為國家，為政府，樹立一點力量。」〔註181〕不僅如此，胡適還對當時民權保障同盟的激進行為提出批評，他著文說：「中國的民權保障運動必須建築在法律的基礎之上，一面要監督政府尊重法律，一面要訓練我們

〔註178〕李義彬編：《中國青年黨》，中國社會科學出版社 1982 年版，第 256 頁。

〔註179〕左舜生：《且看今後的國民黨》，《民聲週報》1931 年第 4 期。

〔註180〕孟真（傅斯年）：《中國現在要有政府》，《獨立評論》1932 年 6 月 19 日。

〔註181〕中國社會科學院近代史研究所中華民國史編：《胡適來往書信選》下，中華書局 1979 年版，第 173 頁。

自己運用法律來保障我們自己和別人的法定權利。但我觀察今日參加這個民權保障運動的人的言論，不能不感覺他們似乎犯了一個大毛病，就是把民權保障的問題完全看作政治的問題，而不肯看做法律的問題。這是錯的……前日報載同盟總會宣言要求『立即無條件的釋放一切政治犯』的話，這正是一個好例子。這不是保障民權，這是對一個政府要求革命的自由權。一個政府要存在，自然不能不制裁一切推翻政府或反抗政府的行動。向政府要求革命的自由權，豈不是與虎謀皮？謀虎皮的人，應該準備被虎咬，這是作政治運動的人自身應負的責任。」〔註182〕相對於胡氏法治式的理性，同屬中間派陣營的清華教授蔣廷黻在立場上則更帶情感，他在文章中說：「我們應該積極地擁護中央。中央有錯，我們應該設法糾正；不能糾正的話，我們還要擁護中央，因為它是中央。」〔註183〕

尤其是全面抗戰發生前後，中間派人士對國民黨及其政府合法性的認同更是達到空前的一致，不僅政見較溫和者如此，就是政見較激進者也同樣表示擁護，如作為七君子之一的章乃器出獄不久就發表文章說：反對「標新立異」，主張人們要「信任舵師」，「信仰」政府，一切聽從蔣介石的領導。〔註184〕其後，同為七君子的史良也在文章中號召國人說：「今後要舉國一致的信仰三民主義，統一我們的思想；擁護中央政府，統一我們的組織；服從國家最高領袖——蔣委員長，統一我們的行動，形成堅強對敵抗戰的壁壘，凝成鐵的民族禦侮的長城。如此，才能爭取戰爭的最後勝利，獲得整個民族國家的獨立自由。」〔註185〕中間派人士在民族危亡日益嚴重的情況下，熱烈表達了希望在國民黨領導下抵禦外侮的立場。

中間派人士對國民黨及其政府的擁護不只停留在言語認同的層面上，而且還對那些挑戰政府權威性與合法性的行為予以相應的批評和譴責，有些甚至在某種程度上扮演起國民黨的辯護士與同路人的角色。如1936年6月「兩廣事變」發生後，胡適則以「親者所痛，仇者所快」為題撰文說：「我們站在國家的立場，要正告兩廣的領袖諸公：在這個強鄰威脅猛進的局勢下，無論什麼金字招牌，都不能減輕掀動內戰的大責任；無論怎樣好聽的口號，都不能贖破裂國家危害民族生存的大罪惡。抗敵救國的第一個條件是要在一個統一的

〔註182〕　胡適：《民權的保障》，《獨立評論》1932年2月19日。
〔註183〕　蔣廷黻：《知識階級與政治》，《獨立評論》1933年5月21日。
〔註184〕　章乃器：《少號召多建議》，《申報》1937年9月1日。
〔註185〕　史良：《統一抗戰意志與爭取最後勝利》，《統一評論》1938年第2期。

政府之下造成一個統一的民族國家……在我們的心目中，南京政府離我們理想中的政府還不知幾千里遠。然而這個政府久已是我們友邦的『眼中之釘』了。所以在今日一切割據的傾向，一切離心的運動，一切分裂的行動，都是自毀我國家一致對外的能力，都是民族自殺的死路，都是『親者所痛，仇者所快』。」〔註186〕張熙若則從三個方面對陳濟棠等人進行嚴厲的譴責：第一，他們此次完全是借抗日的名義作內爭的藉口；第二，整個國家的立場看來，白崇禧、李宗仁、陳濟棠等均為民族的罪人，國家的叛徒；第三，這些民族的罪人，國家的叛徒，政府即一時因顧全大局不能懲治，我們站在國民的地位，有表示意見的能力的人，應給他們以道德的抗議和制裁。〔註187〕

西安事變發生後，胡適在批評的文章中直接標題為《張學良叛國》，認為張學良和其部下的舉動是背叛國家，破壞統一，毀壞國家民族力量，妨害國家民族進步；並建議政府速下決心「戡平叛亂」〔註188〕。救國會同人雖沒有胡氏那麼激烈的言辭，但同樣要求張學良與楊虎城立即恢復蔣介石的自由，並盡快跟中央達成和解。當然這還是中間派人士對國民黨內部的地方勢力挑戰中央政府威權所持的立場，對國民黨外部的中國共產黨所從事的革命，其態度就更加鮮明了。丁文江曾著文說：「中國共產黨若仍然要貫徹武力革命，趁外患危機的時候，擴張他的地盤，我們應該贊助政府撲滅他，因為要不然國家必不能抵抗外侮。」〔註189〕蔣廷黻與翁文灝也表示同樣的觀點，前者說：「中共如組織政府，或以武力對抗中央，中央必以武力消滅之。中央若成中央的話，凡以武力反抗者，中央必以武力對付之。關於這一點，我們必須擁護中央。」〔註190〕後者說：「我們必須嚴厲禁止武力擾亂。只要不做武力擾亂，無論何種意見皆可自由發表，一用武力擾亂，無論何項人物皆應明正典刑。」〔註191〕中間派人士之所以如此，因為他們站在救亡的立場上，認為外患日重的中國，已經到了亡國滅種的緊要關頭，再也禁不起內亂與紛爭了。

隨著民族危機的加深，一部分中間派人士還直接加入到政府或具有政府性質的機構中，用最實在的行動來表示對國民黨及其政府的擁護與支持。如胡

〔註186〕胡適：《「親者所痛，仇者所快」！》，《獨立評論》1936年6月21日。
〔註187〕張熙若：《對於兩廣異動應有的認識》，《獨立評論》1936年6月28日。
〔註188〕胡適：《張學良的叛國》，《大公報》1936年12月20日。
〔註189〕丁文江：《廢止內戰的運動》，《獨立評論》1932年11月6日。
〔註190〕蔣廷黻：《歐遊隨筆》七，《獨立評論》1934年12月30日。
〔註191〕翁文灝：《整頓內政的途徑》，《獨立評論》1935年7月28日。

適派學人中的翁文灝、蔣廷黻、吳景超、陳之邁、周炳琳等就先後在國民政府中擔任不同的職務，其中翁文灝先後擔任行政院秘書長和經濟部長，蔣廷黻先後出任行政院政務處長和駐蘇大使，胡適出任抗戰時期的駐美大使等。隨著國民參政會的設立，中間派人士中的各黨派著名人物也紛紛成為當中的委員，如青年黨的曾琦、李璜、左舜生、陳啟天、余家菊，國社黨的張君勱、張東蓀、羅隆基、胡石青，救國會的沈鈞儒、陶行知、鄒韜奮、張申府、史良，職教社的黃炎培、江恒源，鄉建派的梁漱溟、晏陽初，第三黨的章伯鈞，胡適派學人的胡適、傅斯年、張熙若、陶孟和、周炳琳、錢端升、楊振升，等等。所以，在民族危亡的緊要關頭，擁護國民黨及其政府已成為中間派人士的普遍選擇。

不僅如此，這些中間派人士還在自己所擔任的政府職位上竭忠盡職。如蔣廷黻在出掌政務院行政處長時，不僅大力倡言政府要進行機構改革，而且常因公事跟同事與下屬的關係弄得相當緊張，以致被朋友戲稱為「磁器店中的猛牛」。胡適在駐美大使任上，抱著「過河卒子」的心態，為爭取更多的美援與同情四處發表演說，宣傳中國人民的英雄抗戰和揭露日本帝國主義的侵華罪惡，充分履行了作為一個職業外交家的職責。陶行知在得知自己被政府聘任為戰時公債勸募委員會委員時，當即表示願為戰時公債出國勸募。從此意義上看，中間派人士對國民黨及其政府的擁護是真誠的。

但是我們決不能因此而認為中間派人士對國民黨及其政府的擁護是無條件的。事實上，作為中間派人士之所以對國民黨及其政府的擁護，是因為他們看到在民族危亡日趨嚴重的形勢下，國家再也禁不起任何內亂了，如果用胡適的話來說：這個政府夠脆弱了，不可叫他更脆弱；這個國家夠破碎了，不可叫他更破碎。就此而言，擁護國民黨及其政府，也許不失為一種消除內亂、團結抗戰的良方。並且，許多中間派人士在表示願意接受國民黨及其政府的領導時，常常附帶有要求抗日的前提與意向。如全面抗戰爆發後，中間派人士條件性擁護國民黨及其政府非常明顯，其中救國會人員鄧初民撰文說：「時候真是太危機了！我們還不該見到就說，說到就做嗎？我們要堅決擁護最高領袖堅持持久抗戰的國策，我們要在最高領袖的領導之下，一切為著抗日民族統一戰線，一切為著政治的民主化，亦即一切為著抗戰建國綱領的徹底實現，以期克服困難，爭取最後勝利。」〔註192〕而第三黨在汪精衛公開投敵後的「聲討」

〔註192〕鄧初民：《目前抗戰形勢的困難和特點及克服困難的途徑》，楊力主編：《中國抗戰大後方中間黨派文獻資料選編》上冊，重慶出版社2016年版，第565頁。

通電中說：「自抗戰以來，全國人民及在野黨派，莫不一致呼籲舉國團結，接受國家最高領袖之抗戰領導，不惜任何犧牲，以求痛懲暴日，爭取民族國家的獨立自由；而汪兆銘自始本其民族失敗主義的謬說，對軍事則於每次失利後，必散佈求和空氣，以淆惑人心，懈怠士氣，對外交則務求窘迫脅我之友邦，以斷我國外之助力；抗戰建國綱領，則亟求阻止其實現，以斬新生抗戰力量之來源，對抗日之在野黨派，則肆意壓迫與排擠，以求破壞國內之統一與團結；國民參政會本為集中民意增厚政府抗戰力量之機關，乃亦妄思利用，變為反領袖反政府之營寨，凡此種種，國人苟非健忘，當所共曉……因此，我們對於在蔣先生領導下之國民黨執監委員會臨時會議，永遠開除汪兆銘黨籍的決議十分欣慰。因為國民黨能將這種敗類，則國民黨在國際上和國內的革命信譽，將愈見增高，全國人民及在野黨派，對蔣先生及國民黨的抗戰領導，必愈加擁護，而抗戰的光明前途亦必日近一日。」〔註 193〕可見，進行抗戰與實行民主是中間派人士擁護黨國的重要緣由。

此外，中間派人士之所以如此，也不能不說沒有幾分無奈，丁文江就曾感歎道：「我們不是國民黨的黨員，當然不贊成它『專政』。但是我們是主張『有政府』的人。在外患危機的時候，我們沒有替代它的方法與能力，當然不願意推翻它。」〔註 194〕朱光潛也在日後的自我檢討中流露出類似的心態，他說：「我的政治態度，像每個望中國好的國民一樣，我對於國民黨政府是極端不滿意的；不過它是一個我所接觸到的政府。我幻想要中國好，必須要這個政府好；它不好，我們總還要希望它好。我所發表的言論大半是採取這個態度，就當時的毛病加以指責。」〔註 195〕顯然，中間派人士對國民黨及其政府的擁護，有其不得已而為之的成分。

當然，國民黨及其政府隨著民族危機的加深，在固守原有黨國體制的前提下，所採取相對開明務實的政治舉措，也為其博取中間派人士的好感和擁戴創造了條件。因為這些舉措的實施與推行，不僅讓中間派人士看到了國民黨及其政府民主性的一面，而且也為中間派人士發表政見、參與國事提供寶貴的平臺。九一八事變發生後，國民黨及其政府就曾廣邀社會各界著名人士參加國難會議和內政會議，就當時的內政外交大計進行商討；其後針對中日衝突的不可

〔註 193〕《聲討汪兆銘通敵賣國》，楊力主編：《中國抗戰大後方中間黨派文獻資料選編》上冊，重慶出版集團、重慶出版社 2016 年版，第 285～286 頁。
〔註 194〕丁文江：《中國的政治出路》，《獨立評論》1932 年 7 月 31 日。
〔註 195〕朱光潛：《自我檢討》，《人民日報》1949 年 12 月 27 日。

避免性，軍事上成立了有來自相關領域專家的國防設計委員會，政治上組建了有自由主義學人參與的人才內閣。尤其是全面抗戰開始後，國民黨及其政府又相機成立了國防參議會，後來又將其擴充為規模更大的國民參政會，希望能容納更多來自社會各界的精英之士。國民黨及其政府這一系列有限開放政權和禮賢下士的舉措，自然會贏得久處專制下的中間派人士的好評與青睞，特別是在那樣一個民族危機的年代，更給人一種浪子回頭的感覺。因此，當《國民參政會組織條例》正式公布後，國社黨代表羅隆基說：「參政會在人員方面，我們不能說完全滿足人民之意，但這是北伐以來，破天荒的一種新設施。社會各方面都有人士參加，這可以說是中國完成民主政治過程中的一大進步。」青年黨黨魁曾琦也評價道：「將國防參議會擴大為國民參政會，顯現了民主的曙光。參政會雖然不是純粹的民意機關，但至少是準民意機關。這是由一黨專政進到各黨並存合作的表現，是很重要的。」〔註196〕由此不難發現，中間派人士內心那種類似於久處黑暗忽見光明的喜悅。

如是，中間派人士在奉行中間路線過程中，以批評者、建議者與擁護者的身份來處理跟國民黨的關係，看似有點自相矛盾，但是就本質而言，其無論是批評還是建議或是擁護，都局限於中間路線「調適與抗爭」的黨派立場之內：即出於對其追求救亡建國政治理想的遵循，中間派人士就不能不跟國民黨改善關係，承認其現有的政治地位，對其表示擁護與支持；但為了維護自己固有的民主自由，也必須對國民黨專制獨裁及有礙民族利益的舉措，提出批評與抗議。故而從此意義上說，中間派人士在現實政治活動中所體現出來的跟國民黨的關係，如果借用胡適的話來描述，是一種亦臣亦友的關係。〔註197〕換言之，中間派人士與國民黨關係，在國家層面上，既是一種領導與被領導的關係，也是一種監督與被監督的關係；在政黨層面上，不僅是一種平等合作的關係，而

〔註196〕孟廣涵主編：《國民參政會紀實》上卷，重慶出版社1985年版，第87～88頁。
〔註197〕胡適在要求言論自由時說：「言論自由了，不僅有諍臣，而且有無數的諍臣諍友敢於說話，有痛苦的人可以訴苦，有冤枉的人可以宣冤，政府有不當的行為，有人敢出來批評而不致有犯罪坐牢的危險。言論自由了，政府首長才有無數的諍臣諍友，就不必再靠私人耳目，這才是真正的民主力量。」（胡頌平：《胡適之先生年譜長編初稿》第7冊，聯經出版事業公司1984年版，第2556頁。）1933年胡適在婉拒出任國民政府教育部長的回信中又說：「不是圖一點虛名，也絕不是愛惜羽毛，實在是想養成一個無偏無黨之身，有時在緊要關頭，為國家做一個諍臣，為政府做一個諍友。」（《胡適往來書信選》中冊，中華書局1979年版，第208頁。）

且也是一種相互競爭的關係。

第三節　信守「和平正義」

　　身處國共相爭政治格局中的中間派人士，在踐行中間路線時，出於對固有黨派立場的維護與捍衛，在處理好跟在朝的國民黨關係的同時，但同樣也得處理好跟在野的中國共產黨的關係。因為如果只處理好跟前者的關係而惡化與後者的關係，不僅讓自己宣揚和堅持自己主張時，缺少一個最得力的盟友，而且極有可能讓自己的政治路線異化成國民黨專制政治的花瓶甚至附庸，難以真正發出自己的政治聲音；相反，如果在處理好跟前者關係的基礎上，也跟後者搞好了關係，那麼既能夠更好地展示中間路線所秉承的調適與抗爭的黨派立場，也能夠更好地營造出一種適宜於中間路線生存和發展的政治生態。但是，面對國共相爭與民族危亡的現實，怎樣才能處理好跟中國共產黨的關係並堅持自己的黨派立場呢？對中間派人士來說，無疑是其踐行中間路線過程中又一項重要的工作。故而，如果我們順著此種思路走入當時的歷史語境中，就不難發現，中間派人士在社會政治實踐中，跟中國共產黨結成一種既是對手亦是盟友的關係，即站在自己已有的政治立場上，就不能不對中國共產黨政治路線中的某些主張與實踐提出善意的批評，但為了實現自己的政治理想，又必須在求同存異的前提下跟中國共產黨合作，進行反對侵略者與專制者的鬥爭，以推進中間路線的實現。

一、反對武裝鬥爭

　　反對者，或許是中間派人士奉行中間路線時出現在中國共產黨面前最為常見的面孔。因為在中國共產党進行革命實踐的過程中，常常發現有來自中間派人士批評和譴責的聲音，在這聲音中，不僅否定中國共產黨的武裝鬥爭，批判其所信仰的馬克思主義，指責其親蘇、親共產國際的立場，而且還對其所倡言的民主、平等、自由等主張進行質疑。

　　武裝鬥爭應該是中間派人士抨擊和敵視中國共產黨最主要的口實與靶子。針對中國共產黨自 1927 年八一南昌起義開始所進行的一系列的革命行動，有中間派人士一方面把中國共產黨領導的軍隊稱之為土匪流寇，把根據地的政權攻擊為武裝割據；另一方面把中國共產黨實施的土地革命指責成劫富濟貧，把參加革命的群眾誣衊成市井流氓與鄉村土匪。如一個筆名叫「春木」的

人針對共產黨在全國各地的武裝起義，在文章中批評道：「近月以來，共產黨人到處勾結土匪流氓，謀做殺人放火的勾當；於是兩湖蘇粵先後有共產黨人焚城劫市，囊括珍寶而逃之舉；是直與李自成、張獻忠、洪秀全、楊秀清諸流寇之行徑無異，不得謂為政黨應有作戰之策略也。——東西各國自有政黨以來，未聞有公然以殺人放火為手段而求達其目的者！」〔註198〕與此類似，傅斯年也在《中國現在要有政府》一文中也發表了相同的觀點，他說：「請看中國的共產黨，何嘗是俄國或德國有主義有經驗的革命黨？中國的共產黨大體是祖傳的流寇。」〔註199〕而自由主義者周炳琳則認為中國共產黨所領導的武裝鬥爭，既犯了理論上的錯誤，也犯了時機上的錯誤。他說：「我對於中國共產黨的批評是：該黨年來政策上最大的錯誤在於中途不忠於原來的認識，妄想超越『國民革命』階段而突進。此舉無論在理論上、在利用機會一點上均屬錯誤。在理論上，憑你如何曲解馬克思主義，終不能說今日之中國已具備無產階級革命之條件。在利用機會一點上，苟不能以兵力在短時期內統制全國，自然休想步蘇俄之後塵……若夫不能攫奪政權到手則為流寇為匪，以擾亂秩序為能事，違反大多數人求安定之心理，則更屬下乘矣。」〔註200〕中間派人士把中國共產黨領導的武裝起義與土地革命視為歷史上的流寇行為，固然是囿於其中間路線既有的改良取向以及對革命的誤讀，但無疑是錯誤的。

當然，中間派人士為什麼對中國共產黨領導的武裝鬥爭是如此的深惡痛絕呢？主要是他們認為暴力革命，既在過程中有損國家的元氣，又在結果上難以把國家引向富強，這裡胡適派學人表現得尤為強烈。就前者而言，當以蔣廷黻與毛子水的觀點做代表，蔣氏曾在文章中痛心疾首地說：「我們中國近二十年為革命而犧牲的生命財產，人民為革命所受的痛苦，誰能統計呢？」「我們沒有革命的能力和革命的資格，在我們這個國家，革命是宗敗家滅國的奢侈品。」〔註201〕毛子水也應和道：「民國二十年來的內亂不已，至於民不聊生，一部分亦是因為當時主張革命的人要假軍隊以求速效的緣故。」〔註202〕就後者而言，可借用丁文江的話來印證，丁氏曾就自己的信仰解釋道：「我何以不是共產黨員？第一，我不相信革命是唯一的途徑——尤其不相信有什麼『歷史

〔註198〕春木：《論共產黨之流寇策略》，《新路》1928 年第 1 期。
〔註199〕傅斯年：《中國現在要有政府》，《獨立評論》1932 年 6 月 19 日。
〔註200〕周炳琳：《我對於中國共產黨的批評》，《獨立評論》1933 年 8 月 6 日。
〔註201〕蔣廷黻：《革命與專制》，《獨立評論》1933 年 12 月 10 日。
〔註202〕毛子水：《南行雜記》，《獨立評論》1932 年 9 月 18 日。

的理論」能保管使革命能夠成功，或是在任何環境下革命一定要取同樣的方式，第二，我不相信人類的進步除去了長期繼續努力以外，有任何的捷徑。所以我儘管同情於共產主義的一部分（或是大部分），而不贊成共產黨式的革命。」〔註203〕此外，其他的中間派人士也表示類似的看法。如張君勱就認為革命是造成社會不安和個人不安的根源，羅隆基則擔心中國共產黨領導的革命不僅會造成一種可放而不可收的結局，而且還會招致流氓共產和洋人共管的後果，從而使得國家民族四分五裂、混亂不堪。而梁漱溟講得更加清楚：「我認定北伐後，老社會已崩潰，只須理清頭緒來建設新社會，沒有再事暴動破壞的必要。這裡有兩句話：從進步達到平等，以建設完成革命。這是我的信念。不斷地暴動與破壞，將只有妨礙建設、梗阻進步、延遲革命之完成，實在要不得。」〔註204〕可以這麼說，在中間派人士的價值判斷中，暴力革命不僅不是解決中國現實問題的良方，而且極有可能是引發國家內亂的毒瘤。

也許暴力革命在近代以來對中國的影響，確實誠如中間派人士所認為的那樣利少弊多；也許暴力革命在結果上，也真如英國費邊主義者拉斯基在《論當代革命》中所說：暴力革命縱使獲得了成功，必然會停止民主的程序……我們從1789年和1917年的經驗知道，它會引進個殘酷的時代。如果暴力革命失敗，它就會把人們帶進一個可怕的叢林，人的尊嚴將被對權力的欲望而犧牲掉。〔註205〕但革命也並不是就全無用處或者似洪水猛獸，當社會舉步不前政治腐敗黑暗的時候，它也許不失為一劑除舊布新的良藥，正如章太炎在《駁康有為論革命書》一文中所說：「然則公理未明，即以革命名之。舊俗俱在，即以革命去之。革命非天雄大黃之猛劑，而實補瀉兼備之良藥矣！」〔註206〕而且暴力革命是一種歷史性產物，它會因時而生，當它該來的時候，絕不是什麼批評、指責乃至鎮壓所能遏制與阻擋的，所以早在晚清時就有革命者宣傳道：「我中國今日欲脫滿洲人之羈縛，不可不革命；我中國欲獨立，不可不革命；我中國欲長存於20世紀新世界上，不可不革命；我中國欲為地球上名國，地球上主人翁，不可不革命。」〔註207〕可見，暴力革命對社會的發展與進步仍

〔註203〕丁文江：《我的信仰》，《獨立評論》1934年5月13日。
〔註204〕梁漱溟：《訪問延安》，楊力主編：《中國抗戰大後方中間黨派文獻資料選編》上冊，重慶出版社2016年版，第354頁。
〔註205〕劉紹賢主編：《歐美政治思想史》，浙江人民出版社1987年版，第642頁。
〔註206〕章炳麟：《章太炎政論選集》上冊，中華書局1977年版，第204頁。
〔註207〕鄒容：《革命軍》，華夏出版社2002年版，第7頁。

有其不可抹殺的作用。

　　中間派人士在對中國共產黨暴力革命進行否定的同時，也連帶對與其緊密相關的馬克思主義進行批判。中間派人士雖然在思想主張上是多元並存，但是在對待馬克思主義學說中的階級鬥爭與共產主義社會等理論卻表現出相當的一致，那就是批評和攻擊。有人曾直言不諱地說：「共產主義與社會主義所標榜的理想社會，只有實現的可能，而無實現的必然……我們如細察人類無窮的欲望，同時再顧到地球上有限的物質，就知道『各取所需』真是一種烏托邦的理想，無論如何是達不到的。」〔註208〕梁漱溟也發表類似的見解，他曾聲言道：「我們此時倒不必拘執，一定要共產，或一定反對共產。走到那時再說：如果事實上需要共產，大概誰也阻止不住；如果不需要，走著走著，自然適可而止。不過我料想，不會走到共產去，而是要適可而止的。」〔註209〕胡適、丁文江則認為馬克思主義所提出的階級對立理論完全是一種子虛烏有、向壁虛設的東西，其目的就是為發動階級鬥爭製造出一種理論依據。並且胡適還指責馬克思主義的階級鬥爭學說，一方面太偏向申明階級的自覺心，無形中使人們養成了一種階級的仇視心理；另一方面使本來應該互助而且可以互助的兩大勢力，成為兩座對壘的敵營，使許多建設的救濟方法成為不可能，使歷史上演出了許多不須有的悲劇。〔註210〕潘光旦也持同樣的立場，他說：「無產者本來沒有階級的自覺。是幾個富於同情心而態度偏激的領袖把這個階級觀念傳授了給他們。階級的觀念是要促起無產者的聯合，是要激發無產者的爭鬥欲念。」〔註211〕

　　跟上述諸人的批判不同，張君勱與張東蓀則以馬克思主義不適合中國的國情作為批評的立足點，認為中國共產黨犯了生搬硬套的錯誤。如張君勱議論道：「吾國共產革命，已逾十年，時間不為不久，不知他們是否明白中國到底有幾個資本家呢？以上海來說，有幾百個煙筒，幾萬間洋房，就算資本主義麼？其次，中國有多少個大地主呢？全國除東三省外，關內各地多為小農、中農。在歐洲時，我曾到一個大地主家裏，走了兩三點鐘汽車，還沒有走完他的

〔註208〕中國人民大學中共黨史教研編：《批判中國資產階級中間路線參考資料》第2輯，中國人民大學1962年版，第207～209頁。

〔註209〕中國文化書院學術委員會編：《梁漱溟全集》第2卷，山東人民出版社2005年版，第539頁。

〔註210〕胡適：《胡適文存》第1集，臺灣遠東圖書公司1985年版，第377～378頁。

〔註211〕梁實秋：《文學是有階級性的嗎？》，《新月》1929年第6～7期合刊。

土地……我國大地主，假定他有一萬畝兩萬畝地，但有個諸子平分的習慣，不到兩三代，大地主又變成了小地主，怎麼能和歐洲的大地主相比呢？共產黨的口號，要打倒大地主、大資本家，由於他不考察國內情形，讀了幾本外國書，就一天到晚高喊著打倒了。」〔註212〕張東蓀則說道：「我們當然不能反對階級的存在，不過決不能像馬克思派那樣只分『布爾』與『普羅』。須知店員是一個階級，而與工人並不在一個範疇內。經理人是一個階級，和股東並不是完全在一個立腳地。此外如佃戶與長工（即雇工）大大不同。手工業者的學徒與工廠內的工人亦不可一概而論。即如包工制的工頭，既不是資本家，又不是勞動者。凡此種種足見社會的階級是很複雜的。在這樣的複雜的社會內，要使其形成對壘的兩大勢力是不免於太理想了。」〔註213〕同理，王造時也附和道：「現在的人一開口便是什麼資本階級、無產階級等名詞；並且時常用這些名詞去解釋中國原來的社會。殊不知這些名詞是工業革命以後資本主義發達的產物，用之於我們固有的社會，未免張冠李戴。」〔註214〕二張與王造時是說，中國共產黨所信奉的馬克思主義階級理論，不適合於中國，自然也就從根本上否定了中國共產黨所倡言的階級鬥爭主張和所從事的革命實踐。

吳景超則指責馬克思主義所崇尚的計劃經濟，不僅有礙自由的發展，而且有助專制的出現。他在文章中說道：「我一向的看法，深信社會主義可以使我們經濟平等，而計劃經濟則剝奪了消費者的自由。只有社會主義與價格機構一同運用，我們才可以兼平等與自由而有之。計劃經濟限制人民的自由，並非一種猜想，而是客觀的事實。凡是實行計劃經濟的國家，不管它奉行什麼主義，都難免侵犯人民的自由，因此損傷了他的福利。實行計劃經濟的國家，必然要集中控制，必然要把生產因素的支配權付託於少數人之手。這少數人假如都是大公無私的，假如都如藍道爾（C.Landaner）所說，在決定生產品的數量之先，要先解決幾十萬個方程式，其結果也不見得勝過價格機構下所表現的成績。萬一少數人別有用心，濫用其權力，逞其私意來支配生產因素，則其對人民大眾所產生的禍害，真是不可勝言。」〔註215〕所以，根據吳景超的觀點，馬克思所設計的計劃經濟，既限制了消費者的自由，也破壞了經濟的發展。

〔註212〕立奇：《共產黨變更方向與人類德性之覺悟》，《再生》1937年第9期。
〔註213〕張東蓀：《階級問題》，《再生》1932年第4期。
〔註214〕王造時：《中國社會原來如此》，《新月》1930年第5～6期合刊。
〔註215〕吳景超：《社會主義與計劃經濟是可以分開的》，《新路》1948年第5期。

　　梁漱溟則認為布爾什維克主義不適合中國，他說：「布爾什維克主義方且為歐洲人所不慣，其於數千年生活正相反的中國人，更當如何？不問可知，是調融不來的。乃今之革命者昧昧焉從其一時主觀之貪慕，妄欲以之規律黨員，鉗制異己，施行於此頑皮的老社會；卒之本身先行不通，黨內先行不通，更說不到一般社會。」〔註216〕此外，張君勱還對馬克思主義的國家學說提出批評，他說：「國之所以為國，在其為人之公器，始為父母之撫育，繼為社會之維繫（如勞動保險），最後則為戰時之效死疆場，馬克思主義者指謫國家而名之為資本家壓制工人之工具，足以盡之乎？」〔註217〕

　　相對於前面諸人的觀點，陳啟天以其青年黨人特有的視角與理論，對馬克思主義進行了全面的否定和批判。他說：共產主義完全將人類當作物質和經濟的東西，既與事實的真相不合，又與中國民族性根本相反；中國經濟尚未發達，資產階級既「流產」，無產階級也「幼稚」，而且人數不多，缺乏實行共產主義的基本條件；中國的國際關係只能允許民族革命與民主革命，不能行蘇俄式的世界革命；共產主義在中國的實際表現，只是農工暴動、殺人放火與赤色恐怖。總之，馬克思主義的唯物史觀是錯誤的，剩餘價值論是錯誤的，階級鬥爭論是錯誤的，勞農專政論也是錯誤的，世界革命論還是錯誤的。〔註218〕所以，陳氏結論道，共產黨的主義完全錯了，在中國絕不能實行。

　　從上述言辭中不難看出，中間派人士對中國共產黨所信仰的馬克思主義的質疑，一方面就是為了證明馬克思主義在理論上的非科學性，另一方面是為了說明馬克思主義在實踐上跟中國國情的脫節性，從而達到從理論上否定中國共產黨進行暴力革命的合理性。不過，中間派人士對馬克思主義這種學究式的批評，雖然在學術上有其合理的成分，但在現實中無論是對中國共產黨的革命實踐，還是對馬克思主義在中國的傳播都沒有產生足夠的消極影響，也許在民族存亡作為時代主題的情形下，中國共產黨及其領導下的革命群眾對馬克思主義的信奉，其著眼點根本就不在於馬克思主義在學理上是否科學，而在於其對現實是否有用。換言之，馬克思主義對早期的中國信奉者來說，更多的是工具性的，而不是學術性的。日後成為中國共產黨領袖的毛澤東所說的「十月革命的一聲炮響，給中國送來了馬克思主義」那句話，就是此種思想傾向的最

〔註216〕梁漱溟：《鄉村建設理論》，上海人民出版社 2006 年版，第 77～78 頁。
〔註217〕張君勱：《中華民族之立國能力》，《再生》1932 年第 4 期。
〔註218〕李義彬編：《中國青年黨》，中國社會科學出版社 1982 年版，第 227～331 頁。

好寫照。所以，從此意義上說，在中國共產黨的眼中，中間派人士對馬克思主義的批判無疑是文不對題的書生論政罷了，是萬萬當不得真的！這也誠如李澤厚在分析馬克思列寧主義之所以被當時廣大知識青年接受的原因時說：「總之，對馬克思列寧主義的接受、傳播和發展，主要是當時中國現實鬥爭的需要，而不是在書齋中透徹分析研究了西方自由主義理論學術所得的結果。這是因為建黨以後，面臨的便是十分緊迫激烈的政治軍事鬥爭和革命戰爭，是人們來不及作任何理論思想上的深入研究，便走上行動舞臺。」〔註219〕故而，對中國共產黨來說，中間派人士對馬克思主義的批評，聽起來似乎非常在理，可實踐起來就是那樣的無用！

作為反對者的中間派人士，在批判馬克思主義理論的基礎上，進而對中國共產黨的親蘇、親共產國際立場也進行了批評。其中陳啟天就蘇聯支持中國共產黨的原因進行分析道：「究竟俄國為什麼要派人拿錢到中國組織共產黨，並且要共產黨名義上隸屬第三國際，實際上絕對服從俄國指揮呢？直截了當地說，絕對不是為中國，而是為俄國，而是以共產黨做俄國侵略中國的先鋒，搞亂中國的工具，而是要假共產黨之手將中國奉獻於俄國，以供所謂世界革命的犧牲和俄國稱霸於將來世界的代價。」〔註220〕陳啟天顯然是在說中國共產黨是蘇聯用來破壞和侵略中國的工具，同時也是服務於自己稱霸世界的工具。與此類似，丁文江在評價中國共產黨跟共產國際的關係時說：「中國共產黨不過是第三國際的一個支部，一切舉動不能自由的。莫斯科是共產主義的羅馬，執行委員會主席的地位很像教皇。中國共產黨就譬如是天主教在中國傳教的教會。在這種情形下，我們當然不能離開第三國際而對於共產黨有任何的希望。」進而警告道：「不然，單靠莫斯科發下來的小冊子，跟著人家喊口號，中國共產黨永遠是不懂我們國情、固守馬克思列寧教旨的第三國際的犧牲品！」〔註221〕跟陳啟天略有不同的是，丁文江指陳中國共產黨不僅是聽命於蘇聯的傀儡，而且是受制於共產國際的工具，其言外之意，如此的中國共產黨，於國於民都是有害的。

而儲安平則對中國共產黨的親蘇行為尤其不滿，他著文說：「我們可以崇拜任何一國的政治思想，社會制度以及民族性格，但我們絕不能忘了我們自

〔註219〕李澤厚：《中國現代思想史論》，生活·讀書·新知三聯書店 2008 年版，第 28 頁。

〔註220〕李義彬編：《中國青年黨》，中國社會科學出版社 1982 年版，第 225～226 頁。

〔註221〕丁文江：《評共產主義並忠告中國共產黨員》，《獨立評論》1933 年 5 月 21 日。

己仍是一個中國人。假如忘了這一點，則將莫知自己努力之意義究竟何在，而不啻成為他們的工具與傀儡。在這一點上，我個人對於共產黨的感覺不能滿意。六七年以前，中國要求英美援助時，共產黨報紙高呼中國抗戰不要變質，謂中國之抗戰乃弱小民族對帝國主義之戰，英美為帝國主義國家，故中國不宜接受英美之援助。可惜沒有幾年，蘇聯與共產黨報紙認為是帝國主義的英美，即同立一線；英美對蘇聯的援助，且數十百倍於英美對中國的援助，而為共產黨所崇奉的蘇聯亦未嘗加以拒絕。德國之為侵略國家，世所公認，並奧，吞捷，滅波，而蘇聯竟與之締結互不侵犯之條約，當時中國共產黨報紙未嘗敢對蘇聯有一言之不敬。過去外蒙之為中國領土，無人敢加以否認，而共產黨的報紙竟公然刊載『外蒙共和國總理』某某人抵達莫斯科之消息。蘇聯東，共產黨亦東，蘇聯西，共產黨亦西；甚至蘇聯與中國有什麼問題時，共產黨報紙的論調似乎也成為一個非中國人的報紙的論調。在許多地方，常常使人覺得，中國共產黨較之蘇聯似尤『蘇聯化』，而中國共產黨的報紙恐怕比蘇聯的報紙更像一個蘇聯的報紙。」〔註222〕如果站在民族主義立場上，儲安平對中國共產黨的批評是相當深刻的，同時在事實的指認上也並非是無的放矢空穴來風。在中國共產黨早期，黨的內外政策的制定，重要領導人的任免，都跟蘇聯和共產國際有著莫大的聯繫，從而使得在中國共產黨內部出現了一種言必稱共產國際、文必稱馬列主義、一切唯蘇聯是從的怪現象。1929年中東路事件發生時，中國共產黨的報紙就明顯站在蘇聯一邊；1931年九一八事變發生後，中國共產黨左傾領導人不顧民族危機的加深卻喊出了「保衛蘇聯」「武裝捍衛蘇聯」的口號。

但是，我們如果因此而把中國共產黨視作賣國賊或漢奸無疑是一種冤枉。因為中國共產黨固然在革命實踐中，做出了許多過分親蘇、親共產國際的舉措，甚至也有些給國家民族帶來了某種不應有的傷害；但就本意而言，中國共產黨在終極目的上絕沒有出賣或損害國家民族利益的意念，只不過有時出於策略性考慮，不得不接受來自蘇聯與共產國際的一些不切實際的指令，其實在骨子里中國共產黨並沒有忘記自己是中國人，也沒有忘記自己所承擔的歷史使命，這一點從建國後中國共產黨為維護國家民族的利益和實現中華民族的偉大復興所採取的一系列對蘇政策措施就是很好的說明。所以，就當時國際國內的局勢而言，中國共產黨之所以親蘇、親共產國際，也許更多的是出自一種

〔註222〕儲安平：《共產黨與國家》，《客觀》1945年第4期。

策略上考慮，而非價值上使然，因為年輕的共產黨人，無論是親蘇，還是親共產國際，甚或是信奉馬克思主義，其根本目的就是為了救亡和建國。

中間派人士還對中國共產黨所標榜的民主、自由等主張進行質疑。應該說民主自由是中國共產黨人在新民主主義革命中所追求的重要價值目標，早在 20 年代中國共產黨就在其革命綱領中提出廢除私有制、建立平民政權、成立民眾共和國的主張，明顯含有此種思想傾向；其後到了 30 年代，毛澤東在《新民主主義論》一文中，進一步把此種思想更加直白地展現在國人的眼前。可是中間派人士對中國共產黨所倡言的民主、平等、自由等觀念，無論在內容上還是在動機上都持一種相對懷疑和悲觀的態度，其中儲安平可算是此種態度的代表。他在文章中寫道：「坦白言之，今日共產黨大唱其『民主』，要知共產黨在其基本精神上是一個反民主的政黨。就其統治精神來說，共產黨與法西斯本無任何區別，兩者企圖通過嚴厲的組織以強制人民的意志。在今日中國的政爭中，共產黨高喊『民主』，無非要鼓勵大家起來反對國民黨的『黨主』，但就共產黨的真精神言，共產黨所主張的也是『黨主』而決非『民主』……老實說，我們現在自由，在國民黨統治下，這個『自由』還是一個『多』『少』的問題，假如共產黨執政了，這個自由就變成『有』『無』的問題了。」〔註223〕儲氏還在另一篇文章中說：「所以，就我個人言，共產黨今日雖然大呼民主，大呼自由，而共產黨本身固不是一個承認人民有思想自由言論自由的政黨，同時共產黨所謂的民主，是『共產黨民主』，而不是我們所要求的『人人可以和平地，出乎本願，不受任何外力干涉，而自由表示其意見』的民主。『共產黨民主』與『人人可以和平地，出乎本願，不受任何外力干涉，而自由表示其意見』的民主，固為截然兩事，兩者之間實有極大的距離。」〔註224〕此外，羅隆基也表達類似的看法，他指出：「我們相信民主政治的人，很誠意地認定國民黨的一黨專制，不能把中國的政治引向常軌。共產黨一旦得勢，政治上的『黨治』方式，自然是一丘之貉。」〔註225〕由此看來，中間派人士之所以質疑中國共產黨所倡言的民主、平等和自由，一方面是覺得中國共產黨在指導思想上本就具有反民主自由的傾向，另一方面是認為中國共產黨用民主自由的招牌來服務其黨爭的需要；因而，即使中國共產黨主張民主自由，但由於其本質上對資

〔註223〕儲安平：《中國的政局》，《觀察》1947 年第 2 期。

〔註224〕儲安平：《共產黨與自由》，《客觀》1945 年第 4 期。

〔註225〕羅隆基：《論中國的共產——為共產問題忠告國民黨》，《新月》1930 年第 10 期。

產階級民主自由的排拒性及其工具性導向，從而必然導致民主自由在實踐中形式化和虛偽化，當然在實效上就會大打折扣。

　　不過，須指出的是，中間派人士對中國共產黨民主自由的質疑，固然有其成立的理由，但因質疑而對其持完全否定的立場，無疑讓自己陷於一種固執而傲慢的偏見之中。為什麼這樣說呢？因為民主自由作為一種歷史產物，注定其在內容與形式的表現上呈現多樣性，換言之，民主自由在不同的時空下自會呈現出不同的面孔。誠如英國政治哲學家安東尼·阿伯拉斯特在評定民主標準的動態性時說：「民主仍是一項正在進行的工程，而不是一項安全已然達成的成就。」〔註 226〕關於民主的標準問題，美國政治哲學家喬·薩托利甚至說它其實是一種「詞語之戰」，換言之，民主本身就沒有標準。為此，他在文章中寫道：「就民主這個詞來說，在過去幾十年裏他的典型回答一直是這樣的：對於任何參照西方例子給民主下定義的人，『另一種民主』是個冒牌貨；但是對於任何用東方的方式去定義民主的人，無法在檢驗中過關的正是我們的民主。如果這就是所謂的『定義』工作，那真該對各種定義加以嚴肅地看待和審視了。然而，我越是想找到一個『另一種民主』的定義，我越是一無所獲。」〔註 227〕根據前面兩人觀點，民主是什麼？沒有一個絕對的答案，或者說，誰也不敢斷言自己的答案就是最權威的。民主的概念如此，自由的概念又何嘗不是如此呢？從此意義上說，中間派人士用自己心目中已有的民主自由標準，來觀照中國共產黨言說的民主自由，雖然無可厚非，但因此而斷然否定對方的做法，無疑讓自己明顯帶上了門戶之見的嫌疑；同時，民主自由在實踐中不只是一套涉及價值判斷的觀念，也是一套牽繫行政運作的工具。所以，中間派人士因中國共產黨在特定的條件和目的下，用民主自由服務於現實鬥爭的行為，而懷疑其對民主自由的誠意，顯然是書生意氣了！總而言之，鑒於時代與歷史的局限，中國共產黨在對民主自由的認識與見解上，固然存在著這樣那樣的不足，但絕不能因此而證明其缺乏對民主自由的渴望與誠意，相反，他們如同中間派人士一樣也是民主自由的追求者與守望者。

　　中間派人士站在中間路線的平臺上，出於追求改良所需要和平環境的目的，不僅對中國共產黨所進行的暴力革命表達了明確的反對立場，而且把中國

〔註 226〕〔英〕安東尼·阿伯拉斯特：《民主》，孫榮飛等譯，吉林人民出版社 2005 年版，第 154 頁。

〔註 227〕〔美〕喬·薩托利：《民主新論》，馮克利、閻克文譯，東方出版社 1998 年版，第 547 頁。

共產黨信奉的主義、提出的主張及實施的舉措當作服務暴力革命的內容予以不同程度地批評、否定甚至攻擊。或許從動機上來說，他們如此的行為是出於對自己救亡建國政治理想的維護；或許從字面上看，他們的批判中國共產黨的理由也確實很有幾分道理；但從功能上看，就不能不說他們的主張見地除卻了門戶之見，還存在明顯高談疏闊的嫌疑。此故，儘管自 20 年代末開始，中國共產黨的革命實踐就不斷地遭受來自中間派人士的批評，但其影響卻有如越聚越多的涓涓細流，不斷地在現代中國歷史的河床上突進，進而匯成了改天換地的滾滾洪流；而中間派人士人雖然因時勢的機緣，有過短暫的風光與絕響，但更多的是停留在「發言盈庭，終日不決」的狀態。所以，中間派人士的批評，對中國共產黨來說，有很多是沒有理由的，甚至是懷有敵意的。當然，我們也應更需理解，作為中間路線踐行者的中間派人士，對中國共產黨的批評，即使並非十分的正確，可在當時觀之，仍有其合理的成分。

二、抵制獨裁

中間派人士出於對自己政治理想的信守，對中國共產黨的革命實踐提出了諸多批評與指責，但出於同樣的原因，又不得不跟中國共產黨結成盟友。因為彼此在挽救民族危亡與反對國民黨專制方面，無論是目的上還是見解上都存在著許多共識，並且在國民黨一黨獨裁的局面下，彼此不僅追求民主自由之不可得，而且在抵抗日寇侵略方面亦不順利。故此，作為中間派人士，站在正義的立場儘管不滿意中國共產黨的政策與親蘇舉措，也儘管知道彼此間有著「道不同難相與謀」的鴻溝，但為了實現自己的政治目標，為了國家民族的利益也不能不與中國共產黨攜起手來反對國民黨的專制獨裁和抵禦日寇的侵略。當然，中國共產黨在反抗日本侵略與反對國民黨專制過程中，對中間派人士不斷地釋放善意，也是促使彼此合作的重要原因。

為此，中間派人士在國民參政會與舊政治協商會議上，跟中國共產党進行了廣泛地合作。如全面抗戰時期，中國共產黨參政員董必武、陳紹禹分別提出的《加強民權主義的實施發揚民氣以利抗戰案》《請政府明令保障各抗日黨派合法地位案》，就得到了許多中間派參政員的附議。尤其是 1944 年 9 月中國共產黨參政員林伯渠提出的關於建立聯合政府的主張更是得到了中間派人士的廣泛響應，為此他們不僅把它放入自己的政綱中，作為長期奮鬥的目標；而且還舉行集會，從民間的角度來進行聲援；在此期間，中間派人士還與中國共產

黨聯手共同領導和參與了兩次轟轟烈烈的民主憲政運動，從而進一步使民主自由觀念深入人心。

抗日戰爭結束後，民主問題因民族危亡的緩解而變得異常的突出和尖銳。中國究竟將建立一種什麼樣的民主政治呢？針對國民黨一黨獨裁的現實，作為中間派人士最大聚合體的民盟，以政協會議為平臺與中國共產黨攜起手來共同進行追求民主自由的鬥爭。為了達到更好的合作，雙方還簽訂了一個互助協定，其中約定：「（一）雙方不得單獨與國民黨妥協合作，如有談判，得互相通知，並取得雙方同意後，方與國民黨成立協議；（二）嗣後無論任何會議，凡中國共產黨有所主張，而不違背民主同盟原則者，民主同盟有支持義務；（三）民主同盟各分子不受共產黨主張之任何約束，唯遇有與共產黨主張完全相左者，可不公開發表；（四）民主同盟在各解放區可設立支部，共產黨承認協助，並與共產黨地方黨部交往情報。」〔註228〕民盟代表梁漱溟和黃炎培在政協會上還向中共代表團表示：「民盟今後將加強同共產黨的合作，第三方面今後有任何重要主張和行動，民盟必事先同共產黨協商並徵求其同意，以防止蔣介石利用第三方面的名義，孤立共方，欺騙人民。」〔註229〕中間派人士希望用協議的形式，把兩黨合作的內容與方式確認下來。

不僅如此，民盟還與中國共產黨在政協會議上並肩戰鬥。在國民政府組織上，中國共產黨代表董必武提出了八項主張：即改組政府應有包括人民自由權利問題的共同綱領；結束訓政，國民政府委員會應有用人權；同意國民黨為第一大黨，但在政府主要職員中不能超過三分之一；反對國府委員人選由主席提交國民黨中執委或中常委通過；國民政府主席的命令要經過會議通過，而且要有人副署；在國府委員會基礎上設立常委會於平時代行國府委員會職權；政府改組應包括國民政府下各院部會的改組，使各非國民黨人士有廣泛參加政府工作的機會；黨費不能由國府開支。〔註230〕董氏的八點主張提出後，立即得到了民盟代表的聲援。其中羅隆基還代表民盟相應提出了國民政府改組三原則：一、應先有共同綱領，才能共同合作；二、共同決策機關，要能真決策；

〔註228〕張憶軍：《風雨同舟張軍民：《中國民主黨派史》，華夏出版社1989年版，第530頁。七十年——中國共產黨與民主黨派關係史》，學林出版社2001年版，第297頁。

〔註229〕張軍民：《中國民主黨派史》，華夏出版社1989年版，第530頁。

〔註230〕四川大學馬列主義教研室中共黨史科研組編：《政治協商會議資料》，四川人民出版社1981年版，第169～170頁。

三、各方面人士參加的執行機關，必須既能決策，又能真執行。〔註231〕以此來進一步強化中共主張的合理性。在憲草修改原則問題上，民盟代表沈鈞儒認為：「依憲草規定，總統權力過大，行政院院長由他任命，實際等於總統一個私人秘書，沒有他的陣地。五五憲草把地方權力集於中央，又把中央權力集於一人，這問題實在重大。」〔註232〕同樣，中國共產黨代表吳玉章也呼應道：「大權獨落於元首一身，這容易流於個人專制之弊，而且五五憲草中規定總統權力太大，這些都應予以修改。我們認為英美等先進民主國家所行的國會制度，其經驗很可採取。」〔註233〕中國共產黨這樣一種投桃報李的舉措，自然在很大程度上提高了中間派人士的政治地位與聲望。也許正因為民盟與中國共產黨的相互支持，才迫使國民黨默認了政協所通過的一系列有利於人民、有利於民主的決議。

為了能更好地抵制國民黨及其政府的專制獨裁，一些中間派人士還在某種程度上對中國共產黨擁有武力表示支持。當中國共產黨用「政治民主化」來應對國民黨的「軍隊國家化」要求時，羅隆基從中解釋其原因道：「不過我們不要忘記中國有過十年『剿共』的歷史，國共兩黨有過十年的戰爭，就事論事，假使共產黨沒有他的武力，共產黨在中國能夠存留到今天嗎？易地以居，假使今日任何其他政黨處在今日共產黨的地位，肯否將十年來困苦奮鬥中培養的武力，無條件輕易交出？易地以居，其他任何政黨處在今日共產黨的地位，又敢否將武力無條件交出？因此，共產黨對『軍令政令統一』這句話，提出了『政治民主化，軍隊國家化』對案，並且堅持必須政治先民主化，而後才能進行軍隊國家化。我承認這亦是聰明合理的要求。」〔註234〕儲安平也表達了類似的觀點，他說：「我們在原則上是反對一個政黨蓄養軍隊，以武力來奪取政權的；為中國的元氣設想，我們也不希望共產黨採取武力革命的方式。但這是就理論而言。就事論事，共產黨的不肯放下槍桿，也未嘗不能使人同情，因為在國民黨這種政治作風下，沒有槍，簡直沒有發言權，甚至沒有生存的保障。」〔註235〕

〔註231〕 孟廣涵主編：《政治協商會議紀實》上冊，重慶出版社1989年版，第354頁。
〔註232〕 《沈鈞儒在政協討論修正憲草問題的發言》，中國民主同盟中央文史資料委員會編：《中國民主同盟歷史文獻》，文史資料出版社1983年版，第136頁。
〔註233〕 四川大學馬列主義教研室中共黨史科研組編：《政治協商會議資料》，四川人民出版社1981年版，第246頁。
〔註234〕 羅隆基：《中國需要第三大政黨》，《民主週刊》1945年第16期。
〔註235〕 儲安平：《中國的政局》，《觀察》1947年第2期。

馬敘倫曾對周恩來感慨道：「中國的希望寄託在你們身上，我過去總勸你們少要一些兵，少要一些槍，現在看來，你們的戰士不能少一個，槍不能少一支，子彈不能少一粒。」〔註236〕就是曾經致信毛澤東力勸中國共產黨交出軍隊的張君勱此時也向中國共產黨參政員表示，他不但不反對中國共產黨擴充軍隊，成立邊區，甚至還擔心中國共產黨軍隊不夠強大而使邊區遭受國民黨軍隊的襲擊。或許在中間派人士看來，中國共產黨擁有武力實在客觀環境使然，同時在不民主的現實裏，武力也許是民主力量得以存在的重要條件。

此外，中間派人士與中國共產黨在自覺抵制國民黨及其政府消極抗戰方面，也結成了一定意義上的同盟關係。如中國共產黨在 1935 年發表《八一宣言》後，就受到了中間派人士的廣泛好評。其中張東蓀把其稱之為中國共產黨勇敢而光明的轉向，沈鈞儒、章乃器、陶行知、鄒韜奮等則在其聯名發表的聲明中，明確表示贊成和支持該宣言所提出的停止內戰、聯合各黨各派共同抗日救國的主張。相反，對於國民黨及其政府所推行的「攘外必先安內」的政策，有中間派人士則斥責其為「兇暴的殘殺同類」的政策。

其後隨著抗戰的全面爆發，中間派人士同樣以國民參政會做平臺跟中國共產黨一道對國民黨及其政府那些有礙禦侮救國大局的舉措進行堅決的鬥爭。首先，批判汪精衛集團的妥協投降活動。當汪精衛以議長的身份在參政會上提出「以我國積弱，非和平即亡國」的投降謬論時，中間派人士立即與中國共產黨當面進行了駁斥，並且支持中國共產黨在參政會上提出的《擁護蔣委員長和國民政府，加緊民族團結，堅持持久戰爭，爭取最後勝利案》；特別是汪精衛集團公開投敵事件發生後，中間派人士與中國共產黨一道紛紛發表宣言、通電、評論或講演，共同聲討汪氏集團為虎作倀、認賊作父的賣國行徑。為此，中國共產黨在《新華日報》特意發表題為《汪精衛叛國》的社論，指責其是日酋近衛聲明的應聲蟲，是民族的叛賊。救國會領導人沈鈞儒、鄒韜奮等則聯合發出《快郵代電》，譴責汪精衛認賊作父，為虎作倀。他們在電報中說：「汪兆銘背黨叛國，通敵求和，違反國策，惑亂人心，固革命政黨所不容，亦全國人民所共棄。」〔註237〕到了 1943 年 3 月，中間派人士又與中國共產黨針對汪精衛組建南京國民政府事件一起促使參政會通過了《聲討

〔註236〕張憶軍：《風雨同舟七十年——中國共產黨與民主黨派關係史》，學林出版社 2001 年版，第 334 頁。

〔註237〕中華民國史資料叢稿：《救國會》，中國社會科學出版社 1981 年版，第 371 頁。

汪兆銘南京偽組織通電》，表達了對汪氏執迷不悟的憤恨和堅持抗敵的決心。其次，對蔣介石集團「積極反共，消極抗日」的政策進行批判。隨著抗日戰爭相持階段的到來，蔣氏集團又重拾同室操戈的故伎，除了輿論上公開詆毀中國共產黨外，在軍事上也不斷地製造摩擦事件，無端地消耗與弱化抗戰力量，尤其是「皖南事變」的發生，更是使中華民族的抗日大業面臨著前所未有的危機。〔註238〕在此情況下，中間派人士從國家民族的立場出發對蔣氏集團的親痛仇快的舉措表示強烈的不滿，如黃炎培義正詞嚴地說：「當局如此措置，絕對錯誤。」〔註239〕中間派人士此種反對分裂、堅持團結的態度和立場，有力地支持了中國共產黨的抗戰，並且也表明了自己是中國共產黨在抗日民族統一戰線旗幟下的忠實盟友。

同時，一部分中間派人士站在思想自由的角度，對中國共產黨所信仰的馬克思主義也予以有限的認同。梁實秋這個被中國共產黨與左翼知識分子視為國民黨幫兇的胡適派學人，針對右翼文人完全否定中國共產黨「普羅」文學觀的現狀，在其《文藝自由》一文中仗義執言地說：「對於真正愛好文學的人，文壇上添出了一批普羅文學，這是應該加以歡迎的事。」「普羅文學的理論是有許多不健全的地方，本刊屢有批評，可是它的理論並非全盤錯誤，實在它的以唯物史觀為基礎的藝術論有許多是顛撲不滅的真理，並且是文藝批評家所不容忽視的新貢獻。即是反對普羅文學的人也該虛心地去瞭解它，然後才能有公正的判斷。」〔註240〕此外，梁氏還對主流思想界那種全面否定馬克思主義理論的做法進行批判，他說：「共產主義在理論上有很大一部分是合理的……加入共產黨，不犯罪；信仰共產主義，不犯罪。」〔註241〕對此，丁文江、張熙若、張東蓀等人也都有類似的言說。如丁氏說道：我承認馬克思的經濟學說

〔註238〕 從 1939 年 4 月到 11 月，國民黨軍隊接連製造了博山慘案、深縣慘案、平江慘案與確山慘案等，對中國共產黨領導的抗日軍民與後方工作人員進行屠殺。同年 12 月，在陝北又發起了對邊區的進攻，先後佔領了五座縣城；在山西閻錫山發動了 12 月事變，對八路軍後勤人員和抗日政權內的共產黨員進行屠殺。1940 年 2～3 月，晉東南的太行山與冀南抗日根據地也遭到了國民黨軍隊的圍攻。1941 年 1 月，新四軍軍部及所屬皖南部隊 9000 餘人在安徽涇縣茂林地區遭到了國民黨優勢兵力的圍殲，損失慘重。國民黨從而把反共事件推向高潮，國共關係也出現了前所未有的緊張。

〔註239〕 張憶軍：《風雨同舟七十年——中國共產黨與民主黨派關係史》，學林出版社2001 年版，第 242 頁。

〔註240〕 梁實秋：《文藝自由》，《益世報》1933 年 10 月 28 日。

〔註241〕 梁實秋：《我們如何對付共產黨》，《自由評論》1936 年 3 月。

包含一部分的真理，他對平等的追求有其合理的成分。〔註242〕張熙若則主張：
「一個人盡可相信共產主義，不必定要相信馬克思主義；盡可接受馬克思主義
的革命部分，不必接受它的唯物史觀部分；盡可承認唯物史觀的相當部分，不
必定要承認它的全部，更不必拿它的全部分去解釋人類的全部歷史。」〔註243〕
張東蓀也說：馬克思主義在本質上不可能是個宗教，也絕不可能是反民主主義
的，而且馬克思在主張上從來就沒有反民主之說；就是恩格斯也主張，在實際
行動上共產主義者應該與民主主義者合作。〔註244〕可見，在一部分中間派人
士看來，中國共產黨所信仰的馬克思主義，雖然有無可諱言的弊端，但也絕不
是某些人所認為的那種全無是處的東西，相反也有不乏閃光的成分。事實上作
為指導中國共產黨革命實踐的馬克思主義，審視者如果不帶著特有的敵意或
仇視，無論是從求真的目的出發，還是從求善的目的出發，它在其固有的時空
內都有其合理性與科學性，而這種情況則不是一般的學說或理論所能達到的，
或許這就是馬克思主義的可貴之處，也正是中國共產黨對其信仰的根源所在。

　　與此相關的是，某些中間派人士還對國民黨誣衊中國共產黨為土匪的不
實之詞進行澄清。丁文江在《所謂「剿匪」問題》一文中說：「大家都知道國
民政府所謂匪，就是武裝的共產黨。自國民黨反共以來，對反共的名詞，經過
了幾次變遷。最初的時候是『清共』，以後是『討共』，到了最近是『剿匪』。
但是共產黨並沒有因為國民黨對於他們改變了稱呼，就喪失了他們政黨的資
格；更沒有因為由『清』而『討』而『剿』，減少了武裝的實力。」所以，「我
們對於國民政府，要請他們正式承認共產黨不是匪，是政敵。認清了這一點，
政府負責的人，才能感覺到他們切身的利害。認清了這一點，才能夠明白政敵
不是靠軍隊可以消滅的。」〔註245〕羅隆基也認為在共產黨隊伍中確實有具備
犧牲精神和組織能力的領袖，一切相信共產的人也不都是殺人放火的土匪；而
且羅氏還警告國民黨道：「國民黨倘攻擊共產黨『不要國家』，共產黨亦可以攻
擊國民黨主張『世界大同』；國民黨倘攻擊共產黨『沒收私產』，共產黨亦可以
攻擊國民黨『平均地權』……國民黨倘攻擊共產黨殺人放火的戰略，共產黨亦

〔註242〕丁文江：《評共產主義並忠告中國共產黨員》，《獨立評論》1933年5月21日。
〔註243〕轉引孫宏雲《拉斯基與中國：關於拉斯基和他的中國學生的初步研究》，《中山大學學報》（社會科學版）2000年第5期。
〔註244〕中國人民大學中共黨史教研編：《批判中國資產階級中間路線參考資料》第4輯，中國人民大學1962年版，第344頁。
〔註245〕丁文江：《所謂「剿匪」問題》，《獨立評論》1932年5月26日。

可以說，閻馮戰爭，死傷三十萬，丘墟千萬家。」〔註246〕顯然，在丁文江、羅隆基的眼中，國民黨對中國共產黨的誣衊，不僅是錯誤的，而且也是不合實際的。

是以，中間派人士在奉行中間路線過程中，之所以在處理跟中國共產黨關係時，一方面站在和平的立場，對中國共產党進行批評甚至攻擊，以劃清跟中國共產黨的界線；另一方面站在道義的立場，對中國共產黨表示同情甚至友好，以獲取來自中國共產黨的支持。究其原因，主要出於對自己黨派立場的守望。因為現實中，中國共產黨政治路線中的暴力革命行為與馬克思主義信仰，在中間派人士看來，既無助於民族危亡的挽救與現代國家的建構，也不利於改良主張的實施，相反，甚或成為阻礙炎黃子孫救亡與建國的障礙。同時，國民黨政治路線下的一黨專制，不僅不能承擔起把中華民族建立成現代國家的歷史重任，而且不能承擔起領導中國人民打敗外來侵略的時代使命，更甚者其專制本身亦是引發中國內憂外患的重要根源。故而，在中間路線固有黨派立場驅遣下，因為前者，中間派人士不能不以反對者的面孔出現在中國共產黨的面前；因為後者，卻又不能不把中國共產黨視為自己反獨裁專制的同路人。

第四節　並非矛盾的行為

作為對中間路線黨派立場——「調適與抗爭」的信守和宣揚，中間派人士在踐行中間路線過程中，一方面對國民黨，表現出批評者、建議者與擁護者的政治立場；另一方面對共產黨，卻又展示出反對者與同盟者的政治角色。綜觀中間派人士所扮演這些角色的行為，就理論而言，無論是對國民黨來說，還是對共產黨來說，或者同時對國共兩黨來說，給人的觀感，無疑是相當矛盾的。但在現實中，無論是國民黨，還是共產黨，甚至中間派人士自身，卻視之泰然，彼此仍在堅持自己固有政治路線的前提下，既相互妥協與合作，也相互衝突與鬥爭。這其中的原因何在？或許有人因此而發問道：難道國共兩黨不知道中間派人士這種騎牆式黨際外交，是一種明顯的政治投機？難道中間派人士不清楚自己這樣一種「朝秦暮楚」「朝三暮四」的投機行為，會有礙自己的政治聲譽？答案，也許是肯定的。然而，這只是問題的表象。其實，在當時由國共兩

〔註246〕羅隆基：《論中國的共產——為共產問題忠告國民黨》，《新月》1930 年第 10 期。

黨政治路線所建構的政治生態中，作為中間路線信守著的中間派人士，之所以呈現出如此矛盾性行為，既有其必要性，也有其可能性。

一、歷史催生的中間路線

　　中間派人士在踐行中間路線過程中，之所以就救亡建國、民主自由諸問題，一則向國民黨表達了批評、建議甚或擁護的立場，二則向共產黨顯示出反對、同情甚或認同的傾向。究其原因，鑒於當時的政治生態，固然有其策略性因素，但關鍵還是中間路線本身使然。

　　首先，中間路線主導思想——自由主義的作用。一方面，自由主義從觀念層面上，為中間派人士在實踐中處理跟國共兩黨的關係提供了指導思想。自由主義之為自由主義，主要是其在基本觀念上對自由、民主、人權、憲政、法治、理性、寬容等理念的強調與追求，而中間派人士在倡言中間路線時就對這些理念特別的崇尚，所以在實踐中他們針對國共兩黨一些反自由主義和非自由主義的政策與措施，自然會發表自己的看法。諸如胡適面對國民黨用黨義治國與高壓統治的現實，喊出了「快快制訂約法以保障人權」的呼聲；對中國共產黨所提倡的階級鬥爭，則認為是「向壁虛設」，是人為製造社會矛盾和衝突。從此意義上看，中間派人士之所以對國共兩黨提出批評，是其在價值理念上對自由主義信仰的必然結果。但是，在價值上雖然中間派人士與國共兩黨很有點「道不同難相與謀」的味道，可現實中自由主義的寬容與理性卻又使他不得不去接近國共。正如潘光旦在文中說：「但就民主的理論說話，就思想在生活中可能發生的實際影響說話，我們最健全的態度是盡量設法就對壘的局面中覓取調和與貫通……所謂調和，所謂貫通，當然並不等於取得一個絕對的折衷或折半，而要在以時損益，因地制宜，間或注重對壘局面的甲方，間或注重乙方。即，平時雖求一個平衡與雙方無所偏倚，在特殊情形之下卻不能不作過正的矯枉。」〔註247〕所以在民族存亡的危急關頭，即使國共兩黨有諸多的失當，只要其表示抗戰，中間派人士仍然把其當作擁護與團結的對象；因為他們認為如果抹於民族大義，斤斤計較於觀念之爭，彼此只顧內鬥而不抵禦外侮，就會有國破家亡之憂。同時，針對國民黨頑固的安內立場，在痛心疾首之餘，中間派人士更是進行無情地揭露與批判，當然對中國共產黨所領導的暴力革命也進行了相應譴責。因此，自抗戰爆發後，中間派人士從大局出發，盡量在國共之

〔註247〕潘光旦：《自由之路》，上海三聯書店 2008 年版，第 224～225 頁。

間充當起團結抗戰的黏合劑。再者，中間派人士若想實現自己的建國理念，在當時「有槍便是草頭王」的叢林原則的歷史大勢中，單憑自己的理想與激情，單憑自由主義的民主、自由與憲政，歐美式資產階級共和國是怎麼也難以建立起來的。是以，中間派人士為了實現自己的政治理想，在批評國共兩黨的同時，又不得不對國民黨表示擁護與支持，對中國共產黨表示同情和理解，他們希望藉此拉近與二者的距離，以換取國共對自己主張的認同，從而為中間路線在國共兩黨政治路線的夾縫中拓展出更多的生存空間。

另一方面，自由主義從制度層面上，為中間派人士在實踐中處理跟國共兩黨的關係提供了政治藍圖。在自由主義政治制度的設置中，資產階級的政黨政治、議會制度、選舉制度與三權分立制度無疑處於非常突出的地位，因為在自由主義思想家看來，只有這些制度才能真正保證自由主義者所宣揚的各種自由和權利。如美國總統傑斐遜認為，實行議會制，人民既可以自由地通過他們認為適當的代表處理他們所共同關心的事情，也可以隨時個別地撤換這些代表，或在形式上或職能上改變代表的組織；實行普選制，既能實現人民參政的目的，也有助於憲法的真正運行。所以作為中國自由主義者的中間派人士，自然對這些制度特別的青睞，其中張君勱在其「修正民主政治」中就主張：議員民選、政黨政治、組建聯合政府、實行文官制度、加強專家在決策中的作用等，認為這樣，既可以使人民的基本權利受到憲法的保障，也可以讓人民擁有依法彈劾政府的權力；民盟在《中國民主政團同盟對時局主張綱領》中也特別提出要實行普選制度、議會制度、政黨政治與權力制衡原則。

此故，中間派人士再以這些制度為藍本來觀照國民黨政治路線在國家制度建構上所存在的缺陷和弊端，批評與建議也就隨之而來。如有中間派人士直接對國民黨的五院制政府提出批評道：「南京政治領袖，照著中山治國機關圖，將考試院硬謀擴大其派勢，以與行政院並肩峙立，更是贅瘤。我以為考試院不但不該立院，並且不能立院，立院之後，因為身體上的虛腫，便立刻否定了自己的功用。」「因考各署的文官而立一個與行政等院平頭的考試院，差不多就像牛刀刮臉。不但考試院不能按時考試，各部署衙門也因此不能依自己的需要，任時考試常任的有專技的職員。浪費了國幣，還阻礙了工作。」〔註248〕1936 年 5 月 5 日，由國民政府正式公布的《五五憲草》，中間派人士也同樣認為其所規定的政體既不是西方的三權分立制，也不似自己所標榜的五權分立

〔註248〕張佛泉：《批評憲法草案以前》，《國聞週報》1934 年 3 月 26 日。

制，因為在其國家權力的布局中，總統成為權力核心的核心，他不僅擁有可以直接任命行政院院長的權力，而且還擁有召集臨時國民大會、五院院長會議權力。所以，早在30年代，一部分中間派人士就向國民黨及其政府建言，力主在中國推行歐美式的專家政治和文官制度，他們希望藉此能夠促使國民黨對自由主義的民主制度真正地接納。為了達到此目的，中間派人士還聯合中國共產黨，一起向國民黨及其政府施壓，如在國民參政會上，中國共產黨提出的有關爭民主自由的提案常常得到中間派人士的聲援；在政協會議上，就國大的召開問題、國民政府的組織問題、憲法草案的制定問題等，中間派人士也經常與中國共產黨互通聲氣，結成一定程度的同盟。故而，儘管中間派人士對中國共產黨政治路線中的許多政策與主張保留著自己的意見，但迫於自己自由主義政治理想與國民黨獨裁專制之間的矛盾，也不得不與中國共產党進行合作；即便明知此種合作存在著某種難以逾越的鴻溝，但也只能在擱置成見的原則下慨然前行。

其次，中間路線改良特性的影響。中間路線的改良性質，就必然意味著其推崇者——中間派人士，在執政的國民黨與革命的共產黨之間，不得不表現出那樣一些看似矛盾的行為。改良，雖然說是對現狀不滿的一種表現，但更意味著對現實的某種認同和尊重。故而，對作為現實中代表法統的國民黨及其政府的擁護與支持，當然是信守中間路線的中間派人士在實踐活動中的應有之義。所以，當社會上出現那種分裂國家挑戰政府行為的時候，他們總是站在國民黨的陣營之內，並有意無意地充當起政府的辯護士和捍衛者。如福建事變發生後，胡適就著文指責其打著「人權」的招牌來做危害國家的行動；當國家民族面臨存亡危機的時候，他們又往往主動地擱置陳見，表示願意接受國民黨及其政府的領導。

正因為對現實的認同和尊重，中間派人士還常常不自覺地扮演起暴力革命的天然對手，因為在持改良取向的人們看來，革命固然可以改變現實，但不一定會改善現實，原因是革命雖然可以除惡，但那種暴力型的手段，不僅有可能把原來的善當成惡來除掉，而且還可能導致另一種形式的惡。典型如法國大革命，不僅沒有因革命給國家帶來民主與自由，反而因革命給人民帶來了戰爭與專制。同時改良者還認為，人類文明的進步本就是社會長期進化的結果，而主張激變的革命無疑會給該進化的路徑造成堵塞或中斷。是以，崇尚用暴力來變更現實的中國共產黨，成為中間派人士的反對與批判的對

象，也就是意料之中的事情。

既然是改良，中間派人士也自然會對當政者所存在的缺點與失誤給予相應的批評，否則其本身也就失去了存在的意義。所以，現實中的中間派人士，站在中間路線的平臺上，不僅對國民黨的獨裁專制與武力安內政策提出強烈批評，而且對中國共產黨反專制求民主、息內戰求抗日的主張，表示真誠的歡迎和支持，甚至進而對中國共產黨所遭受的一些不應有的指責，也表達相當的理解與同情。

最後，中間路線工具性特點使然。中間路線的工具性特徵表明了中間路線，不只是一套用以坐而論道的觀點與主張，也是一套起而行之的思想與方法。然而根據當時的實際情況與中間派人士的特點，中間路線若想從理論轉化成現實或者說對現實產生足夠的影響，顯然相當的困難。鄉建派人士晏陽初對此就深有體會，他說：「欲將研究所得的經驗推廣出去，則非借助政府的力量、政治機構不可……研究與實施根本上是相異的，我們感覺學術與政治打成一片，然後實施才可以行得通。政治須學術化，學術要經驗化。如單單研究，做幾本研究報告，則無須政治的力量。倘要把研究的結果，施行於民間，使成為民間生活的改造，民間生活整個的一套要素，則非借政治的力量不可。」〔註249〕事實上也是這樣，在現代社會，任何具有一定規模的社會政治活動，若沒有政府的支持和允許，都難以順利的展開與進行，更不用說成功了。

故而，面對國共兩黨政治路線的強勢狀態，中間派人士若希望中間路線達到一個理想的結果，就必須走一條曲線踐行中間路線的道路。在這條道路上，做國民黨的擁護者是其必然的選擇。因為只有這樣，中間路線才有存在的可能，同時還能借擁護者的身份來影響國民黨的政策，甚至用「移花接木」或「偷樑換柱」的辦法，把自己的觀點和主張附加在國民黨政治路線的觀點和主張之上。並且，通過對國民黨的擁護，還可以促進國家和社會的穩定，從而為中間路線的實現和發展創造必要的環境。但國民黨畢竟不是一個民主的政黨，同時它的政策和主張，也跟中間路線有著相當的距離，尤其是它的專制和內戰政策，更是與中間路線格格不入。所以中間派人士如果想借國民黨之雞來生中間路線之蛋，而僅僅依賴於擁護的手段，不僅有竹籃打水之虞，而且有南轅北轍之憂，原因是國民黨絕不會顧及中間派人士的擁護而放棄自己的立場和主張，相反還可能利用自己被擁護的優勢來向擁護者兜售自己的政見。故而，作為中

〔註249〕宋恩榮編：《晏陽初全集》第 1 卷，湖南教育出版社 1989 年版，第 388 頁。

間派人士在向國民黨表示擁護的同時，必須付諸批評和建議。如是，既可以進一步宣傳與踐行自己所推崇的中間路線，也可以最大限度地防止國民黨政治路線對中間路線的輕慢和踐踏。

在國共兩黨對峙的政治格局中，若想擴大中間路線在現實中的影響，除了跟國民黨搞好關係外，還必須處理好跟中國共產黨的關係。因為與中國共產黨關係的好壞，也是一個關係到中間路線在中國成敗的重要因素。所以，站在中間路線的立場上，中間派人士對中國共產黨進行必要的批評與譴責就在所難免。這樣，從消極意義上看，既可以取悅於國民黨，讓其為中間路線的通行開放「綠燈」，也可以消解中國共產黨及其主張在現實中的影響，從而為中間路線的推行清掃道路；從積極意義上看，則可以藉此指出中國共產黨政治路線主張中的錯誤，來證明自己所屬主張的正確性與合理性，於是為中間路線贏得更多的追隨者和輿論支持創造條件。

不過，對中國共產黨固然需要批評和譴責，但亦需要同情與支持。因為一方面彼此的許多觀點和要求，確實存在著相當的趨同性，比如雙方都堅決抵制國民黨的內戰獨裁政策，如果不講原則不問是非，而一味批評和譴責中國共產黨，那麼在某種意義上也就是對自己的一種傷害和摧殘。另一方面，中國共產黨的存在，儘管對自己踐行中間路線是一種潛在的威脅，但又何嘗不是一種幫助和支持。並且，從正面看，彼此相對於國民黨的弱勢地位，使得雙方有必要在現實鬥爭中相互聲援，同時實踐上雙方在某些主張和要求上的相通性，客觀上也為相互聲援的實現提供了可能。從反面看，中國共產黨的存在，既是一種提高自己在國民黨面前說話分量的重要籌碼，也是一道讓自己避免來自國民黨直接打擊的重要屏障。換言之，中國共產黨的存在，固然讓自己損失了一些應該擁有的東西，但在那樣一個缺少民主的年代，如果沒有中國共產黨，自己可能什麼也沒有。此故，作為中間派人士，對中國共產黨的批評和譴責當然必要，但對中國共產黨予以支持和同情亦必不可少，因為對中國共產黨的支持和同情，在某種意義上即是對自己的支持和同情。就此看來，站在中間路線的工具性立場上，中間派人士不得不以矛盾的行為出沒在國共政治路線相爭的夾縫之中。

所以，中間派人士在奉行中間路線的過程中，鑒於中間路線的固有屬性，使得其既對國民党進行批評、支持與擁護，又對共產黨表示反對與聯合。因為針對當時的境遇，若想讓自己的觀點和主張，在風雲變幻的時勢中順其波而揚

其流，並最終達到引領時代潮流的目的，就必須把自己的黨派立場跟社會現實充分地結合起來。如 30 年代前半期，中間派人士目睹內憂外患的現實，根據中間路線黨派立場，在強烈批評國民黨武力安內政策的同時，也堅決反對共產黨暴力革命的行動。全面抗戰爆發後，又在國民參政會上，一方面擁護國民黨在國家政治生活中的領導地位，另一方面又聯合共產黨來反對國民黨的專制和獨裁，但針對國共兩黨不斷的軍事摩擦，又以維護國家民族利益為藉口，積極幹旋於期間，主動充當二者矛盾的調和者。當然中間派人士的此種調和與抗爭立場，既非是一種毫無原則的調和，也非是一種毫無節制的抗爭，相反而是從現實出發，在遵循中間路線基本主張的前提下進行。如施復亮在談到調和國共兩黨立場時說：「明白點說，在今天中國政治中，倘使不容許共產黨存在和發展，絕不能算作民主，反轉來說，倘使不容許國民黨存在和發展，也不能算作民主。其實不僅對國共兩黨如此，對於任何黨派，都應當容許它的存在和發展。換句話說，當前民主政治的基本內容，就是要有一個政府，保障一切黨派在同等的機會和條件之下自由存在和發展不許任何黨派享有政治的、法律的、軍事的、經濟的和文化的特權。倘使缺乏這一內容，不管形式如何，一律是假民主或反民主。因此，倘使國民黨不肯改變其政府的性質，即不肯放棄其『絕對政權』，即使有了『憲法與選舉』，也絕不是民主。同樣，倘使共產黨也採用了同樣的做法，那自然也不是民主。所以我們要主張調和國共，不許國民黨排斥共產黨，也不許共產黨排斥國民黨。我們要『主張各黨共存，都能發展』。」〔註 250〕從此意義上看，中間派人士看似矛盾的舉措與行為，其實是中間路線應對國共兩黨政治路線的必然選擇。

二、救亡與建國的要求

如果說中間路線使得中間派人士在社會政治活動中處理跟國共兩黨關係時，不得不表現出矛盾行為的話，那麼國共兩黨政治路線的客觀存在則使得中間派人士的這種矛盾角色轉化成現實而成為可能。因為國共兩黨之所以在一定程度上對中間派人士的矛盾行為，表現出相當的克制甚至諒解，其根本原因在於自身所奉行的路線，同樣有著對救亡和建國政治目的的追求。否則，即便中間派人士在實踐中想在國共面前表現出調適與抗爭並存的矛盾行為，也會因為國共的排拒和打壓而難產。故而，國共兩黨出於實現自身政治目標的需

〔註 250〕施復亮：《中間路線與挽救危局》，《時與文》1947 年第 8 期。

要，在救亡與建國領域，不得不在某種程度上，對中間派人士政治活動中所呈現出來的調適與抗爭並存的雙重面孔，予以相應的容忍甚或認同。

就救亡而言，面對日本帝國主義者的步步緊逼，國民黨要達到「地無分南北，年無分老幼，無論何人，皆有守土抗戰之責」的目的，而中國共產黨要實現全民族抗戰的主張，都必須把中間派人士吸納到抗日的隊伍之中；哪怕受到來自他們的批評與指責，只要其動機是為了救亡，也只能予以相當的包容。事實上，中間派人士之所以強烈反對國民黨及其政府所推行的一黨專政與「攘外必先安內」政策，以及尖銳批評中共所奉行的共產國際路線和土地革命、武裝鬥爭等暴動政策，目的上都包含著挽救民族危亡的動因。

如陳啟天針對東北淪陷而國民黨忙於內鬥的現象，在文章中痛心疾首地詰問道：「我們看最近幾日來要人們所發表的函件和談話，所以『集權於黨，屬行訓政，為黨國根本問題』嗎？不錯，集權於黨屬行訓政，確是黨國根本問題。因為不集權於黨，便不能在黨內爭權奪利大分其肥，不屬行訓政，便不能對黨外作威作福，為所欲為！那麼，黨國不就完了嗎！黨國的完不完了，是黨國要人的根本問題，我們且不必管他。我們所必須要管的是民國，是中國。民國已因黨國完了，中國已因黨爭完了。我們要復民國，必須取消黨治。要救中國，必須制止黨爭。」〔註251〕而王芸生在西安事變發生後的大規模內戰一觸即發之際，對中國共產黨十年來的武裝鬥爭批評道：「這十年來，共產黨一直在錯誤中過生活，從八一暴動，『秋暴』政策，立三路線，游民蘇維埃，一直到流竄西北，哪一項不是錯誤？要知道一個行動的黨，它若執行了錯誤的政策，不僅是一個黨的損失，而是直接關係國運的！請共產黨人想一想：這十年來，你們給予國家的影響是什麼？殘酷的廝殺，斷喪了無限的國力，是給誰謀了便利？聽聽口號，看看事實，不慚愧嗎？當然，錯誤是不能完全避免的；我是希望大家以後少犯些錯誤，發現了錯誤趕快改正。我這不是為某一黨謀，實是為了我們國家的生命！」〔註252〕因為陳、王二氏站在中間路線的平臺上觀之，認為國共兩黨的舉措，不僅無益於民族危機的緩和，而且有害於民族危機的加深。

故而，面對來自中間派人士的批評，國共兩黨領袖們也許不是那麼舒服，但是他們救亡與愛國的情懷，無疑是值得肯定的。如是，九一八事變發生後，

〔註251〕陳啟天：《上海各大學教授的沉痛陳詞》，《民聲週報》1931 年 10 月 31 日。
〔註252〕王芸生：《三寄北方青年》，《國聞週報》1937 年 1 月 25 日。

國共兩黨就分別表達了跟中間派人士團結合作、共同抗日的意向，其中國民黨還設立國難會議，把許多中間派人士納入其中，以為抗戰獻計獻策；全面抗戰爆發後，國民黨更是在新組建的國民參政會，使其成為各黨各派及無黨無派人士攜手抗日的舞臺，而中國共產黨也借助於這個機會，在堅持求同存異的原則下，就救亡問題加強了同中間派人士的溝通與合作。

建國方面，國民黨為了把中國建設成一個資產階級性質的「三民主義共和國」，其無論是從三民主義的性質出發，還是從獲取社會的同情和支持出發，都必須對中間派人士的言行給予相當的容忍。因為一方面儘管國民黨的三民主義在政治取向上跟中間派人士的自由主義存在著一定的差距，但是在一些基本政治理念上，二者存在著相當內容的重疊。如在政權建構上，三民主義主張：「國家為人民之公產，凡人民之事，人民公理之，由人民選舉議員，以開國會，代表人民議定租稅，編為法律。政府每年預算國用，須得國會許可，依之而行……如是國家之財政實為國民所自理，國會代表人民之公意，而政府執行之。」〔註253〕而且，在南京國民政府時期所制定的約法和憲法中，都明確規定人民的基本權利與義務。比如在訓政時期的約法中就有這樣的條文：中華民國，無論男女種族宗教階級之區別，在法律上一律平等；人民之住所，非依法律，不得侵入搜索或封錮；人民有遷徙、信仰、通信、集會、結社、言論等自由，非依法律，不得停止或限制之；人民之財產，非依法律，不得查封或沒收。〔註254〕同時，為了達到人民有權、政府有能的目的，國民黨在政府設置上實行「五權分立」的原則，即行政權、立法權、司法權、檢察權與考試權相互制約平衡。就此而言，國民黨所信奉的三民主義，在對民主、自由等基本政治理念的信守上，跟中間派人士所信奉的自由主義政治存在著一定的通約性。因此，當中間派人士站在民主自由角度，對其專制獨裁的舉措進行批評時，作為國民黨，在一定範圍內，不會只把它看成是對其統治的惡意挑戰，也會把它看作是對其政權改進的善意規勸。

並且在當時國共相爭的局面下，國民黨若想使自己的建國理念得到中間派人士的理解或支持，也必須在形式上作出某種相對開明的姿態，從而讓人覺得它是一個能夠容納異見異行的現代政黨，尤其是要使中間派人士覺得它相

〔註253〕 中國社會科學院近代史所編：《孫中山全集》第 1 卷，中華書局 1981 年版，第 296 頁。

〔註254〕 中國第二歷史檔案館編：《中華民國史檔案資料彙編·政治（一）》第 5 輯第 1 編，江蘇古籍出版社 1994 年版，第 269～270 頁。

對於中國共產黨，更加民主和開放，更能把中國引向繁榮、昌盛與富強。所以，
國民黨自南京建政以來，為順應國人特別是中間派人士對民主自由的要求，不
僅很快確立起以「三民五權」為框架的訓政體制，而且組織人員制定憲法，以
便實行憲政；在全面抗戰期間，針對中間派人士所發起和領導的兩次民主憲政
運動，國民黨更是做出一種相對開明的姿態，在一定範圍內隨其發展與蔓延。
同時，為了顯示自己對民主法治的重視，國民黨人針對中間派人士所提出的
「關於發動全國人民研討憲草辦法」主張，特地在《重申法治精神以利憲政實
施案》中明確提出：「去歲（1943）十一中全會決議國民政府應於戰事結束後
一年內召集國民大會制定憲法而頒布之，並由全民大會決定施行日期，在此時
期自當加緊準備，俾國民革命之偉業得如期完成。」〔註 255〕抗戰勝利後，國
民黨不僅允許以民盟為代表的民主黨派的合法存在，而且召開政協會議，讓中
國共產黨、民主黨派及無黨派人士代表與其一起，共同參與有關「制定共同綱
領、改組國民政府、召開國大大會、修訂五五憲草、整編兩黨軍隊」等問題的
討論與決策，以彰顯自己對民主法治的尊重。故此，在南京國民政府時期，國
民黨雖然在鞏固政權方面，不乏鐵腕手段，但對崇尚民主自由的中間派人士，
仍予以相當的容忍；即便有時明知中間派人士的言行已經威脅到自己的統治，
可為了最大限度地孤立和打擊自己的政敵——中國共產黨，也只能在無奈中
聽任其存在。

　　同理，中國共產黨如想在中國實現自己的建國理想，也同樣必須對中間派
人士的言行給予足夠的諒解。因為儘管在政治理念上，中國共產黨崇尚用暴力
革命的辦法來變更社會現狀和強調用無產階級專政手段來行使國家政權，但
並非是一個反民主自由的政黨。如其領導人毛澤東在《新民主主義論》一文中，
勾畫國家政體的藍圖時曾說：「中國現在可以採取全國人民代表大會、省人民
代表大會、縣人民代表大會、區人民代表大會直到鄉人民代表大會的系統，並
由各級人民代表大會選舉政府。但必須實行無男女、信仰、財產、教育等差別
的真正普遍平等的選舉制，才能適合於各革命階級在國家中的地位，適合於表
現民意和指揮革命鬥爭，適合於新民主主義的精神。」〔註 256〕其後毛澤東又
在《論聯合政府》的政治報告中對新民主主義政治做了進一步的闡述，他說：

〔註 255〕中國第二歷史檔案館編：《中華民國史檔案資料彙編·政治（一）》第 5 輯第
　　　　　2 編，江蘇古籍出版社 1998 年版，第 208 頁。
〔註 256〕《毛澤東選集》第 2 卷，人民出版社 1991 年版，第 677 頁。

「我們主張的新民主主義的政治，就是推翻外來的民族壓迫，廢止國內的封建主義的和法西斯主義的壓迫，並且主張在推翻和廢止這些之後不是建立一箇舊民主主義的政治制度，而是建立一個聯合一切民主階級的統一戰線的政治制度。」「新民主主義的政權組織，應該採取民主集中制，由各級人民代表大會決定大政方針，選舉政府。它是民主的，又是集中的，就是說，在民主基礎上的集中，在集中指導下的民主。只有這個制度，才既能表現廣泛的民主，使各級人民代表大會有高度的權力；又集中處理國事，使各級政府能集中地處理被各級人民代表大會所委託的一切事物，並保障人民的一切必要的民主活動。」〔註257〕黨的其他領導人如劉少奇，也發表了類似的見解，他在分析抗日根據地民主政權時說：「為了組織革命各階級聯合的政權，就必須實行廣泛的民主制度（如國民大會、省民大會、縣民大會、區民大會、鄉民大會等）。革命的各階級通過一定的民主的形式，去參加革命的政權。」「抗日各階級聯合的抗日民主政權，是抗日民族統一戰線的最高形式。它只有在平等的原則上，採用完全的民主制度，才能組織成功。」〔註258〕毛澤東、劉少奇所說的「代表大會、選舉制度、聯合政府、民主集中制原則」等，雖然在性質上跟中間派人士篤信的民主制度有著很大不同，但絕不能而因此否定其民主政治的本性。

並且，中國共產黨人士面對國民黨專制的現實，也強烈地要求民主自由。如周恩來在紀念孫中山逝世十九週年的大會上演說時指出：實行憲政的先決條件有三個：「一是保障人民的民主自由；二是開放黨禁；三是實行地方自治。人民的自由和權利很多，但目前全國人民最迫切需要的自由，是人身居住的自由，是集會結社的自由，是言論出版的自由。人民的住宅隨時可受非法搜查，人民的身體隨時可被非法逮捕，被秘密刑訊，被秘密處死，或被強迫集訓，人民集會結社的自由是被禁止，人民的言論出版受著極端的限制和檢查，這如何能保障人民有討論憲政發表主張的自由呢？……開放黨禁，就要承認各抗日黨派在全國的合法地位，合法就是不要把各黨派看作『奸黨』『異黨』，不要限制與禁止他們一切不超出抗日民主範圍的活動，不要時時企圖消滅他們。」〔註259〕潘

〔註257〕《毛澤東選集》第 3 卷，人民出版社 1991 年版，第 1056～1057 頁。
〔註258〕中共中央文獻編輯委員會編：《劉少奇選集》，上冊，人民出版社 1981 年版，第 172～173 頁。
〔註259〕笑蜀編：《歷史的先聲》，汕頭大學出版社 1999 年版，第 8 頁。

梓年在《學術思想自由的問題》一文中說：「主張思想自由的人，是認為思想的是非曲直，應讓它在自由發展中自己來解決，不要用政治力量從外面來加以干涉，而不是抽象地來主張思想自由，把思想當作漫無規律的東西……所以要主張思想自由，正是為的要來加強思想自身的規律，要讓這個規律在思想的自由開展、自由發展之中壯健起來，堅強起來。思想愈能自由，它的是非曲直，愈能明晰而周密。」〔註260〕共產黨人對國民黨專制現實的如此批判，儘管是站在自己政治路線的立場上，但在效能上何嘗不是對中間派人士民主自由主張的響應與聲援。從此意義上看，中國共產黨所爭的民主自由，跟中間派人士心目中的民主自由雖然存在著一定的差距，但在某些具體內容上並沒有本質的區別。故而中國共產黨在實踐中，把中間派人士當作自己的盟友甚至同路人，也是本身追求政治目標的需要，哪怕有時遭到來自中間派人士的批評或誤解，也仍然視其為可以爭取的對象。

事實上也是如此，中國共產黨為固守自己的政治理想，也確實在謀求來自中間派人士的支持，尤其是隨著抗日民族統一戰線的形成與民盟的成立，中國共產黨就更是加強了同中間派人士的合作。因為這樣，從積極方面說，既可以借中間派人士的力量來壯大自己的政治聲威，也可以借中間派人士的聲援來重塑自己的道義形象；從消極方面說，一則可以緩解自己跟國民黨的正面衝突，二則可以反襯國民黨的不得人心。其中在抗戰期間，就支持和幫助中間派人士組建起最大的政治團體——中國民主政團同盟；戰後初期又鼎力維護與支持民盟第三大黨的地位，如在分配國民政府委員名額時，周恩來曾懇切地對民盟主席張瀾說：「在十四個席位中民盟可以自己斟酌，你們要幾個都可以商量，你們要六席，我們就八席，你們七席，我們雙方就各半，你們若要八席，我們就六席。你們大膽地提出，絲毫不必客氣。」〔註261〕在政協委員名額分配時，為了確保民盟的九個席位，中國共產黨不僅跟國民黨據理力爭，而且還主動讓出自己的兩個席位。中國共產黨如此友好道義的行為，既體現出自己對民主政治的真誠，也表達了對民主同盟的友誼，更贏取了中間派人士的好感與信任，最終為實現自己的建國理想創造了條件。

就此而言，中間派人士為踐行中間路線而在國共政治路線所構成的政治

〔註260〕潘梓年：《學術思想自由的問題》，《新華日報》1944年3月6日。
〔註261〕張憶軍：《風雨同舟七十年——中國共產黨與民主黨派關係史》，學林出版社2001年版，第302頁。

格局中，所表現出來的矛盾行為並不矛盾。因為中間路線本身特質，使其在當時的政治環境中必須扮演矛盾的角色，否則，不僅其黨派立場無以凸顯，而且其政治目標也難以實現。所以，作為中間路線踐行者的中間派人士，出於對自己政治信仰的忠誠和守望，就必須以不同的面孔周旋於國共之間，最大限度地拓展中間路線的生存空間。同時，國共兩黨雖然因所屬政治路線差異而在意識形態與價值取向上，跟中間派人士格格不入，但無可諱言的是，一方面站在救亡建國的立場上，彼此間跟中間派人士畢竟存在許多利益和識見的重疊；另一方面，基於彼此政爭軍爭考量，各自又迫切需要來自中間派人士道義上或實質上的支持。故而，在實際政治活動中，國共兩黨出於維護所屬政治路線和實現各自的政治目的，只能在「打」「拉」之間，盡量維持跟中間派人士的平衡關係，使其不至於因過分地親「共」而反「國」，也不至於因過分地親「國」而反「共」。是以，中間派人士的矛盾角色也就有了成為現實的可能。

小結

不難發現，中間派人士出於維護與捍衛中間路線的黨派立場，而在實踐中處理跟國共兩黨路線政治關係過程中，堅持調適與抗爭並存的原則，一方面以忠誠的批評者、局外的建議者與無奈的擁護者角色出現在國民黨面前，另一方面以自負的反對者與道義的同盟者面孔周旋在共產黨周圍，藉此在國共兩黨政治路線夾縫中為中間路線拓展出足夠的生存空間。當然，中間派人士之所以能夠以不同的角色遊刃於國共之間，一則得益於中間路線本身的改良特性，使其有了理論依據；二則得益於民族危機加深的現實困境，使其有了現實必要；三則得益於國共兩黨相爭的政治格局，使其有了實現可能。事實上也是這樣，中間路線的改良特性，使其踐行者在堅持和維護自己固有政治主張的前提下，既能在妥協中認同國共政治路線的合理性，也能在鬥爭中調和國共政治路線的對立性；民族危機加深的現實，則無形中為中間路線提供了跟國共政治路線達成共識的平臺，並賦予其調適與抗爭此非黨派立場的時代意義及歷史價值，進而使得國共兩黨在實際政治活動中，無論從救亡方面，還是從建國方面，都不能不認同或肯定中間路線踐行者——中間派人士許多建議與行為的合理性；而國共相爭的政治格局，則無異於從另一個層面為中間派人士宣示與固守中間路線的黨派立場提供了契機，因為從國家利益上看，國共政治路線相爭的

事實，客觀上更需要中間派人士從中斡旋，以避免矛盾的進一步激化，並且從相爭者本身份析，國共兩黨出於擊敗對手與宣揚「得道多助，失道寡助」的目的，主觀上更有示好與拉攏中間派人士的必要。如是，國共兩黨即使在現實中不滿意中間派人士固守所屬路線的黨派立場，但為了維護自己的政治利益，也只能在盡可能範圍內對其予以認同、容忍和諒解。

第七章　現代化路上的歧爭

　　中華民族的現代化問題，應該是近代以來中國所有關心國家和民族出路的政治派別、團體與個人都不可迴避的話題。因為一方面它是一個涉及如何向西方學習的問題？另一方面它也是一個有關在學習過程中如何保存和發展自己的問題。如果用錢穆的話來說：「第一，如何趕快學到歐美西方文化的富強力量，好把自己國家和民族的地位支撐住；第二，如何學到了歐美西方文化的富強力量，而又不把自己傳統文化的精神斷絕或斬伐了。換言之，即是如何既吸收融合西方文化而又使中國傳統文化更光大與更充實。第一問題若不解決，中國的國家民族將根本不存在；第二問題若不解決，則中國國家民族雖存在而中國傳統文化仍將失其存在了。」[註1]可是自鴉片戰爭以來，儘管許多的中國士人為之做出了不懈的努力，但如何現代化仍舊是一個處於探索中的命題。所以，作為中間路線信奉者的中間派人士，出於實現民族的獨立與富強並把中國建成一個資產階級民主共和國的目的，除了在政治與社會改造方面付出努力的同時，也在傳統文化與落後經濟現代化方面做出自己的應對和思考。遺憾的是，由於各自學識素養、政治派別及職業種類的差異，彼此間在現代化問題上，不僅沒有達成一致與共識，相反還表現出相當激烈的爭論。

第一節　傳統與現代化的論爭

　　由於近代以來現代化問題在民族危亡日益嚴峻的前提下被提上了歷史日程，使得中國人昔日為之自豪的「傳統」，越來越成為現代「化」的對象，並

〔註1〕錢穆：《東西接觸與中國文化之新趨向》，《思想與時代》1944年第32期。

且隨著民族危亡的加深而日趨凸顯與緊迫；但自清末到北洋政府，儘管先後出現了維新變化時期的東西方文化論戰與新文化運動時期新舊文化論戰，可是該問題依然處於一種無解狀態。所以，當歷史的車輪進入 20 世紀 30 年代，奉行中間路線的一部分中間派人士出於救亡和建國的需要，沿著前人的阻擊繼續思考傳統的現代化問題，試圖從中找到一種挽救民族危亡、復興民族文化的良方。

一、傳統與現代化

傳統什麼？無疑是一個讓人難以做出精確回答的問題。因為從廣義上看，它應該是指過去已有且世代相傳有關物質文明與精神文明的東西；從狹義上看，它則是指從歷史沿傳下來的並對現代社會產生影響的思想、文化、道德、風俗、藝術、制度以及行為方式等。所以長期以來，不同的研究者對其有著不同的看法與認知。其中代表性的觀點，如美國學者希爾斯在研究中指出：「傳統是一個社會的文化遺產，是人類過去一個歷史階段與另一個階段之間保持了某種連續性與同一性，構成了一個社會創造與再創造的文化密碼，並且給人類生存帶來了秩序與意義。」〔註2〕中國學者張立文則描述道：「傳統像幽靈一樣在世界各地區、各民族游蕩。它似乎無聲無臭，無影無蹤。然而卻無處不在，無時不有，無孔不入。它總是把它的觸角伸向各個領域、方面、要素、環節，一旦抓住了什麼或者附麗著什麼領域、方面、事件……便毫不猶豫地、頑強地表現出來。儘管表現的方式、方法多種多樣，紛紛雜雜，但人們總是強烈地感受到它的存在，自覺不自覺地受它的制約或支配。人們想擺脫它、甩掉它，又總是脫不掉、甩不開，就像人們不能擺脫或甩開自身一樣。」〔註3〕根據上述觀點，不難發現，人們對傳統的內涵，更多地側重於文化層面或精神層面的考量。就此而言，傳統的現代化問題，本質上則是文化的現代化問題。

近代以來，隨著民族危機在西方列強的進逼中日益凸顯，一部分中國知識分子從挽救民族危亡、復興民族文化的目的出發，就試圖沿著文化的路徑為傳統在現代化大潮裏，指引出一條「順其波而揚起流」的革新之路，進而從改良與革命的夾縫中尋求一種解決時局的良方。正如梁漱溟所說：「於是大

〔註2〕轉引自馬克鋒《近代中國文化思潮》，光明日報出版社 2004 年版，第 16 頁。
〔註3〕張立文：《傳統學引論》，中國人民大學出版社 1989 年版，第 1 頁。

家乃有更進一步的覺悟，以為政治的改革仍然是枝葉，還有更根本的問題在後頭。假如不從更根本的地方做起，則種種做法都是不中用的乃至所有西洋文化，都是不能領受接納的。此種覺悟的時期很難明顯地劃分出來，而稍微顯著一點的，不能不算《新青年》陳獨秀他們幾位先生。他們的意思要想將種種枝葉拋開直截了當地去求最後的根本。所謂根本就是整個的西方文化——是中國文化不相同的問題。」〔註4〕胡適也認為：「現在是我們清楚地認識文化衝突這個問題的現實而予以解決的時候了。這個問題就是，中國當怎樣自我調整，才能使她處在已經成為世界文明的現代西方文明之中感到安適自在。」〔註5〕可見，在中國知識分子對傳統現代化的認知中，同樣傾向於文化的現代化。

如是，信奉中間路線的中間派人士，之所以崇尚傳統現代化，自有其充足的理由。

從傳統本身來看。雖然自近代以來，傳統不僅在應對西學的挑戰上顯得相當的無能，而且在重塑國家威權整合社會秩序上也顯得分外的無力。但即便它無能還是無力，它依然是中華民族應對西學挑戰、重塑國家威權與整合社會秩序的重要基石。此故，革命宣傳家章太炎曾經就說：用國粹激勵種性，可以增進愛國的熱腸；用宗教發起信心，可以增進國民的道德。顯然，章太炎口中的所謂「國粹」與「宗教」，應該屬於傳統的範疇。「中體西用」論的代言人張之洞也說：「吾聞欲救今日之世變者，其說有三：一曰保國家，一曰保聖教，一曰保華種。夫三事一貫而已矣。保國、保教、保種，合為一心，是謂同心。保種必先保教，保教必先保國。種何以存？有智則存。智者教之謂也。教何以行？有力則行。力者，兵之謂也。故國不威則教不循，國不盛則種不尊。」〔註6〕同理，張之洞所謂的「聖教」，無疑是指儒家文化。

為了防止人們犯全面否定傳統的錯誤，著名歷史學家嵇文甫在肯定傳統的合理性時說：「傳統的舊文化中，有許多東西根本就帶有一般性或共同性，根本就不是某一個特殊時代所獨有，和現代生活根本就沒有什麼衝突；有些東西，雖然它原來的具體形態和現代生活不能相容，然而它留給我們的精神遠景卻能對現代生活發生某種有益的作用或暗示；有些東西，看著雖然是烏煙瘴氣

〔註4〕梁漱溟：《梁漱溟全集》第1卷，山東人民出版社1989年版，第333〜334頁。
〔註5〕羅榮渠編：《從「西化」到現代化——五四以來有關中國文化趨向和發展道路論爭文選》，北京大學出版社1990年版，第361頁。
〔註6〕張之洞：《勸學篇》，華夏出版社2002年版，第9頁。

的，但其中卻包含一種真理，或近代思想的某些因素。」〔註7〕言下之意，傳統中固然有落後於現代性的糟粕，但仍包含著有益的東西。

事實上，傳統儘管相對於西學確實顯得落後，諸如其等級觀念之於西學中的平等觀念，其人治主義之於西學中的法治主義，其家族至上之於西學中的個人至上，其重義輕利傾向之於西學中對物質利益的合理追求等。但即為傳統，就有其成為傳統的理由，否則，它也不可能穿越歲月的風塵而跟歷史的腳步同行。如儒家文化所倡言的自強不息的進取精神，厚德載物的包容心態，民胞物與的博愛情懷，審慎明辨的為學之道，民貴君輕的民本思想，和光同塵的超然境界等，無論是過去、現在還是將來都有其永恆的意義。至於墨家尚同、法家崇術、道家三寶（慈儉讓）、釋家五戒等也有其合理的一面。所以，有人在比較中西文化時說：「中國求之理，泰西求之數；中國形而上，泰西形而下；中國觀以文，泰西觀以象；中國明其體，泰西明其用；中國泥於精，泰西泥於粗；中國失諸約，泰西失諸博。」〔註8〕正因為這樣，傳統相對於西學也許並非是一無是處的古董。

傳統既然作為一種影響現實的文化，就不會因人們的迴避、否定或批評而自動地消失，它會照舊沿著固有軌跡發揮自己應有的作用，因為它已滲透到人類在社會裏所獲得一切的能力與習慣之中；並且在現實中，對其尊重時，它就更多地展現其正面意義，反之，就更多地展現其負面影響。是以，正如魯迅在其《摩羅詩力說》中感歎道：「夫國民發展，功雖有在於懷古，然其懷也，思想朗然，如鑒明鏡，時時上進，時時反顧，時時進光明之長途，時時念輝煌之舊有，故其新者日新，而其古亦不死。若不知所以然，漫誇耀以自悅，則長夜之始，即在此時。」〔註9〕從此意義上看，傳統即是當下發展的基石。

從近代以來士人對傳統態度來看。隨著民族危機的出現和日趨嚴重，傳統在士人中間變成了一個備受爭議的話題。激進者認為它是引發民族危機的重要根源，因為它的保守與落後，不僅使得中華民族在抵禦外侮方面節節後退，而且也使得中華民族在現代化進程上舉步維艱。保守者則覺得民族危機的出現，一方面是西方侵略所致，另一方面是傳統功能未充分發揮使然。故而，激

〔註7〕羅榮渠編：《從「西化」到現代化——五四以來有關中國文化趨向和發展道路論爭文選》，北京大學出版社1990年版，第634～636頁。

〔註8〕趙樹貴、曾麗雅編：《陳熾集》，中華書局1997年版，第147頁。

〔註9〕魯迅：《摩羅詩力說》，《魯迅全集·墳》第1卷，光華書店1948年版，第58頁。

進者對傳統喊出了「一革從前，搜索無剩，惟泰西者是傚」的呼聲，主張對所謂的繁禮細故、文武名場、銓選檔冊、大政鴻法、四民學校、風情土俗等均應淘汰刪除。〔註10〕守舊者則打出了「立國之道，尚禮儀不尚權謀；根本之途，在人心不在技藝」的旗幟，〔註11〕甚至放言：「祖宗之法，不可變；寧可亡國，不可變法」，以示對傳統的守望和忠誠。

針對激進者與守舊者針鋒相對的立場及觀點，調和者們則站在二者之間，主張既要對傳統進行必要的改進，也要對西學予以適當的接納，只有這樣，傳統才能在現代得以發展，而西學才能在中國得以自存。其中張之洞就說：「今欲強中國，存中學，則不得不講西學。然不以中學固其根柢，端其識趣，則強者為亂首，弱者為人奴，其禍更烈於不通西學者也。」「今日學者，必先通經以明我中國先聖先師立教之旨，考史以識我中國歷代之治亂、九州之風土，涉獵子集以通我中國之學術文章，然後擇西學可以補吾缺者用之，西政之可以去吾疾者取之，斯其有益而無其害。」〔註12〕同時，張氏還對上述兩種極端立場提出批評。他說：「今惡西法者，見《六經》、古史志無明文，不察其是非損益，而概屏之，如詆洋操為非，而不能用古法練必勝之兵，詆鐵艦為費，而不能用民船為海防之策，是自塞也。自塞者，令人固弊傲慢，自陷危亡。」「溺於西法者，甚或取中西之學而糅雜之，以為中西無別，如謂《春秋》即是公法，孔教合於耶穌，是自擾也。自擾者，令人眩惑狂易，喪其所守。」〔註13〕在張之洞看來，頑固排外，只會讓自己陷於滅亡的境地；全盤西化，也會同樣讓自己難逃喪失自我的困境。

五四時期，「學衡派」代表人物吳宓針對新文化運動健將們全面菲薄傳統文化的言論，回應說：「今欲造成中國之新文化，自當兼取中西文明之精華而鎔鑄之貫通之。吾國古今學術道德文藝典章，皆當研究之保存之昌明之，發揚而光大之。而西洋古今之學術德教文藝典章，亦當研究之吸取之譯述之。」為了進一步闡釋自己的觀點，吳宓還從文化的延續性出發，認為「新」與「舊」沒有明顯的界線，而是一個相對而言的概念。他說：「新舊乃對待之稱，昨以為新，今日則舊。舊之有物，增之損之修之琢之，改之補之，乃成新器。」〔註14〕

〔註10〕 樊錐：《樊錐集》，中華書局 1984 年版，第 11～12 頁。
〔註11〕 《同治朝籌辦夷務始末》卷四，文海出版社 1971 年版，第 24 頁。
〔註12〕 張之洞：《勸學篇》，華夏出版社 2002 年版，第 59～60 頁。
〔註13〕 張之洞：《勸學篇》，華夏出版社 2002 年版，第 147 頁。
〔註14〕 吳宓：《論新文化運動》，《學衡》1922 年第 4 期。

從而告誡人們，不要囿於新舊觀念束縛，而對文化固有的延續性棄之不顧。不僅如此，吳宓還跟其「學衡派」同人，在其雜誌《學衡》的封面上書寫「昌明國粹、融會新知」八個大字，以表明其辦刊宗旨與對傳統文化的追崇。

其實，如果我們理性地思考近代以來民族危亡的事實與原因，不難發現傳統之於民族危亡，既沒有激進者所說的那樣壞，也沒有保守者所想的那樣好。因為如果沒有西方列強的入侵，民族危亡也許根本就不存在；反之，如果傳統是一種強勢的傳統，即使西方列強入侵，民族也會安然無恙。因此，民族危亡之局，非獨傳統之責。退一步說，即便傳統之於民族危亡負有重大的責任，但在挽救民族危亡過程中，若沒有傳統的積極參與，即使誠心誠意地接受西方文化，中國也不可能走出危機的深淵。所以，杜亞泉曾對新文化時期那種完全否定傳統的做法批評道：「假鄰人之冠服，不審其修短廣狹，貿然披之吾身。故貌合神離、削足適履之誚，常所難免。其尤可慮者，一國有一國之特性，則一國亦有一國之文明，取他人所長，以補吾之所短，可也；乞他人所餘，而棄吾之所有，不可也。而吾社會輸入之文明，則與舊時之國性，居於衝突之地位，絕不融合，乃於持此模仿襲取而來，無國性以繫其後者，以與世界相見，是猶披假貨之冠服，以傲其所借之物主，其不貽笑者幾何？」〔註15〕文化保守主義者梅光迪在反思中國現代化不成功的原因時，發表了類似的見解。他說：「國人倡言改革，已數十年。始則以歐西越我，僅在工商製造業，繼則慕其政治法制，今且兼其教育、哲理、文學、美術矣。其輸進歐化之速，似有足驚人者。然細考實際，則功效與速度適成反比例。故國人言政治法制，垂二十年，而政治法制之不良自若，其言教育、哲理、文學、美術，號為『新文化運動』者，甫一啟齒，而弊端叢生，惡果立現，為有識者所詬病。惟其難也，故反易開方便之門、作偽之途，而使浮薄妄庸者，得以附會詭隨、窺時俯仰，遂其功利名譽之野心。夫言政治法制者之失敗，盡人皆知，無待余之曉曉。」〔註16〕梅光迪是在告訴國人，學習西方文化不是一件容易的事，不顧國情過分迷信西方文化的做法，只會造成東施效顰甚至邯鄲學步的後果。

是以，對於傳統正確的態度是：一方面固然要看到它因歷史的久遠難免帶有落後於西學的因子，另一方面更要明白它之所以能從歲月漫漫的風塵中穿越悠遠的時空就必有其超越於西學的精華。故而，那種單純否定或肯定傳統的

〔註15〕杜亞泉：《杜亞泉文選》，華東師範大學出版社 1993 年版，第 82～83 頁。
〔註16〕梅光迪：《評提倡新文化者》，《學衡》1922 年第 1 期。

做法，既無助於其弊端的消除，也有害於其優點的發揮。

　　從救亡與現代化的角度來看。雖然自近代以來，中華民族的危機給人的感覺是一種涉及政治、經濟、軍事、思想等多層次全方位的危機，但歸根究底，都可以歸結於中華民族的傳統危機。因為一方面是由於傳統危機的存在，才直接導致了原有政治、經濟、軍事、思想等，在應對外來文化挑戰時出現了全面的倒退與潰敗；另一方面，在某種意義上政治、經濟、軍事、思想等，本就是傳統內容的重要組成部分。再就是傳統的危機，更關係到國家民族的存亡，這不僅是由於傳統在本質上，是一個國家民族在長期發展中所遺留下來的精神和物質上的精華，更是因為傳統在功能上，是一個國家民族得以長存於世的託命所在。對此章太炎深有認識，他舉例說：「金與清皆自塞外勝中國者也，以好慕中國文化，失其樸勁風，比及國亡，求遺種而不得也。上溯元魏，其致亡之道亦然。」〔註17〕章氏的言外之意，金、清和元魏之所以衰亡，重要原因是盲目學習漢文化而使得自己迷失了自性。可以這麼說，一個國家民族只要傳統不死，它就有東山再起的機會與可能。如是，古人就有所謂「亡國」與「亡天下」的區別，更有「天下興亡，匹夫有責」的說法，而此種意義上的「天下」絕不是政治與經濟所能涵蓋的。

　　退一步說，如果救亡不去救亡身處危機中的傳統而去救亡其他的東西，也許「東西」是被救亡了，但本質上已不是原來的東西，或者這些東西根本就救不了亡。故而有人說：「學亡則亡國，國亡則亡族」。就此而言，救亡的價值與意義何在呢？所以，救亡傳統應該是救亡的重要內容。但是傳統怎樣才能救而不亡呢？正確的方法也許只能走現代化的道路。因為傳統之所以出現危亡，根本原因就是其在應對現代化的挑戰上顯得進退失據、舉步維艱，從而不僅導致了政治、經濟、軍事、思想等一系列危機的出現，而且造成了自己生存空間的嚴重壓縮和固有威權的全面下降。因此，只有通過走現代化道路，才能讓傳統在吸取西方先進文化的營養中實現自己的昇華和蛻變。

　　不過，現代化也同樣須以傳統作為自己的重要內容，原因是現代化，如果把傳統排除在自己的視野之外，那麼不僅會使得自己的活動領域和選擇範圍大為縮小，而且還會直接影響自己的社會效果。因為如果在現代化的內容中沒有傳統，那麼可以想見：還有什麼比之更需要現代化的，還有什麼比之更能夠

<hr>

〔註17〕劉夢溪主編：《中國現代學術經典・章太炎卷》，河北教育出版社 1996 年版，
　　　　第 614 頁。

現代化的？同時，現代化如果把傳統拒之門外，那麼傳統就極有可能憑藉自己的地主之利而對現代化進行深閉固拒。事實上，近代以來中國之所以在現代化道路上磕磕絆絆，原因固然很多，但現代化自身無疑也存在一定的責任。

由此觀之，無論是救亡還是現代化都必須對傳統採取尊重的態度。對此，費孝通針對現代化過程中人們對傳統的誤解，勸誡道：「文化的改革並不能一切從頭做起，也不能在空地上造好了形式，才搬進來應用，文化改革是推陳出新。新的得在舊的上邊改出來。歷史的綿續性確是急求改革的企圖的累贅。可是事實上卻並不能避免這些拖住文化的舊東西、舊習慣，這些客觀的限制，只有認識限制才能得到自由。認識限制並不等於順服限制，而是在知己知彼的較量中去克服限制的必需步驟……文化改革必須有步驟、有重點。我們身處在生活中充滿了問題，傳統文化不能答覆我們要求的情況中，不免對一切傳統無條件地發生強烈的反感，否定傳統的情感。這情感固然是促進社會去改革文化的動力，但是也可以使改革的步驟混亂而阻礙了改革的效力。」〔註18〕文化改革尚且如此，文化現代化又何嘗能夠例外！

從知識分子本身來看。相對於自文藝復興運動以來聲望日隆的西學，作為有著數千年歷史的中華傳統，也許真有點老態龍鍾了。但是對中國知識分子而言，它不僅是文化傳承的主要內容，而且也是文化創新的重要平臺，更是造就知識分子本身的搖籃。可以說在一個人成長為知識分子的路上，傳統扮演著非常重要的角色，因為它既開啟了人的蒙昧，使人變得文明，也武裝了人的頭腦，使人變得聰慧。

當然，就文化的傳承而言，作為知識分子還須承擔起民族文化薪火相傳的歷史重任。因為即是知識分子，就有保存和傳播傳統的責任與義務，哪怕傳統確實存在這樣那樣的缺點，也必須本著「存其精華、去其糟粕」的原則讓其流傳後世，而不能因此棄之不顧而隨其消逝在歲月的煙塵中。如果這樣，這既是對知識分子本身的一種褻瀆，也是對知識的一種踐踏。再者，在文化的傳承上，作為知識分子如果不去保存和傳播傳統，那麼還有多少東西值得保存和傳播呢？就文化的創新而言，知識分子同樣依賴於傳統。因為傳統不僅提供了創造知識所需要的一切符號，發現知識所必需的各種方法，而且還告誡後來者不要再犯先行者在知識創新道上曾經出現的錯誤。就此來說，在知識的每一項成就與進步上，都有著傳統的印痕和基因。如是，傳統之於知識分子，其重要性是

〔註18〕費孝通：《鄉土重建》，上海觀察社 1948 年版，第 151 頁。

不言而喻的。不過，傳統固然重要，但也只是推動社會前進的工具。知識分子雖有必要對之忠誠與熱愛，卻沒有必要為之守舊而愚頑。否則，無疑既是對傳統作用與功能的一種扼殺，也是對傳統發展與進步的一種阻撓。

此外，國民黨的文化保守立場，也在某種程度上促使中間派人士去強調傳統的現代化。其中，鑒於 20 世紀 30 年代一部分黨國要人及黨化文人的復古傾向，中間派人士站在現代化的角度，明確表示反對的立場。李子魁針對當時「尊孔讀經」的行為，批評道：「我敢大膽地說尊孔讀經復古政策是一條死路，一定要失敗的，沒有旁的理由，時代不需要這一套。中國目前要做的事，而急於兌現的多得很！如農業上的改良，手工業的改進，教育的普及，河道的疏通，森林的培植，邊疆的開墾，移民，牧畜，交通⋯⋯以及政治上刷新，國防的設施等等，真是百廢待興的中國，偏偏捨正路而不由，專門幹些不相干的把戲，哀哉！如果尊孔讀經能使中國富強，不受帝國主義的壓迫，那麼清朝政府時代，讀經的工夫不可謂不深，結果人家打來了，『木魚』敲得再響些，經書讀得再熟些，把孔子骨頭挖起來去敬貢，也是沒有辦法。」〔註 19〕還有學者針對一部分黨化文人所倡言的「中國本位文化」主張，同樣提出批評：「十教授對於他們提出的『中國本位的文化建設宣言』，曾很鄭重地一再聲明：『本位文化不是固有文化，本位是此時此地的需要。』但如果有人問：『此時此地的需要是什麼？是不是全盤西化？』他們的答覆當然不是，『而是對於固有文化則存其所當存，對於西洋文化則取其所當取。』這個所謂『本位』的構成，自然一半是固有文化，一半是西洋文化了。所以任憑十教授出盡九牛二虎之力來否認本位文化不是固有文化，也只能否認一半，其他一半歸根還是固有文化。於是也就逃不出中學為體、西學為用的老嫌疑了。」〔註 20〕與此類似，梁實秋也對「本位文化」論者諷刺道：「以為守舊不好，盲從不好，『中學為體，西學為用』也不好，『全盤西化』更不好，而要根據『此時此地的需要』另行『建設』一種所謂『中國本位文化』，這實在是一種誇大狂。」〔註 21〕可見，國民黨的文化保守立場，事實上也在某種程度上充當了推動中間派人士思考傳統現代化的「催化劑」。

既然如此，作為中國知識分子重要組成部分的中間派人士，無論是從傳統

〔註 19〕李子魁：《讀經與新文化運動》，《獨立評論》1935 年 2 月 17 日。
〔註 20〕少干：《我們此時此地的需要是什麼？》，《獨立評論》1935 年 8 月 11 日。
〔註 21〕梁實秋：《自信力與誇大狂》，《獨立評論》1935 年 6 月 23 日。

本身出發，還是從救亡與現代化目的出發，甚或是從知識分子立場出發，傳統的現代化都是其在踐行中間路線過程中必須思考與探討的問題。

二、激進的現代化道路

既然傳統現代化問題是中間派人士在宣揚中間路線時，所必須做出回應的重要時代命題，那麼他們對此做出的回應是什麼呢？根據他們奉行中間路線過程中對傳統現代化問題的表述，以陳序經、胡適等為代表的一批人，主張走激進的現代化道路。所謂激進的現代化道路，就是指在大面積否定傳統的基礎上引進西方文化，以達到對傳統進行根本改造的目的。

激進的現代化道路，之所以成為一部分中間派人士指引傳統的一條出路，一方面是傳統在其心目中，不僅是無能的化身，而且是落後的代名詞。比如著名西化論者陳序經在文章中寫道：「從東西文化的程度來看，我們無論在文化哪一方面，都沒有人家那樣進步。從文化本身的各方面的連帶關係來看，我們不能隨意地取長補短。從東西文化的內容來看，我們所有的東西，人家統統有，可是人家所有的很多東西，我們卻沒有。從文化的各方面比較來看，我們所覺為最好的東西，遠不如人家的好，可是我們所覺為壞的東西，還壞過人家所覺為壞的千萬倍。」〔註22〕相對於陳序經高屋建瓴式的批評，吳世昌的批評則很有畫龍點睛的味道，他說：「儒家以功利教人，其終極目的是『應帝王』。孔孟仁義之說，算是講為人之道的精彩部分，然與客觀的真理無關。宋人講格物，已受外來思想之影響。而格來格去，又格到心上，仍離不開人，所以也不能走上科學之路。老莊要去『是』『非』觀念，使後世以『是非』為『口舌』『麻煩』的同義詞。法家對治道雖有貢獻，而先要教人揣摩心理，諂諛權貴，狎弄人主，然後能行其政策（見《韓非·說難》）。並且法家也注重功利。」〔註23〕

跟陳、吳二氏不同的是，林語堂用以退為進的手法痛批傳統的無能，認為在當今時代，單純地依戀於傳統而不思進取，那麼再好的國粹、傳統也難以保全的。他說道：「再退一萬步，就說東方文明有了不得的寶貝，國粹家想極力保存，試問國粹保存起來沒有？我們的圖書館在哪裏？我們的博物院在哪裏？我們的古樂今日在哪裏？我們的古物古蹟有相當的保存沒有？我們的歷

〔註22〕楊深主編：《走出東方——陳序經文化論著輯要》，中國廣播電視出版社1995年版，第255～256頁。

〔註23〕羅榮渠編：《從「西化」到現代化——五四以來有關中國文化趨向和發展道路論爭文選》，北京大學出版社1990年版，第348頁。

朝古玩國寶書畫，今日販賣到什麼地方去了？是在倫敦巴黎還是北平？我們的古玩古畫今日是在紐約東京呢，還是北平呢？」〔註24〕從林氏的話語中可以看出，傳統豈止是無能，簡直是罪過。跟林氏類似的胡適則說的更直接，他在推行其全盤西化的主張時說：「中國今日最可令人焦慮的，是政治的形態，社會的組織和思想的內容與形式，處處都保持中國舊有種種罪孽的特徵，太多了，太深了，所以無論什麼良法美意，到了中國都成了逾淮之橘，失去了原有的良法美意。政治的形態，從娘子關到五羊城，從東海之濱到峨眉山腳，何處不是中國舊有的把戲？社會的組織，從破敗的農村，到簇新的政黨組織，何處不具有『中國的特徵』？思想的內容與形式，從讀經祀孔，國術醫術，到滿街的性史，滿牆的春藥，滿紙的洋八股，何處不是『中國的特徵』？」〔註25〕顯然，在這些激進的批判者看來，傳統已到了需徹底「洗心革面」的時候了。

　　另一方面，近代以來激烈的反傳統傾向。由於晚清以來國家民族危亡的加深與現代化訴求的受挫，傳統日益成為一部分激進者抨擊與譴責的對象。戊戌變法的主將譚嗣同，針對當政者的愚頑和昏庸，就認為中國自秦朝以來就是一種專制加強盜的政治，中國的文化就是一種「荀學」加「鄉愿」的文化，而且彼此勾結相互利用，故而譚氏發出了「沖決封建之網羅」的吼聲。辛亥革命時期，一個筆名「絕聖」的革命者在《排孔徵言》一文中就喊出「打倒孔子」的口號，他說：「欲世界進於幸福，必先破迷信；欲支那人進於幸福，必先以孔子之革命。」〔註26〕到了新文化運動時期，反傳統顯得更為激烈，被胡適譽為「四川省隻手打孔家店的老英雄」吳虞則在文章中直呼孔子為「盜丘」「國願」，認為「盜跖之為害在一時，盜丘之遺禍及萬世；鄉愿之誤事僅一隅，國願之流毒遍天下。」〔註27〕錢玄同則主張不僅要廢除傳統的倫理道德習俗節日，而且要廢除承載傳統的古籍和文字。

　　可以說，反傳統是近代以來中國知識分子在追求國家現代化進程中的一種重要取向，作為中間派人士難免不受到其影響。如陳序經就對前人激進的反傳統大加肯定與讚揚，他說陳獨秀對舊倫理、舊政治、舊藝術、舊宗教、舊文

〔註24〕羅榮渠編：《從「西化」到現代化——五四以來有關中國文化趨向和發展道路論爭文選》，第 197 頁。

〔註25〕歐陽哲生編：《胡適文集》第 5 冊，北京大學出版社 1999 年版，第 451 頁。

〔註26〕張梧、王忍之編：《辛亥革命前十年間時論選集》，生活·讀書·新知三聯書店 1977 年版，第 209 頁。

〔註27〕趙清等編：《吳虞集》，四川人民出版社 1983 年版，第 65 頁。

學的否定和反對，在思想上開闢了一個新紀元；而且，在激烈反傳統的中間派人士中，既有新文化運動時期反傳統的參與者，也有沐浴新文化運動光澤的受惠者。事實上，也許正因為近代以來這種反傳統思想的沉澱和積累，才很大程度上釀成了中間派人士在宣揚中間路線時對傳統的激進態度。

此外，其他一些原因也為某些中間派人士激烈反傳統提供了理論支持。比如，陳序經站在文化有機體論的立場上，認為文化是整個的完全的，是不能隨便分解的，如果要學習西方文化，就必須是全盤的，而不是枝枝節節的；要改造傳統文化，就應該是根本的，而不是修修補補的。為此，他比喻道：「文化本身是分開不得的，所以它所表現出的各方面都有連帶及密切關係。設使因了內部或外來的勢力衝動或變更任何一方面，則它方面也受其影響，它並不像一間屋子，屋頂壞了，可以購買新瓦來補好。所以我們要格外努力去採納西洋的文化，誠心誠意地全盤接受它……因為它本身上是一種系統，而它的趨勢，而它的趨勢，是全部的，而非部分的。」〔註28〕他還對那些在傳統出路問題上持復古和折衷傾向的人進行批評，指出前者的錯誤是昧於文化發展變換的道理，後者的錯誤是過分地強調文化的一致與和諧。胡適則根據傳統天然的守舊性特徵，主張對西方文化必須全面的、大量的引進，讓其充分地跟中國固有文化接觸與切磋，借它的朝氣和銳氣來打掉一點傳統的惰性與暮氣。否則，不僅原本需要改造的傳統仍處處保留其舊有的特性，就是剛剛從西學中引進的良法美意也會墮落成逾淮之橘；正所謂「法乎其上，得乎其中；法乎其中，得乎其下」罷了。所以，胡適告誡人們毋須擔心西學的引進會顛覆中國固有的傳統，相反，它只是中國傳統實現新生的催化劑。

如是，中間派人士在其中間路線的話語系統中，是如何來表述其激進的現代化主張呢？就當時的影響來說主要有三種代表性觀點。

其一，以陳序經為代言人的全盤西化觀。陳氏認為在現代化道路上，僅僅對固有的傳統進行否定和反對是不夠的，還應該對西方的文化進行全盤的引進與採納。他在評價陳獨秀新文化運動期間反傳統的主張時就明顯表示出此種意向，他說：「陳先生所反對的中國文化，是包括舊倫理、舊政治、舊藝術、舊宗教、舊文學。質言之：差不多是包括中國文化的全部分。陳先生所欲推倒的舊文化的範圍固很廣，然在西洋文化的採用上，卻特別注重於德先生和賽先

〔註28〕羅榮渠編：《從「西化」到現代化——五四以來有關中國文化趨向和發展道路論爭文選》，北京大學出版社 1990 年版，第 403～404 頁。

生……除此以外別沒所要，則陳先生所要的西化，恐怕非全部的西化。」〔註29〕陳氏的言外之意是說陳獨秀在否定傳統方面已夠得上一個全盤西化論者，但在接納西方文化方面卻還有所欠缺。

為了進一步表明自己的全盤西化觀，陳序經主張，無論是從積極意義上看還是從消極意義上看，我們目前的政治、經濟、教育、社會等方面不僅要在思想上採用西方文化，而且要在行動上採納西方文化，只有這樣，中國的傳統才有出路。出於支持自己觀點的需要，陳序經通過對中西方文化的比較，評論道：「從文化發展上看，西洋近代的文化的確比我們的進步得多，它的思想，也的確比中國的思想為高。西洋文化無論在思想上，藝術上，科學上，政治上，教育上，宗教上，哲學上，文學上，都比中國的好。至於在衣，食，住，行的生活上頭，我們更不及西洋人講究。」〔註30〕此外，陳序經還根據近代以來中國人，在態度上對西方文化認同的逐步加強和在實踐上對西方文化應用的日趨推廣的事實，以及日本與印第安人因態度上對西方文化的差異而招致的不同結局，來證明全盤西化不只在中國是一種趨勢，更是世界的一種潮流。

陳氏還對那些念念不忘祖宗成就與光榮而視全盤西化為背宗忘祖的人進行詰問道：「我們以為所謂祖宗的成就與光榮，是祖宗的，而非我們的。我們自己沒有成就，沒有光榮，只靠祖宗的成就以為光榮，不但是自暴自棄，而且是侮辱祖宗。何況祖宗的成就與光榮早已成為歷史上的陳跡。不但現在的時候，不容許我們去保存它，就是我們還能夠保存它，也不能適應我們目前的需要。所以我們今日的急務是要徹底覺悟我們祖宗的成就與固有的光榮，不足以生存於這個時代。只有這種覺悟的人，才能痛改前非，急起直追，而努力於文化的改造與發展。假使不是這樣，而徒然固守祖宗的殘遺，那麼不但祖宗的光榮，不久將要湮沒，恐怕民族也要滅亡。」〔註31〕陳序經是在告誡那些藉口保存「祖宗成就與光榮」而排拒西方文化的國人，其行為只會產生適得其反的後果。

其二，以胡適為代言人的充分世界化觀。相對於陳序經的全盤西化觀而言，胡適的充分世界化觀，在否定與批判傳統方面毫不遜色。他曾說道：「我

〔註29〕 羅榮渠編：《從「西化」到現代化——五四以來有關中國文化趨向和發展道路論爭文選》，北京大學出版社 1990 年版，第 371～372 頁。
〔註30〕 余定邦、牛軍凱編：《陳序經文集》，中山大學出版社 2004 年版，第 8～9 頁。
〔註31〕 余定邦、牛軍凱編：《陳序經文集》，中山大學出版社 2004 年版，第 68 頁。

們必須承認自己百事不如人。不但物質機械不如人，不但政治制度不如人，並且道德不如人，知識不如人，文學不如人，音樂不如人，身體不如人。」〔註32〕此外，他還跟陳序經一樣對那些傳統的誇耀者提出了批評。他說：「總而言之，我們對中國文明究竟有什麼真正可以誇耀的呢？它的過去的光榮屬於過去；我們不能指望它來解決我們的貧窮、疾病、愚昧和貪污的問題。因為這四大禍害是中國舊文明殘存至今的東西。此外還有什麼呢？我們國家在過去幾百年間曾經產生過一位畫家、一位雕刻家、一位偉大詩人、一位小說家、一位音樂家、一位戲劇家、一位思想家或一位政治家嗎？」〔註33〕胡適這種全面否定傳統的思想，自然為其「充分世界化」主張出場打開了方便之門。隨後，胡適提出了自己充分世界化主張。他說：「所以我現在很誠懇地向各位文化討論者提議：為免除許多無謂的文字上或名詞上的爭論起見，與其說『全盤西化』，不如說『充分世界化』。『充分』作數量上即是『儘量』的意思，在精神上即是『用全力』的意思。」〔註34〕

出於劃清跟陳序經全盤西化觀界限的目的，胡適認為在現實生活中，數量上的嚴格「全盤西化」是不容易成立的，同時也承認西方文化如同中國文化一樣也有著自己的缺點。他說：「文化只是人民生活的方式，處處都不能不受人民的經濟狀況和歷史習慣的限制，這就是我從前說過的文化的惰性。你儘管相信『西菜較合衛生』，但事實上絕不能期望人人都吃西菜，都改用刀叉。況且西洋文化確有不少的歷史因襲的成分，我們不但理智上不願採取，事實上也絕不會全盤採取。」為此，胡適還舉證「充分世界化」相對於「全盤西化」所具有的優勢，即它可以免除一切瑣碎的爭論，容易得著同情的贊助，避免數量上難以成立的邏輯毛病。

然而，無論胡適如何聲明自己主張跟陳序經的觀點有多麼不同，但從其充分世界化的內容來看，胡氏跟陳氏並沒有本質的區別，彼此都主張中國人應該從器物到制度再到精神死心塌地的去學人家，一心一意地去現代化。正因為如此，胡氏還把陳序經引為同道，並在《獨立評論》142號的《編輯後記》中說：「此時，我只藉此聲明我是完全贊成陳序經先生的全盤西化論的。」可見，胡、陳二人在文化現代化的取向上是相當一致的，彼此間沒有根本的不同。

〔註32〕歐陽哲生編：《胡適文集》第5冊，北京大學出版社1999年版，第515頁。
〔註33〕羅榮渠編：《從「西化」到現代化——五四以來有關中國文化趨向和發展道路論爭文選》，北京大學出版社1990年版，第360頁。
〔註34〕胡適：《充分世界化兩全盤西化》，《大公報》1935年6月21日。

　　其三，以張佛泉為代言人的根上西化觀。跟陳、胡二氏的西化觀不同的是，張佛泉更在意於本質上或精神上西化。他在文章中寫道：「我所主張的可以說是從根上，或說是從基礎上的西化論。有許多皮相與枝節問題，如同是打 bridge 好還是打麻將好，我以為可以不專去討論它。我們目前最主要的工作，就是整個改造我們的頭腦，而是將中式的頭腦換上一個西式的頭腦（Westerntypeofmind），由一個『論語』式的頭腦換上一個柏拉圖『共和國』式的頭腦。同時我們有許多基本觀念，深入我們的腦筋如此之深，它們已經成了創入而固定的條紋、溝渠。我們的思想與活動已整個被這些溝渠給限制住，我們不動則已，一動便滾入這些溝裏去，我們若不徹底從根上改造，我們是永遠也逃不出那些陳舊卻很有力的窠臼的，如果精神與物質是可以分開來談的，我寧可將 emphasis（重點）放在精神改造方面。」〔註35〕因為張氏覺得近代以來，國人之所以在接納西方文化方面出現「中體西用」「中西調和」與「中國本位」這樣一種半弔子西化現象，根本原因是思想上仍駐足於傳統的陰影下，故而既使器物上和制度上已具備了西化的形體，可骨子裏流淌的依然還是傳統的血液。

　　在張佛泉看來，若想真正取得西化的成功，一方面必須跳出傳統的窠臼，對其進行根本的反思；另一方面必須徹底的採取西方文化，認真地吸取其本質的東西。當然張氏對陳序經、胡適兩人的觀點並不持否定態度。他曾說：「我與全盤西化論是非常同情的。我與全盤西化論的不同只在於我看中西文化間多少有『質』的不同，而不只是『程度高下的分別』；只在我看西方文化有實質與表象之分，只在我將注意力放在實質的採納方面，而不將實質用於表象等而視之。我不願將我個人劃入取長補短的調和派內，便因為我主張從根本上從實質上西化的。我認為在基本文化單位方面是無所謂長短的，如果我們以西方社會為理想我們便必須對這些單位全盤接受。」〔註36〕可見，張佛泉的西化觀在結果上更注重於實效，至於對傳統的態度，跟陳、胡二人相比，也只是五十步與一百步的差異而已。

　　為了強調根上西化的重要性，張佛泉設問道：「然則為什麼我們主張要從根上西化呢？因為我們四萬萬人如想繼續在這世上生存，便非西化不可，而欲求西化則只有從根上西化才足以生效！我們是被逼西化，被逼從根上西

〔註35〕張佛泉：《西化問題之批判》，《國聞週報》1935 年第 12 期。
〔註36〕張佛泉：《西化問題之批判》。

化……我們最聰明的辦法，便唯有誠意地，老實地，爽快地，不扭扭捏捏地從根上西化。」〔註37〕

當然，對傳統持激進態度的人物除陳序經、胡適、張佛泉三位代表外，還有其他一些知識人士。如盧觀偉著文道：「我以為新中國不但只在形而下的，如日本的過去，對於現代科學物質生活和政制的要歐化；形而上的關於民族內部生活的一切健康的思想、態度和倫理社會的標準，更須首先歐化的。」〔註38〕還有學者提倡：「我以為現在文化界的領袖們，應該放大膽來做採納整個西洋文化，以培養中國的新精神運動。不應怕全盤西化有成為西洋文化的附庸的危險，卻應以大膽的魄力駕馭整個的西洋文化，使中國採納後的消化，有良好的經過。這是創造中國新的文化的出路。」〔註39〕王青雲則主張：「我以為惟有從根上西化，是中國民族的惟一出路，若抱殘守缺，夜郎自大，亟亟於整個文化的保守，是非亡國不可的。」〔註40〕因而可以說，20世紀30年代中國知識分子在現代化問題上，批判與否定傳統的聲音，雖沒有像新文化運動時期成為一種時尚，但絕對不是偶然的個別現象。

這些激進現代化道路的主張，雖然為傳統在現代化進程上指明了一條出路，但是其所存在的不足與缺陷也是毋庸置疑的。有人就陳序經全盤西化觀所存在的問題進行批評道：「所謂『全盤西化』也是句不通到極點的名詞，因為西化的內容是極其複雜極其矛盾的，無法討論到全盤接受與否的問題，西洋文化中有基督教思想與異教思想的對立，有國家主義與國際主義的對立，有唯心主義與唯物主義的對立，有資本主義與社會主義的對立，有義務觀念與權利觀念的對立，有苦行精神與享樂精神的對立，有南歐氣質與北歐氣質的對立，有大陸思想與島國思想的對立，所有這些種種都是矛盾而衝突的，我們怎樣去全盤接受呢？即退一步說，單講現代西洋文化也是很矛盾凌雜的，美國的拜金主義和德國的精神能夠接受嗎？蘇俄的集產制度與其他國家的自由競爭制度能夠一起接受嗎？所以全盤西化論的口號是講不通的，其不通程度與擁護中國舊文化論之不通相等。」〔註41〕還有人說：「在『西方文化』這個名詞之下，

〔註37〕張佛泉：《西化問題之批判》，《國聞週報》1935年第12期。

〔註38〕轉引自余定邦、牛軍凱編《陳序經文集》，中山大學出版社2004年版，第23頁。

〔註39〕沈昌曄：《論文化的創造》，《國聞週報》1935年第14期。

〔註40〕王青雲：《論中國的文化建設問題》，《濟南通俗日報》1935年4月21日。

〔註41〕羅榮渠編：《從「西化」到現代化——五四以來有關中國文化趨向和發展道路論爭文選》，北京大學出版社1990年版，第487頁。

包含了許多相互衝突、互不兩立的文化集團。獨裁制度是西化，民主政治也是西化；資本主義是西化，共產主義也是西化；個人主義是西化，集團主義也是西化；自由貿易是西化，保護政策也是西化。這一類的例子，舉不勝舉。所謂全盤西化是化入獨裁制度呢？還是化入民主政治？是化入資本主義呢？還是共產主義？西方文化本身的種種矛盾，是主張全盤西化者的致命傷。」〔註42〕面對這一系列的詰問，陳序經、胡適等激進西化論者，顯然是難以做出正面的回答。

　　不難發現，這些對激進現代化主張的批評是相當有見地的。因為從字面上看「全盤」即是百分之百之意，那麼也就意味著，一方面對傳統的東西進行徹底的清除，另一方面對西方的東西進行全面的接納，事實上行嗎？顯然是不可能的。也許正因為意識到陳序經的「全盤」二字可能給「西化」帶來實踐上的困難，胡適則主張用「充分世界化」來替代「全盤西化」論。從詞意看，前者比後者的確要來得高明，因為它即使西化在內涵上變得更富有包容性，也使提倡西化的人在西化對象的選取上更具有靈活性。問題是此種西化觀的「充分」兩字，卻使得其在西化程度上陷於一種不可控的困境之中。因為「充分」是一個難以用數字來量化的字眼，究竟 99%的西化是充分西化，還是 80%的西化或 60%的西化是充分西化呢？顯然，其標準與規範只能由西化的主體去把握和評判。這樣從而在某種程度上，既為那些偽西化論者隱身於真正西化論者的隊伍造就了「外衣」，也為真正西化論者頹廢成保守主義者鋪設了「臺階」。由此看來，如果說陳序經的西化觀失之於絕對和武斷的話，那麼胡適的西化觀無疑偏於籠統與隨意了。

　　同樣，張佛泉的根上西化觀也不是沒有問題的。應該說張氏主張以思想和精神作為西化的突破口，確實在一定意義上抓住了西化的本質與精髓，因為一旦人們思想上真正西化了的話，那麼西化進程中許多障礙自然就會消解於無形。問題是中國非西化的現實，怎麼也提供不了人們思想與精神西化所需要的土壤，並且作為抽象的思想與精神，其西化的表徵必須借助於具體的他者才能得以顯現。故而，如果沒有物質上的西化，所謂根上的西化，也只能是一種空中樓閣式的美好設想罷了。此外，評判思想與精神西化的標準也不是隨意確定的，所以在現實中常常出現這樣的現象：有些自以為很西化的人，在更西化的人眼中卻與假洋鬼子無異；而本覺自己保守的人，在更保守者看來卻形同傳統

〔註42〕吳景超：《建設問題與東西文化》，《獨立評論》1935 年 2 月 24 日。

的叛逆。對此，有誰能夠給出一個權威的標準答案？可見，張氏的根上西化觀作為茶餘飯後的談資，也許不失為一種洞見，若想付諸實踐，也只能是一種難以企及的目標。

此故，以陳序經、胡適、張佛泉為代表的激進現代化主張，各自都存在具體操作上的困難。因而，如果只把他們的主張解讀成中國人對西化的態度與決心，實在有其積極的意義；如果真正把他們的觀點運用於社會實踐，恐怕不僅有種瓜得豆之虞，而且有南轅北轍之憂。

三、保守的現代化道路

然而，在以胡適、陳序經、張佛泉等為代表的中間派人士，主張對傳統現代化採取激進現代化主張的同時，以梁漱溟、張君勱、張東蓀、張熙若為代表的另一部分中間派人士，則主張走保守的現代化道路。所謂保守的現代化道路，就是指在儘量保留和利用傳統中優秀因子的前提下，廣泛採用西方先進文化要素，以達到刷新傳統進而實現中華民族獨立與復興的目的。當然，梁、張諸人之所以對傳統取法穩健的西化態度，既有歷史的原因，也有現實的原因。

分開來說，隨著西學在中國的進一步傳播以及民族危亡日益加深，越來越多的知識分子意識到，西化已是不可避免的時代潮流。但是，在這「西學東被」的大潮中，傳統究竟該何去何從呢？難免讓人有種無所適從的焦慮：如果因傳統而拒絕西學，那麼民族還能西化嗎？如果因西學而拋棄傳統，那麼西化的意義何在？所以在傳統與西學之間，一部分知識分子提出了「中體西用」的方案。其中有人說：「中學體也，西學用也，無體不立，無用不行，二者缺一不可。」〔註43〕還有人說：「捨西學而言中學者，其中學必為無用；捨中學而言西學者，其西學必為無本。無用無本，皆不足以治天下。」〔註44〕他們希望借傳統「體用」論的框架，在使二者求得一個平衡或共處的同時，又能挽救民族的危亡。

而另一部分知識分子則提出了「中西會通」的方案，孫寶瑄著文道：「愚謂居今世而言學問，無所謂中學也，西學也，新學也，舊學也，今學也，古學也。皆偏於一者也。」「號之曰新，斯有舊矣。新實非新，舊亦非舊。惟其是耳，非者去之。惟其實耳，虛者去之。惟其益耳，損者去之。是地球之公理通

〔註43〕湯志鈞編：《康有為政論集》上冊，中華書局1981年版，第294頁。
〔註44〕梁啟超：《飲冰室合集·文集之一》，中華書局1989年版，第38頁。

矣，而何有中西？何有古今？」〔註45〕陳繼儼則倡言道：「夫理者，天下之公理也，法者，天下之公法也。無中西也，無新舊也。行之於彼則為西法，施之於我則為中法也。得之今日則為新法，徵之古昔則為舊法也。」〔註46〕從這些言論中不難看出，中西會通論者是站在文化知識的通約性規律與相對性原則的平臺上，旨在用傳統的「理一分殊」與「道同理一」本體論來打破中西文化的門戶之見、消解新舊知識的優劣之爭，從而達到傳統與西學和諧相處的目的。

　　儘管在後來的歲月中，這兩種調和傳統與西學的方案，並沒有得到真正的貫徹和落實，但是它所開創現代化過程中如何處理好西學與傳統關係的思維模式，無疑為後來者思考同一問題提供了理論資源和參考框架。其後，當新文化運動時期激進型知識分子對傳統進行猛烈抨擊的時候，保守型知識分子則在認同西學的基礎上，基本上沿著前人所開闢西化的路徑，對以儒家文化為核心的傳統予以肯定與褒揚。如梁漱溟在比較東西文化後認為：中國文化自有中國的特色，西洋文化自有西洋的特色，前者是意欲持中的文化，後者是意欲向前的文化；西洋文化的勝利不在於它的高明和正確，而在於它適應時代的需要，中國文化的失敗也不在於它的低級和錯誤，而在於它不符合時代的發展；故而對於西方文化固然需全盤承受，但又須全盤改過。可見梁氏的見解跟前人的「中體西用」論和「中西會通」論具有明顯的家族類似特徵。而這種特徵在其他對傳統持保守立場的知識分子思想中同樣存在，比如張君勱就認為中學在解決人生觀問題上就具有西學所沒有的優勢與長處；張東蓀則認為一方面要輸入西方文化，他方面又須恢復固有文化。就此而言，中間派人士對傳統持穩健的西化路向有其歷史的基因與淵源。

　　除卻歷史的因緣，現實中國家民族在現代化進程上所遇到的挫折和困境，也逼迫著一部分中間派人士，不得不到傳統中去尋找造成如此結局的根源。對此，梁漱溟反省傳統文化的基礎上，認為西方的聲、光、化、電，國會議院、民主科學是西方根本文化的產物，而東方文化是對此難以接納的。中國若想走出現代化的困境，就必須從傳統中提煉有利於現代化的因子。周作人也深有同感道：「希臘的精神文明同中國不相上下，何以亞里士多德變成世界自然科學的祖師，而我們的科學落伍呢？日本的文明是根據由中國傳去的孔孟程朱陸

〔註45〕孫寶瑄：《忘山廬日記》上，上海古籍出版社1983年版，第80頁。
〔註46〕陳繼儼：《論中國拘於迂之儒不足以言守舊》，《知新報》1898年5月30日。

王的學問，而接受了西洋文明於是科學發達，但我們何以不能接受西洋文明
呢？在這裡，我們應該深深的反省。」〔註47〕所以，從梁、周的言論中可以看
出，現代化之所以在中國變得如此艱難，重要原因是傳統在現代化的場域內缺
席，中國若想取得現代化的成功，就必須對傳統在西化中的價值與作用進行重
新評估。

　　事實上，除梁、周二氏外，其他人也不是沒有認識到這個問題。梅光迪早
在20年代就曾對東西方文化形成的背景差異而分析道：「若政治法制，則源於
其歷史民性，隱藏奧秘，非深入者不能窺其究竟。而又以東西歷史民性之異，
適於彼者，未必適於此，非僅恃模擬而已。至於教育哲理文學美術，則源於其
歷史民性者尤深且遠，窺之益難，採之宜益慎。故國人言政治法制，垂二十年，
而政治法制之不良自若。其言教育哲理文學美術，號為『新文化運動者』，甫
一啟齒，而弊端叢生，惡果立現，為有識者所詬病。」〔註48〕新儒家代表人物
賀麟在討論儒家思想的復興時也說：「儒家思想之能否復興的問題，亦即儒化
西洋文化是否可能，以儒家精神為體以西洋文化為用是否可能的問題。中國文
化能否復興的問題，亦即華化，中國化西洋化是否可能，以民族精神為體以西
洋文化為用是否可能的問題。」〔註49〕總之，在中國現代化的棋局上，越來越
多的人意識到傳統是一枚非常關鍵的棋子。

　　此外，現實中反傳統的激烈聲音，在某種程度上也刺激和推動著一部分
中間派人士對傳統的同情。張崧年就說：「中國舊有的文明（或文化），誠然
有許多是應該反對的。西洋近代的文明也不見得就全不該反對，就已達到了
文明的極境，就完全能滿足人人的欲望……我以為囫圇地維護或頌揚西洋近
代文明，與反動地反對西洋近代文明，其值實在差不多。我以為現代人對於
西洋近代文明，宜取一種革命的相對的反對態度。」〔註50〕張東蓀則說：「倘
若論中外思想的優劣比較，我以為中國近來一切禍患未嘗不是由於太把自己
看得一錢不值了。這二三十年來，歐化東漸，人們往往只看見他人的長處，
同時又只看見自己的短處。凡社會上所崇拜的人大抵是痛罵本國文化的人，
一個民族對於自己固有的文化這樣看不起，便自然而然失了自信心。多少年

〔註47〕鮑風、林青選編：《周作人作品精選》，長江文藝出版社2003年版，第327頁。
〔註48〕梅光迪：《評提倡新文化者》，《學衡》1922年第1期。
〔註49〕蔡尚思主編：《中國現代思想史資料簡編》第4卷，浙江人民出版社1983年
　　　　版，第613～614頁。
〔註50〕張崧年：《文明或文化》，《東方雜誌》1926年第？期。

來的思想與教育可以說都是助長了這個自卑的潮流，其實我們固然必須知道自己的短處，但同時亦不妨承認自己亦有些長處。」〔註51〕而馮友蘭則認為，中西文化之所以呈現優劣高下之別，其根本原因不是本質造成的，而是時代造成的，用他的話來說：「西洋文化之所以是優越底，並不是因為它是西洋底，而是因為它是近代底或現代底。我們近百年來所以到處吃虧，並不是因為我們的文化是中國底，而是因為我們的文化是中古底。」〔註52〕就此而言，過分地否定傳統而肯定西學，不獨無助於西學的中國化，而且還會有害於傳統的現代化。

如是，在歷史與現實的共同合力下，保守的現代化道路，自然成了以梁漱溟、張君勱為代表的一部分中間派人士回應傳統現代化的最好選擇。

那麼，這些中間派人士又是如何來表述此種道路的呢？對此，鑒於知識分子的本性，他們並沒有形成明顯一致的答案。不過，根據他們對該問題的不同論述，大致可以歸結為兩大西化觀，即科學西化觀與儒學西化觀。

就前者而言，就是主張在現代化過程中，一方面對傳統要有科學的認識，既要看到自己的不足，更要明白自己的長處；另一方面傳統在現代化的內容上，應儘量地汲取西方文化中的科學成分來彌補自己的不足；其中張熙若就是此種主張的代表。他表白道：「關於西化我有一種看法，就是：（1）現在完全受科學支配的事情自然應於最短期間極端西化；（2）應該完全受科學支配而現在尚未如此的事應努力使它儘量西化；（3）將來是否能完全受科學支配現在尚有相當疑義的事，可以西化，也可以不必西化。」〔註53〕為了支撐自己的觀點，張氏認為中國雖然在自然科學社會政治等領域不如西方，但在藝術領域卻有自己獨特的造詣，如北平的壇廟宮殿相對於倫敦的俗氣、柏林的笨重、羅馬的平板、巴黎和凡爾賽的堆砌，不僅顯得美麗，而且顯得莊嚴；中國山水畫的意境也有一種讓人百看不厭、百想不厭、百覺不厭的高妙。為此，張氏還對全盤西化論提出了批評，認為其文化單位定命論和絕對肯定或否定觀是錯誤的，因為文化是一個複雜的東西，不是由一個個涇渭分明的單元構成的；同時西洋文化好的東西誠然很多，但壞的東西也不少，中國文化要不得的東西固然很多，但也並非什麼都要不得。

〔註51〕羅榮渠編：《從「西化」到現代化──五四以來有關中國文化趨向和發展道路論爭文選》，北京大學出版社1990年版，第397～398頁。
〔註52〕馮友蘭：《三松堂全集》第四卷，河南人民出版社1986年版，第225頁。
〔註53〕張熙若：《全盤西化與中國本位》，《國聞週報》1935年第23期。

　　熊夢飛表達了跟張熙若類似的觀點，他在直陳傳統西化的原則時說：「一、全盤的吸取西洋文化之根本精神。二、局部的吸取西洋文化之枝葉裝飾。三、運用西洋文化根本精神，調整中國固有之優美文化，剔除中國固有之毒性文化。四、中西文化動向一致之條件下，保留中國民族特徵，加以中國民族轉化，成為一種新文化。」〔註54〕其中熊氏所言的西洋文化之根本精神就是指科學化的學術思想，機械化的工業與農業，民主化的政治社會與家庭組織。

　　相對於張熙若、熊夢飛提綱挈領式的主張，周作人也發表了相近的看法。他說：「中國的思想就是很平凡，可是經過考試制度後，中國的思想變壞了，我們要補救他，就要吸收世界的科學知識，不偏於物質，同時還要注意科學的根源，一方面發展有用的機械文明，普遍自然科學的知識，一方面顧到固有的文化，如此則中國的缺點可以補足，原有的優點也可以發揚了。」〔註55〕並且，周氏還規勸那些主張「保存國粹，提倡中國思想」的人說：「中國固有的國民思想──就是儒教思想──本來是健全的，只要中國不消滅，這種思想也不會消滅的，沒有保存提倡的必要。為什麼呢？我可以拿一個比喻來說：假定中國人是松樹，那麼孔子也是松樹，不過孔子的那棵松樹特別高大茂盛，作為松樹的代表，但是無論如何，同是一個根，同是一個種，把所有的松樹種子松樹根都使他長得同孔子的那棵松樹一樣高大茂盛，那是不可能的，但能好好的培養灌溉，長出來的反正都是同樣的松樹，也能茂盛起來，不會死的。所以不必怕儒教思想消滅，不必多事的說保存提倡，如果不想法培養灌溉，卻去撥弄撮拔他，那是不會茂盛反而要壞的。」〔註56〕周氏的言下之意，就是告訴人們不要心存守舊或復古的幻想，而應一心一意地去接受西方的科學文化，如是，傳統思想不僅不會被消滅，而且還會重煥生機。

　　就後者而言，在傳統現代化的取向上，它與科學西化觀沒有本質的區別，不同的是，它對傳統中的儒家文化在西化過程中所扮演的角色特別看重，並希望藉此助推儒家文化達到除舊布新和與時俱進的目的。如其代表人物梁漱溟在鄉村建設運動中，一方面大量地引進西方的科學技術以改造農村落後的物質現實，另一方面又儘量地把儒家文化中固有的倫理道德嵌入到實踐中去，讓

〔註54〕熊夢飛：《談「中國本位文化建設」之閑天》，《文化建設月刊》1935 年第 9 期。
〔註55〕鮑風、林青選編：《周作人作品精選》，長江文藝出版社 2003 年版，第 329 頁。
〔註56〕鮑風、林青選編：《周作人作品精選》，第 327 頁。

農民在享受西方文化所帶來物質上進步的同時，精神上仍保留著傳統文化的基因。梁氏以為這樣，兩種文化通過物質層面與精神層面的互動，從而使得中國這棵文化的老樹再現新生命的嫩芽。

　　同理，張東蓀則說：「我對於這個問題的答案是：一方面輸入西方文化，同時他方面必須恢復固有文化。我認為這兩方面不但不相衝突，並且是相輔佐的。因為中國固有的文化可以儒家思想為代表，他只是講做人的道理，並且這種人生哲學即從西方眼光看來，仍不失為很有價值的，在西方思想中很難尋到與他相等的，所以這一方面非但不應該打倒，並且應該提倡。」〔註57〕相對於張東蓀的觀點，賀麟的主張則更為具體，他說：「必須以西洋之哲學發揮儒家之理學；必須吸取基督教之精神以充實儒家之禮教；必須領略西洋之藝術以發揮儒家之詩教；如是，即使儒家精神中包含有科學精神，又使儒家思想足以培植孕育科學思想。」〔註58〕張、賀二人認為，在傳統現代化過程中，把以儒家思想為代表的中國文化與西方文化有機結合，充分發揮二者的優勢，取長補短，就可取得相得益彰的效果。

　　持類似觀點的人還有很多，儘管他們在各自主張的表述上彼此不同，但是在對傳統儒學的價值評判與西方文化的功能認知方面，都存在同氣連枝的特徵。如張君勱說道：即吾國今後新文化之方針，當由我自決，由我民族精神上自行提出要求，若西洋人如何，我便如何，此乃傀儡登場，沐猴而冠，既無所謂文，更無所謂化；中國舊文化腐敗已極，應盡量輸入西方的個人獨立精神、民主主義與科學上的實驗方法，以增加其活力；在盡量輸入西方文化的同時，應批評其得失同時並行；文化有總根源，有條理，不可籠統說西洋文化、東洋文化，應將西洋文化在物質上應採取者一一列舉出來，中國文化上應保存者亦一一列舉出來。〔註59〕其後，張君勱還針對傳統偏重於道德和西學偏重於理智的傾向，主張：「東方所謂道德，應置於西方理智光鏡下而檢驗之；西方所謂理智，應浴於東方道德甘露之中而和潤之。然則合東西之長，熔於一爐，乃今後新文化必由之途轍。」〔註60〕顯然，在張君勱儒學西化觀的主張中，儒家文

〔註57〕羅榮渠編：《從「西化」到現代化——五四以來有關中國文化趨向和發展道路論爭文選》，北京大學出版社1990年版，第399頁。
〔註58〕蔡尚思主編：《中國現代思想史資料簡編》第4卷，浙江人民出版社1983年版，第615～616頁。
〔註59〕張君勱：《歐洲文化之危機及中國新文化之趨向》，《東方雜誌》1922年第3期。
〔註60〕張君勱：《張東蓀思想與社會序》，《東方雜誌》1943年第17期。

化在傳統現代化過程中佔有非常重要的地位。

值得一提的是，青年黨人常燕生所提出中國本位西化觀，也跟保守的現代化道路頗為接近。常氏認為傳統在西化過程中，無論是保存自己固有的文化還是吸收西方的文化，必須以國家的實際利益為前提，既不能夠為傳統而傳統，也不能夠為西化而西化，即評判保存傳統與吸取西學的標準，必須以維護國家民族利益為中心。是以，他在批評國民黨十教授所倡言的「中國本位文化建設宣言」時說：「我所謂『中國本位』就是指一切文化建設都須以中國這個國家有機體的利益為前提，有利於中國的文化，無論是國粹或歐化都應該保存接受，有害於中國本身的生存和發展的，無論是國粹或歐化都應該打倒拒絕。」〔註61〕為此，常氏還列舉了傳統中儒家的家族主義思想、道家的個人主義思想、釋家的出世思想等都沒有保存的必要，因為它們對於現代中國的發展害極大而利極小；同時指出，傳統在西化中所面臨的三大任務，即培養國家意識、加強集團鬥爭精神、完成近代國家的有機組織，並認為「全盤西化」是句不通到極點的名詞。就此來說，常氏的中國本位西化觀應該屬於保守的現代化道路的一翼。

至此不難看出，在現代化過程中，相對於激進的現代化道路而言，這種保守現代化道路，無論是保存傳統的精華還是防範西學的糟粕，都具有自己的優勢，但也同樣存在不足。因為科學西化觀，雖然強調傳統在現代化過程中要以科學為標準，但科學這種標準究竟是什麼呢？如果把它定位於形而下層面的器物，那麼傳統西化是否跟其有著非常重要的關係呢？如果把它定位於形而上層面的思想，那麼傳統在西化過程中會不會唯科學是從呢？對此，有誰能做出明確的回答？此外，作為西方文化產物與重要組成部分的科學，如果脫離其母體而嫁接到東方文化這種異質文明中，還能否保留其原有的性質就很難預料；如果能保留其性質，其生機與活力的維持又成了一個問題。所以，用科學來為傳統西化指引方向的確不失為一種明智的辦法，但存在於理論與實踐之間的困難卻也是毋庸置疑的事實。

而儒學西化觀，儘管也表示對西方先進文化的認同與接納，可是那種對儒家文化過分看重的心態與情懷，使得其呈現在世人面前的總是一副隱隱約約的文化保守主義者的面孔，從而難免不讓人懷疑其西化的誠意。並且，在實踐

〔註61〕羅榮渠編：《從「西化」到現代化──五四以來有關中國文化趨向和發展道路論爭文選》，北京大學出版社 1990 年版，第 486 頁。

層面上如何西化儒學，也是一個相當難以操作的問題。比如雖然有人提倡在西化過程中要對儒家思想予以同情的理解，如是將有利於傳統的西化；問題是當時條件下，人們要麼是理解而不同情，要麼是同情而不理解，真正能對儒學同情且理解者也許只有這些儒學西化論者罷了。有人主張在精神方面應多發揚儒家文化，在物質方面應多利用西方文化，這樣以達到傳統這棵「老樹」再煥生機的目的。可是，如此兩種不同質地的文化，在實踐中能和諧共處、相互促進嗎？這是不是晚清時期「中體西用」論調的延續與發展呢？對此，只能用「值得懷疑」來回答。

　　所以，如果站在現代化平臺上平心靜氣地觀照中間派人士在踐行中間路線過程中的傳統現代化思想，不難發現，其保守的現代化道路跟激進的現代化道路一樣，也有著自己不可避免的缺陷。不過，值得肯定的是，它畢竟為傳統文化的保存和西方文化的引進提供了不同的思路，這對救亡圖存與亟須現代化的中國而言，無疑有其積極性意義。

四、一個銅板的兩面

　　可見，無論是激進的現代化道路還是保守的現代化道路，作為中間派人士對傳統在現代化問題所作出的回應，彼此都有足以自存的理由，也都有難以掩蓋的不足。但是否就因此可以說，它們在對待傳統的態度上存在著本質上或終極意義上的對立呢？回答是否定的。

　　就激進的現代化道路而言，它之所以對傳統那樣「武斷與無情」，主要是其主張者在民族危機重壓下，出於對「皮之不存，毛將焉附」這樣一種毀滅性後果的憂慮，認為傳統既無助於危機的緩解，也有礙於西學的引進，故而在保存民族還是保存傳統的選擇上，他們更傾向於前者。其中陳序經在表述自己之所以堅持「全盤西化」的原因，就明顯抱有此種目的。他在文章中寫道：「試看美國的印第安人，為什麼到這田地呢？照我的意見，不外是不願去接受新時代的文化，而要保存自己的文化，結果不但他們自己的文化保存不住，連了他們自己，也保存不住。反之，美國的黑人，能夠蒸蒸日上，不外是能夠適應新時代的文化。平心來說，美國白種人之仇視及壓迫黑人，比諸印第安人利害得多，然一則以存，以盛；一則以衰，以滅；這種例子，可為吾國一般躊躇不願接受西洋文化的良劑……其實要是我們看看我國的黎人苗人的歷史，已足為我們殷鑒。比方：在海南數百年來，耗過無數金錢，費過無數頭顱，去征伐黎

人，然到今，我們一談到海南，總會談到扶黎救黎。其原因也不外是因為黎人不願接受我們的文化，結果他們的情況日弄日壞。我們若不痛改前非，則後之視今，恐猶今之視昔。」〔註62〕陳序經如此，其他激進西化觀主張者，何嘗能夠例外。

他們還認為，如果民族得以保全，傳統也自會存在。為此，胡適舉證道：「日本的例子使我們對中國文明的未來抱一線希望。日本毫無保留地接受了西方文明，結果使日本的再生取得成功。由於極願學習和銳意模仿，日本已成為世界上最強國家之一，而且使她具備一個現代政府和一種現代文化。日本的現代文明常常被批評為純粹是西方進口貨。但這種批評只不過是搔到事務的表面，如果我們以更多的同情態度來分析這個新文明，我們會發現它包含著許許多多必須稱之為土生土長的東西。」〔註63〕同時，胡適還認為即使是全盤西化，也不會導致民族固有特性的喪失，他舉例說，羅馬人接受了希臘文化，北歐野蠻民族接受了羅馬文化與希伯萊文化，中國人接受了印度文化，日本人接受了中國文化及西方文化，都未見得因接受旁人的文化而將自己的個性完全失掉，相反，羅馬人還是羅馬人，中國人還是中國人，日本人還是日本人，因為彼此的文化惰性在起作用。故而，物質生活無論如何驟變，思想學術如何改觀，政治制度如何翻造，都只能是一個「取法乎上，得法乎中」的結果。

並且，這些對傳統現代化持激進傾向的中間派人士也並不是完全否認傳統。如主張全盤西化的陳序經，在解釋其「全盤」的內涵時說，它既可以指百分之九十九，也可以指百分之九十五，還可以指百分之百。既然對傳統最激進的陳序經是這樣，那麼其他諸人就更不用說了。

就保守的現代化道路而言，它之所以對傳統採取相當的保守立場，是由於其主張者在實踐中意識到：儘管中國固有的傳統相對於西方文化已經落後了，但西方先進的文化若想在中國生根發芽，就必須經過中國傳統這道工具的打磨。比如有人批評全盤西化論者時說道：「『全盤西化』蔑視中國的國情決無好結果，一國文化乃是數千年繼續的創造品，『全盤西化』突然把舊的文化基礎打倒，而新的文化基礎又決非一時所能創立，所以免不了思想陷於失

〔註62〕羅榮渠編：《從「西化」到現代化──五四以來有關中國文化趨向和發展道路論爭文選》，北京大學出版社1990年版，第381～382頁。
〔註63〕羅榮渠編：《從「西化」到現代化──五四以來有關中國文化趨向和發展道路論爭文選》，北京大學出版社1990年版，第360～361頁。

去中心和釀成社會的混亂；適於國情且合於需要的文化，在乎互相調和，但是，『全盤西化』收不到調和的益處。」〔註64〕張東蓀也附和道：「須知今天的問題不是中西文化好壞的比較問題，乃是中國如何吸取西方文化的問題，亦就是一個人吃了東西如何消化的問題。你只勸他多吃是不相干的，因為吃了未必能消化，而反會生病。所以我以為一個民族若自己沒有對於外族文化侵入的反應力，斷乎不能吸收外族文化。其結果不外為外族征服而已。」〔註65〕顯然，持保守現代化道路的人之所以對全盤西化持反對態度，固然離不開對傳統的熱愛與忠誠，但更認識到過激的西化，只會造成急於求成反而壞事的後果。

此外，賀麟還從文化的延續性角度立論道：「在思想和文化的範圍裏，現代絕不可與古代脫節。任何一個現代的新思想如果與過去的文化完全沒有關係，便有如無源之水，無本之木，絕不能源遠流長，根深蒂固。一個來歷不明的人，必然有些形跡可疑。一個來歷不明的思想，也必是可以令人懷疑的思想。凡是沒有淵源的現代的嶄新的思想，大都只是曇花一現，時髦一時的思想。」〔註66〕根據賀氏的語意，西方文化要想在中華文明的土壤中生根發芽、長期存在，就必須經過中國傳統文化的過濾與改造。

至此，不難明白，這些中間派人士保守傳統的目的之一，就是為了現代化能在中國順利地進行。同時這些中間派人士也並沒有對西方文化採取完全排斥的態度，相反，對西方文化的先進性還是相當認同的，關於這點，前面已有說明。

由此看來，激進的現代化道路與保守的現代化道路，雙方在對待傳統的態度上沒有本質的不同，彼此都是為了給傳統現代化尋找前進的路徑，只不過由於看問題的視角差異，才造成現代化路向的不同。

簡單地說，前者是站在西學的立場上來反觀傳統，認為它不僅難以承擔挽救民族危亡的重任，而且自保自存都相當困難，從而採取一種死中求生、破中求立的辦法，來達到既挽救民族又挽救傳統的目的；後者是站在傳統的立場上來審視西學，認為它雖然具有傳統所沒有的優點，但畢竟是一種異質的文化，

〔註64〕穆超：《再論「全盤西化」》，《民國日報》1934 年 7 月 10 日。

〔註65〕羅榮渠編：《從「西化」到現代化──五四以來有關中國文化趨向和發展道路論爭文選》，北京大學出版社 1990 年版，第 398 頁。

〔註66〕蔡尚思主編：《中國現代思想史資料簡編》第 4 卷，浙江人民出版社 1983 年版，第 611 頁。

而且也有自己的不足，故而訴諸一種立中有破、邊立邊破的策略來實現傳統與西學的對接。所以，二者並非是為激進而激進，也並非是因保守而保守；其之所以激進，是因為看西學更多地傾向於正面；其之所以保守，是由於看傳統更多的是同情和理解。還可以說，其實二者在傳統的西化上都有點類似於「狼來了」的戰術，不同的是，前者是有意讓昔日的羊變成帶有狼性的羊，而後者是希望讓新來的狼變成帶有羊性的狼。

此外，傳統在現代化問題上的兩種現代化道路，在某種程度上還存在著一種相互影響的關係，即前者因為後者而不至於過分地激進，後者由於前者也不至於過分地保守，從而彼此在激進與保守之間形成一種合力來共同推動傳統的現代化。

再者，若站在中間路線的視角來看，中間派人士在傳統現代化問題上的同質性更是明顯，因為他們的目的，並不是為傳統的現代化而現代化，而是希望借助於傳統現代化這一手段，來為中華民族發展成為一個真正的現代國家創造條件。陳序經就表示，他提倡「全盤西化」的目的就是為現代化營造一個更寬鬆的氛圍，誠如其說道：「照我個人的愚見看來，什麼是瑣碎西化，什麼是根本西化，往往也成問題。例如張佛泉先生好像以為共和國的頭腦是根本西化，劉湛恩先生好像以為基督教的精神是根本西化，吳景超先生卻又好像以為這兩者都是瑣碎西化，而以科學為根本西化。我以為在事實上，在趨勢上，我們既已有或不能不有這種頭腦，這種宗教與這種科學，那麼最好惟一的辦法，還是全盤西化。而且在全盤西化的原則下，張佛泉先生既可以專心提倡共和國的頭腦，劉湛恩先生也可以努力宣傳基督教的精神，吳景超先生也可以致志鼓吹科學。」〔註67〕張東蓀也深有同感道：「文化與制度在一個民族上絕不可以為好像一件衣服在人身上一樣，可以隨意脫換的。要學英美就學英美，要學蘇聯就學蘇聯，這未免太輕率了，太隨便了。我以為文化與制度在一個民族上反可以說有些好像一棵樹生在某一個土地上一樣，必須是種子入土，發芽生長，漸漸長大，開花結實。如果是插上去的，那就等於瓶中的花，只能開很短時間，不久即痿而死。」〔註68〕所以，從陳序經、張東蓀二氏的觀點可以發現，他們的西化還是保守，其目的都是希望給中國現代

〔註67〕陳序經：《為全盤西化的辯護》，《獨立評論》1935 年 7 月 21 日。
〔註68〕蔡尚思主編：《中國現代思想史資料簡編》第 5 卷，浙江人民出版社 1983 年版，第 218 頁。

化事業帶來正能量。

　　從此意義上看，激進的現代化道路與保守的現代化道路，是傳統在現代化問題上的一個銅板的兩面！當然，這兩種西化路向是不是傳統在面臨現代化挑戰時所正要尋找的答案呢？也許沒有誰能做出肯定的回答；就是時至當代，該問題也依然還是一個引領國人繼續思考與探討的命題。

　　其中當代許多學者在回應該命題時提出了自己的真知灼見，比如海外學者林毓生提出了「創造性轉化」的題解，因為他認為：「自由、理性、法治與民主不能經由打倒傳統而獲得，只能在傳統經由創造的轉化而逐漸建立起一個新的、有生機傳統的時候才能逐漸獲得。」〔註69〕與林毓生主張不同的是，港臺學者金耀基則提出了中國的新文明即是中國的也是現代的觀點，為此他曾在《論中國的「現代化」與「現代性」》一文中寫道：「中國的現代化的目標是建構一個新的文明秩序，它不可能沒有啟蒙的因素，但也無須並且沒有可能是啟蒙整套的東西。在這個意義上，建構中國現代性的部分的資源應該並且必然會來自中國這個『軸心期文明』的文化傳統。今天文明沒有奢侈地問中國要不要一個現代的新文明，但必須問中國要建構一個什麼樣的新文明。中國『化』為『現代』的道路，並沒有任意或太多選擇的餘地，但絕不是沒有創造的空間。中國或東亞的人（包括一切非西方的人）在經濟、政治、文化現代化的過程中，應該自覺地調整並擴大現代化的『目標的視域』，在模仿或借鑒西方的現代之同時，不應不加批判地以西方現代化模式作為新文明的標準。中國建構新的現代文明秩序的過程，一方面，應該不只是擁有西方啟蒙的價值，也應該是對它的批判；另一方面，應該不只是中國舊的傳統文明秩序的解構，也應該是它的重構。」〔註70〕金氏認為在傳統現代化的問題上，建議國人不要再像前人一樣，仍囿於中國與西方、中學與西學的樊籬之中，相反而應該跳出原有的窠臼，從更宏觀的角度來思考傳統現代化問題。

　　張太原認為：「一個國家在走向現代化的時候，是不能徹底拋棄傳統的。一方面，學習別國的東西，需要傳統的嫁接與支持，如果沒有經過傳統的創造性轉化，學來的東西是不會入地生根的……另一方面，傳統中也存在著可供現代社會利用的資源，有的可為現代化提供某種智慧和啟迪；有的經過創

〔註69〕林毓生：《中國傳統的創造性轉化》，生活·讀書·新知三聯書店 1996 年版，第 5 頁。

〔註70〕方立克主編：《走向二十一世紀的中國文化》，山西教育出版社 1999 年版，第 226 頁。

造性的轉化可成為現代社會的原則。總之，一個國家在走向現代化的過程中，如果完全背棄了傳統，就會缺乏後勁和原動力，就會陷入形式主義。」〔註71〕高華則主張把現代性的一般取向與民族性特殊取向有機結合起來，後發展國家的傳統才能真正實現現代化的轉型。他論證道：「民族主義和民族傳統是所有後發展國家向現代社會轉型的基礎，離開自己的文化背景與文化特徵，照搬西方國家的現代化模式並不能真正使本民族復興。但是，任何民族特徵的社會發展模式又必須具有可與現代文明相通的現代化因素，只有把現代性因素融入本民族文化傳統，對傳統進行革命性轉換，刺激傳統中可現代化因素的增長，才可能為社會變革提供歷史與現實以及未來的源頭活水。」〔註72〕可見，在張太原、高華兩人看來，雖然傳統是現代化的重要對象，但同樣也是現代化的基礎。

因此，對於我們這個具有深厚文化底蘊的民族而言，傳統在現代化的大潮中，究竟該何去何從？無論是過去還是現在，甚或很難有一個權威的定論。正如當時的中間派人士常乃德在思考傳統如何應對西方文化時所說：「我們對於未來的新中國的新文化，應當採取何種態度呢？我們還是全力來恢復中國固有的舊文化呢？還是以舊文化為主，部分地吸取西洋新文化呢？我們還是分中西文化，擇善而取之呢？我們還是徹底拋棄中國舊文化，去迎接西洋新文化呢？我們迎受的西洋文化是迎受希臘羅馬的文化呢？還是迎受基督教的文化呢？還是迎受文藝復興後的新文化呢？還是迎受歐戰以後的世界新文化呢？還是迎受尚在虛無縹緲之際的未來派文化呢？倘若我們也不要全盤承受西洋文化，則我們是不是想拋棄了本國和西洋兩層文化的固有形式而徹底去自由創造新文化呢？除了這些方式以外，我們沒有其他更好的方式嗎？」〔註73〕不過，隨著現代化的發展，人們會越來越意識到，五千年的文明和習俗已構築起我們民族信仰的精神家園，它雖背負著太多的歷史沉屙，抗拒著靈魂深處的維新，但我們不能再滿足於按照人家的模樣來刻畫自己的輪廓，不能僅僅從物質與技術的角度來解讀現代化的內容，而應該立足於自己的傳統來領悟現代化的真諦！

〔註71〕張太原：《評陳序經的「文化圈圍」理論與「全盤」西化觀》，《河北學刊》2002年第6期。

〔註72〕高華：《近代中國社會轉型的歷史教訓》，《戰略與管理》1996年第5期。

〔註73〕常乃德：《中國民族與中國新文化之創造》，《東方雜誌》1927年第24期。

第二節　經濟現代化重心的探求

　　中間派人士在論證傳統現代化的同時，其實也在思考著經濟現代化問題，因為面對積貧積弱的現實，經濟現代化尤其顯得重要。但是如何現代化呢？或者說以哪一個方面做為現代化重心呢？無疑又是一個讓人難以回答的問題。原因是，經濟現代化，是一個相對於政治、思想、文化、軍事等方面現代化而言的範疇，其不僅涉及工業與商業現代化內容，而且包含著農業的現代化；同時，在工業、商業、農業的各自領域，既有著不同的要素，又彼此間存在緊密的關係。就此而言，經濟現代化如同傳統現代化一樣，雖然也有著自己內在的理路，但同樣是一項複雜的系統工程。故此，中間派人士為促進中國經濟現代化建設開展與順利進行，儘管大家都覺得有確立其現代化重心的必要，但是在中國這樣一種落後的國度，究竟誰做現代化重心呢？工業？農業？相互間不僅沒有達成一致的意見，反而出現嚴重的分歧與對立。

一、農業重心論

　　在中間派人士隊伍中，許多人之所以在經濟現代化問題上，主張以農業作為重心，一方面是此前的一些知識分子在探討中國經濟現代化問題時，就主張以農業作為經濟現代化的重心，另一方面他們自己在社會實踐中，通過自己的觀察與分析，也逐步意識到以農業作為經濟建設的重心，不失為中國經濟現代化的根本出路。

　　就前者而言，自晚清以來一部分人就主張以農業作為現代化建設的重心。如張之洞在奏摺中說：「竊惟富國之道，不外乎農工商三事，而務農尤為中國之根本。」張謇也聲稱：立國之本，「在乎工與農，而農猶要」〔註74〕。同時還有人認為，以農業作為國民經濟的發展重心，既能使其經營者有獨立穩定的生活，又能促進工商業的發展，並且也符合我國以農立國的傳統與文化。如實業家穆藕初說：「無農即無工商，無工商即無生利之途，而國無於立。故立國之道，首在務農，衣食足而後可以言治安。」「民以食為天，古來善治國者，莫不以足食為務。足食則民生遂，教化行，禮義廉恥四維乃張。」〔註75〕相反，若以工業作為國民經濟的發展重心，不僅會更易招致在華列強的仇視與嫉恨，而且是捨長求短，如此發展工業注定只能是一場精疲力竭、自不量力的徒勞；

〔註74〕張謇：《張季子九錄·實業錄》卷1，文海出版社1983年版，第5頁。
〔註75〕趙靖主編：《穆藕初文集》，北京大學出版社1995年版，第129頁。

此外，偏重於工業的發展，還會滋生失業、貧困、罷工等破壞社會穩定與和諧的因素。尤其是還有人從文化的角度來論證優先發展農業的好處，認為發展農業，可以培養人民勤勞儉樸的美德；可以絕盜賊而淳風俗；可以免工業競爭的惡習，存人類友愛之天性。〔註76〕所以，這些「重農」的言論，不僅言簡意賅地表達以農業作為國民經濟建設重心的理由，而且還會對 30 年代中間派人士的重農思想產生重要的影響。事實上，如果我們仔細審視中間派人士的重農言論，很容易發現其影子。

就後者而言，三四十年代的中間派人士，之所以主張要把農業作為經濟現代化建設的重心，除了受此前重農主張的影響，更多的是考慮到以農業為建設重心，能夠帶來諸多益處：如建設農業可以緩解過剩人口的失業壓力，推動農村經濟的發展，同時對解救國民的貧困、建立國民經濟的基礎都有積極的意義；發展農業可以增進農產品的輸出，減弱來自帝國主義的經濟壓力，並為工商各業的發展創造條件。特別是全面抗戰爆發後，中間派人士更是意識到發展農業現代化所具有的重要意義。

故此，其中三農專家漆琪生站在農村的立場，論證優先發展農業的可行性時說：「第一，救濟農村，建設農村與帝國主義的經濟競爭和衝突，較工業為小，故受帝國主義暴力之直接摧毀亦較小。第二，在現今中國舉國貧困的時候，建設農村的資本集中，每一單位無須工業化之巨大，而易於奏效。第三，農產品的市場問題，較之工業品的市場問題易於解決。第四，農村建設與農村救濟，是中國最多數國民切要的希望，最易獲得廣大的國民大眾之擁護，社會上的阻力較小。」〔註77〕而章元善、許仕廉等鄉建派人士則從傳統與救亡的角度，來論證重點發展農業的重要性，他們在文章中寫道：「我國數千年來以農立國，農村之健全與否，農業之興隆與否，不僅為農民生死問題，亦為國家民族存亡問題。海通以後，東西資本帝國主義者，挾其機械文明政治、經濟、武力，來相侵凌；而我國內又復兵連禍結，事勢所必然，言之殊可慨也。現在有關心國事者，以國之不強，由於農業之不振，使坐此不救，則覆亡厄運，必迫在眉睫。」〔註78〕可見，優先發展農業，既有其可行性，也有其必要性。

〔註76〕龔張斧：《農化蠡測》，《甲寅》1925 年第 19 期。
〔註77〕漆琪生：《由中國國民經濟建設論目前農村之出路》，《文化建設月刊》1935 年第 9 期。
〔註78〕鄉村工作討論會編：《鄉村建設實驗》第 1 集，中華書局 1934 年版，第 1～2頁。

跟上述見解不同的是，鄉建派領袖晏陽初站在抗戰的立場，認為重視農業的發展固然重要，但重視農民疾苦與培養農民現代意識更加重要。為此，晏陽初一方面建議當政者必須改善惡劣的生活狀況，他在呼籲道：「中國的農民負擔向來最重，生活卻最苦：流汗生產的是農民，流血抗戰的是農民繳租納糧的還是農民，有什麼『徵』，有什麼『派』也都加諸農民，一切的一切都由農民負擔！但是他們的汗有流完的一天，他們的血有流盡的一日，到了有一天他們負擔不了而倒下來的時候，試問，還有什麼國家？還有什麼民族？所以，今天更迫切的需要培養民力充實民力的鄉村建設工作。」〔註79〕另一方面，對當政者長期以來無視農民的現實提出強烈的批評，他感慨地說：「說起來很痛心，中國三萬萬的農民，雖然具有莫大的潛伏力與無限的可能性，但幾千年來，從沒有被啟發培養，組織和運用，豈不可傷！貨棄於地，皆知可惜；『人』棄於鄉，未聞誰歎！這無限寶藏的廣大農村社會，不但任其荒蕪阻滯，衰敗消沉，而且有時還要加以壓迫榨取，蹂躪摧殘。數千年來吏治之『無治』與社會制度之不良，安可為諱。應該有偉大光明前途的老百姓，白白的被沉壓了幾千年，漫漫長夜，這實在是所謂柄國鈞者何一般養尊處優的士大夫們，應當身自懺悔，在祖宗的靈前，痛苦認罪，發奮自新。猶復海通而後，國恥重重，割地剜心，仍不醒悟。」〔註80〕這裡晏氏雖然沒有直接談及農業現代化的問題，但在民族危亡面前對農民重要作用的彰顯，無異於是對發展農業的變相強調：因為只有發展農業，農民生活才能得到根本的改善；也只有發展農業，才能更好地對農民進行組織、教育與改造；反過來說，只要有了生活富足的農民，有了經過組織、教育與改造的農民，不僅農業發展才有可靠的保障，而且民族的復興也指日可待。

為了進一步證明以農業作為經濟現代化建設重心的合理性，一些中間派人士特意就中國發展工業所面臨的困難進行了分析。其中梁漱溟認為，發展工業在中國之難行，一方面是緣於國內外的政局，即國內的政治對外既不能折衝強權，對內又不能整合秩序，國際的政治是帝國主義掠奪式的強權政治，既無公理，也無道義；另一方面是緣於工業的本身，即近代以來資本主義所走過的工業化道路已經過時，中國不能再走此路，並且近代工業化所固有的那種私人各自營謀而不相顧的特性，既不合現在國家統制經濟的趨勢，也與當今國際上

〔註79〕晏陽初：《開發民力，建設鄉村》，《大公報》1948 年 8 月 14 日。

〔註80〕晏陽初：《農民抗戰的發動》，《大公報》1937 年 10 月 11 日。

盛行的傾銷政策相衝突。〔註81〕進而梁氏感慨地總結道：「蓋中國圖興產業於世界產業技術大進之後，自己手工業農業破壞之餘，外無市場，內無資本，捨從其社會自身輾轉生產力、購買力之遞增外，更有何道？是即所謂必由農村復興入手者矣。」〔註82〕同時，梁氏還自信地認為：「中國不應當走西方國家的發展道路，因為這條道路會導向帝國主義、階級鬥爭、經濟不平等以及工業城市的畸形發展。」〔註83〕而漆琪生則認為中國若想優先發展工業，就必須具備兩大前提條件：即為保障工業化之安全，應先須消弭殖民地化之危機；為保證工業化之有效，應先須確立商品販賣之市場。然而根據當時內憂外患的現實，無論是前者還是後者，中國都不能滿足此種要求。〔註84〕同時，發展工業所需巨額資金與民窮財盡現實的矛盾，以及工業發展後造成大量失業人口與中國勞動力本就富餘的矛盾，也是發展工業時必將會面臨的困境與挑戰。所以，在農業重心論者眼中，既然發展工業有諸多難處，那麼優先發展農業自然成為經濟現代化建設的最佳選擇。

可見，20 世紀三四十年代的中間派人士，在經濟現代化問題上之所以強調優先發展農業，其實，既是繼承近代以來重農論者思想之結果，也是觀察國內外現實之使然。

二、工業重心論

誠如農業重心論者一樣，一部分中間派人士出於同樣的理由，認為在中國如果要實現經濟現代化，就必須優先發展工業。在他們看來，無論從理論上還是事實上，工業才是經濟現代化建設的重心。因為優先發展工業，不僅能急劇增加財富的積累，而且能解決中國人多地少的現實矛盾，尤其是還能推動和促進農業的工業化。

其中吳景超認為，發展工業既可以增加人們的收入，也可以延長人們的壽命和降低文盲率。對於前者，他舉證道：「根據 1930 年的估計，各國人民平均入款最高的前五名是美國（749 元），加拿大（579 元），澳大利亞（477 元），

〔註81〕羅榮渠編：《從「西化」到現代化──五四以來有關中國文化趨向和發展道路論爭文選》，北京大學出版社 1990 年版，第 844～845 頁。
〔註82〕黃克劍、王欣編：《梁漱溟集》，群言出版社 1993 年版，第 263 頁。
〔註83〕〔美〕艾愷：《梁漱溟傳》，鄭大華等譯，湖南出版社 1992 年版，第 180 頁。
〔註84〕羅榮渠編：《從「西化」到現代化──五四以來有關中國文化趨向和發展道路論爭文選》，北京大學出版社 1990 年版，第 809 頁。

英國（409元）及瑞士（389元）。最低的五名，比較難說，因為許多文化落後的國家，統計不齊，難於估計。但就統計的國家而說，我們發現人民平均入款最低的，有印度（37元），有立陶宛（54元），有波蘭（74元），有歷維亞（94元），有希臘（98元）。前五國農民的百分數，沒有在百分之三五以上的；後五國農民的百分數，沒有在百分之五十以下的。換句話說，前五國是以各種實業立國的，而後五國是以農立國的。」對於後者，他舉證說：「1920年左右，男子的平均壽命在50歲以上的，有新西蘭（62.7），丹麥（60.3），澳大利亞（59.1），英國（55.6），挪威（55.6），瑞典（55.6），美國（55.3），荷蘭（55.1），瑞士（54.4）。這些國家的農民，沒有在40%以上的⋯⋯農業國家的人口登記，多不完備，所以關於這類的材料很少。但印度是農業國，而印度的男子，在1910年左右，平均壽命只有22.5歲。」「世界各國，文盲的人數，在千分之五以下的，有丹麥（0.1），有瑞典（0.2），有英國（0.3），有荷蘭（0.3），有瑞士（0.4），這五國中，除瑞典的農民，佔有40%以外，其餘各國的農民，都在百分之三五以下⋯⋯再看那些文盲的百分數，在90%以上的國家，如埃及（92.0），如南非聯邦（90.3），如印度（90.5），這些國家務農的人，都在70%以上。」〔註85〕吳氏的觀點非常明白：為什麼會有如此大的差別呢？因為工業發達的國家能夠在生產勞動中充分地使用機器來替代人力，從而既節省了勞動者的體能，也確保了勞動者的健康，而且還極大地提高了勞動生產效率。如是，一方面使得有限的生產資源能養活更多的人口，另一方面使得更多的社會成員從產業中解放出來投身於其他非產業性工作中。相反，工業欠發達的國家或者說農業人口比例很大的國家由於缺乏足夠的工業支撐，決定了其想獲得相同單位的生產成果就必須投入比工業發達國家多得多的人力。而一個筆名叫「吳知」的作者，則從發展工業可以養活更多的人口來聲援吳景超的觀點。他舉例說：「世界上人口最密的地方常常是工業化最盛的地方，而且工業的發展，還常常是一國人口增加的主因。比利時人口密度每方英里為699人，荷蘭為611人，英國為505人，日本為433人，德國為361人，這些地方都是工業化很盛的地方。」〔註86〕既然如此，工業發達國家的人們，自然在人均收入、壽命與教育程度等方面自然遠遠地高於工業欠發達國家的人們。

陳序經則從安置農村富餘人口的角度考慮，主張必須優先發展工業。他

〔註85〕吳景超：《我們沒有歧路》，《獨立評論》1934年11月4日。
〔註86〕吳知：《中國國民經濟建設的出路》，《大公報》1936年7月15日。

說：「我國耕地有限，而人口過多。目下一般農民之無田可耕者已不知幾許，自九一八事件發生以後，遷移東北四省又生問題，苟非振興工商業，即此大多數的人民更將沒有出路而坐以待斃。而況今日耕地的分配又很不均，自耕農為數很少。近來有好多人提倡『耕者有其田』就是這個緣故……又據專家估計，我國農民，而尤其是北方農民，因為天時氣候的關係，每年耕作時間僅占全年事件三分之一，假使這些農民每年三分之二的時間閒坐而吃，不但是國家的大損失，而且容易養成怠惰的劣性。」〔註87〕所以，根據陳序經的觀點，發展工業既是解決農村多餘人口的重要途徑，也是充分發掘中國農民價值的重要手段。

一些中間派人士還從救亡圖存的時代主題出發，強調中國在經濟現代化建設中尤其要發展工業。因為自近代以來中華民族之所以屢遭列強的凌辱，主要是軍事上不能及時製造出戰爭所必需的飛機、大炮、坦克、輪船等武器，經濟上不能生產出在市場競爭中足以立於不敗之地的商品，所以對於前者，即便有人數眾多、紀律嚴明的軍隊也難以禦敵於國門之外；對於後者，即便有愛我國貨、護我中華的熱腸，也阻不住如潮的洋貨暢銷於神州大地。因而，若想徹底的改變此種現狀，就不能不大力發展民族工業，建立起近代化的鋼鐵、機械、煤炭、冶金、紡織等部門，盡快地製造出農業、工業、國防、交通、通訊等各領域中所需要的機器。對此，一個名叫袁聘之的學者曾經疾呼道：「可知發展工業，實為現階段中國國民經濟建設之要途，且為救亡圖存之急務，故吾人不欲解救中國國民經濟之危機，以謀救亡圖存則已，如欲解救中國國民經濟之危機，以謀救亡圖存，則除積極發展民族工業外，其道莫由。否則誤認事實，錯定方案，顛倒緩急，重農而輕工，致使中國國民經濟建設走上錯誤的道路，則這中國國民經濟之前途將不堪設想，而民族復興之望，亦將成為夢想！」〔註88〕為此，有人乾脆將現代化稱之為「工業化」。

在一部分重工論者看來，若以農業作為國民經濟建設的重心，就救亡而言，無疑是難以勝任的。理由是中國自古以來就是一個崇尚以農為本的國度，如果發展農業能夠挽救民族的危亡，那麼民族危亡就不會隨著鴉片戰爭的到來而成為一個令所有中國人為之心憂的話題；相反，列強之所以能夠擊敗我

〔註87〕陳序經：《鄉村建設理論的檢討》，《獨立評論》1936 年 5 月 3 日。
〔註88〕袁聘之：《論中國國民經濟建設的重心問題——重農重工問題之探討》，《東方雜誌》1935 年第 16 期。

天朝大國，憑的就是跟工業有關的船堅炮利、聲光化電之物。比如周憲文對
「以農立國」的主張質疑時所說：在日本帝國主義侵略下，中國想發展農業
尚且困難，至於立國，根本就談不到；如果真執迷不悟要以農立國，那麼只
能叫以農亡國了。〔註89〕就此而言，與其說農業能挽救民族的危亡，不如說
正是農業才導致了民族危亡的出現。不僅中間派人士有如此認知，就是一些
非中間派人士也有如此觀感，比如一個叫高平叔的知識分子呼籲道：「大家要
曉得現在一個國家，要在世界上獨立生存，能與各國並駕齊驅，獲得自由平
等的地位，第一重要的條件，就是工業發達。所以我們中國人要和人家講平
等、爭自由，第一件重要的事情，就是要使我們中國由農業國家進為工業國
家，如果這一點不能做到，無論怎樣和人家講平等、爭自由，都無益處。因為
農業國家做一天的工作，工業國家不到一小時就能做到，農業國家多量的原
料，只能換得工業國家少數的製造品。由於此種生產力與生產品價值的懸殊，
農業國家在經濟上總居於被剝削的地位。外國人常說我們中國是農業國家，
表面上雖無輕侮之意，而實際的含義，就是說我們農業國家應當將所有的生
產品與勞力，供給他們工業國，更明白地講，他們工業國就是我們農業國的
主人，我們農業國便不能不做他們工業國的附庸。我們明白了這個道理，就
可以知道今後我們要救中國，要求自由平等，必須趕緊使我們國家由農業國
進為工業國。」〔註90〕所以，鑒於世界大勢與中國國情，以工業作為經濟現
代化建設的重心，也許不失為一種救亡圖存的理想選擇。用魏源的話來說，
是「師夷長技以制夷」。

　　當然，這些中間派人士並不是沒有意識到，以工業作為國民經濟建設的重
心，不僅會招致帝國主義者阻撓和破壞，而且還會伴生出失業、勞資糾紛與經
濟危機等消極性後果。但他們依然認為，這不是取消工業作為國民經濟建設重
心的理由，因為正由於帝國主義者的阻撓與破壞，更證明了在中國發展工業的
重要價值，否則，帝國主義者沒有必要為之枉費心思；而失業等消極性後果的
出現，本就是工業發展過程中的一種正常現象，關鍵是看其利弊得失孰大孰
小。再者，世界上任何東西都有其兩面性，不值得為之而因噎廢食。故而對於
前者，正確的態度是迎難而上，對於後者，明智的辦法是一分為二。退一步說，
工業作國民經濟建設的重心固然有諸多的難處，但與工業相對應的農業做國

〔註89〕周憲文：《中國不能以農立國——漫談農本》，《時代精神》1939年第5期。
〔註90〕高平叔：《中國必須工業化》，《中國工業》1943年第17期。

民經濟建設的重心其處境也同樣不樂觀，諸如農民素質的提高、農村秩序的整合以及農業資金的投放、技術的改良、工具的更新、農產品的銷售等諸問題，也不是一個說解決就能解決的問題。既然如此，為什麼不能以工業做經濟現代化建設的重心呢？

並且，20 世紀三四十年代的一部分中間派人士，之所以如此強調優先發展工業，其實在某種程度上也是對此前重工論者觀點的一種繼承與發展。因為清末以來，一部分知識分子針對現實中主張重點發展農業的言論，針鋒相對地提出以工業作為經濟現代化建設的重心。因為在他們看來，以工業作為經濟現代化建設的重心，不獨農業能夠得到相應的發展，而且還能抵禦外來經濟的入侵。原因是工業的發展既可為農業的發展造就必需的機器設備和農藥化肥，也可為農產品的銷售提供足夠的市場，這樣自然為提高農業生產效率與增強農產品的市場競爭力創造了條件。反之，若偏重於發展農業，不僅工業的正常發展因此而不可得，就是農業自身的發展也很成問題。當然，就更不用提國民經濟的發展和整個社會的進步了。為此，有人還特地從進化論角度對之進行論證道：「人類社會，為進化的社會；人類歷史，為進化的歷史；此已為舉世學者所公認。因為社會環境，時有變遷，人類不能不隨時變化，應此變化的環境，以圖長期的生存。故人類一切政治文化，此地與彼地常不同，此時與彼時亦迥殊；且人類為理想的動物，常運用此理想以向稱善的方面進行；而其實不同之要點，則在於進化，新者必較進化於舊者，後者必較進化於前者。故一切學術制度，無不日新月異，時有變遷，各求較善之發明，較善之改革；此無他，進化之故耳。至於農業則為保守的，少進化的，與現社會進化之潮流，當相反；工業為進化的，且速進化的，與現社會進化之潮流適相應也。」〔註91〕言下之意，優先發展工業，完全是應天時而順民心之舉。

不難發現，20 世紀三四十年代中間派人士經濟現代化的「重工論」主張，如同與其並存的「重農論」思想一樣，也有其存在的必要性與合理性。

三、農工並重論

鑒於中間派人士中重農、重工各執一端的論調，另一部分中間派人士在對其提出批評的基礎上主張農工並重。

有人著文說：「個人的意思，覺得『振興農業以引發工業論』者的立論頗

〔註91〕孫倬章：《農業與中國》，《東方雜誌》1923 年第 17 期。

多錯誤、歪曲和矛盾的見解，實在未敢同情，而『工業化』論者的意見，就已經發表的而言，也有應該加以補充之處。」〔註92〕且有人附和道：「重農重工之說，由來論者多矣，或主以農立國，或持以工興邦，聚訟紛紜，莫衷一是；然要皆各見一面，失之全體。或僅重工，或僅重農，皆為一偏之見。此種謬誤見解若不及早糾正，將必貽害未來國民經濟，影響『經建』大業。工業農業二者實相依相隨，在國民經濟建設中，位本同等，缺一不可。」〔註93〕這些中間派人士為什麼要這樣主張呢？因為在他們看來，就當時中國的實情而言，農業現代化有農業現代化的困境，工業現代化有工業現代化的難處：如欲優先發展農業，那麼現代化的國防如何建設？國際貿易中的劣勢地位如何改變？過多的勞動力如何安排？陳舊的生產工俱如何更新？老化的農作物品種如何改良？而優先發展工業，那麼中國有獨立的國民經濟體系嗎？有銷售過剩產品的國外市場嗎？有足夠的原始資本積累嗎？有工業必需的原料產地嗎？有一群真實的科學家和有科學意識的民眾嗎？因而，如若優先發展農業，即使意味著農業現代化的目標能夠達到，但也並不意味著工業化的難處就能消除；反之亦然。

故而，學者鄭林莊提出了國民經濟建設走「第三條道路」的主張。為了證明自己見解的合理性，鄭氏在文章中說：「我以為，在今日中國所處的局面下，我們不易立刻從一個相傳了幾千年的農業經濟階段跳入一嶄新工業經濟階段裏去。我們只能從這個落伍的農業社會逐漸地步入，而不能一步地跨入那個進步的工業社會裏去。由農業社會進入工業社會期間，應該有個過渡的時期來做引渡的工作。換言之，我認為我們所企望的那個工業經濟，應該由現有的這個農業經濟蛻化出來，而不能另自產生。」〔註94〕那麼，這個由農業經濟蛻化出來的工業經濟是什麼呢？根據鄭氏的解釋，就是農村工業。為了展示農村工業化的優越性，他介紹說：「我們現在所談的農村工業，就是目前大規模都市工業的分散化。它在形式上和技術上間或與集中的工業不一式一樣，但它卻保持了集中工業的精髓，便是上面所說的那種科學與工業的密切關係。人們既然承認集中的都市工業是進步的，為什麼不也可以承認分散的農村工業也是進步的。也許有人說，『大規模生產之經濟』雖是工業集中以

〔註92〕王子建：《農業與工業》，《益世報》1934 年 12 月 8 日。

〔註93〕羅榮渠編：《從「西化」到現代化──五四以來有關中國文化趨向和發展道路論爭文選》，北京大學出版社 1990 年版，第 909 頁。

〔註94〕鄭林莊：《我們可走第三條道路》，《獨立評論》1935 年 1 月 27 日。

後發現的，可是總是集中工業的一個優點，試問分散工業也可以產生此種積極嗎？可以！這一層我們得歸功於現代合作主義的創導者。現代合作社的營業日廣一日，舉凡生產、運銷、借貸、消費等業務全科經營。如此，將分散的企業依合作的原則組織起來，不是能取得大規模生產之經濟嗎？而且合作是平等的民主的；這兩點正是都市工業所做不到的，所以農村工業更可以在這方面顯示了它的長處。」〔註95〕在鄭氏看來，農村工業不僅可以避免都市工業在中國發展的難處，而且能夠把都市工業的優點與中國農村的優點很好地結合起來。

翁文灝則發出了「以農立國，以工建國」的號召。翁氏則分析道：由於中國農業大國的傳統，農民占人口絕大多數的現狀以及農產品在出口貿易中的大宗地位，故而以農業作為國民經濟建設的重心有其合理性；但是，出於加強國防、爭取抗戰勝利的需要和增進人民福利、提高文明水準等因素的考慮，努力發展工業也是國民經濟建設中的應有之義。是以，在國民經濟現代化建設中農工並重才是正道。〔註96〕顯然，農工並重的觀點，無論是對農業重心論，還是對工業重心論，都有其獨特的價值。

然而，在經濟現代化重心建設中，那些主張農業重心和主張工業重心的中間派人士，並不對這種農工並重的觀點予以認同，相反還出言相譏。因為他們覺得在千頭萬緒的國民經濟建設中，若不找出一個重心而無亂地著手建設，則難以收到建設的成效；如果以農工並重作為國民經濟建設的重心，則不僅要面臨著農業重心論所遇到的問題，而且也要解決工業重心論所要解決的困難。比如說在國民經濟建設中農工並重，既須滿足發展農業時所具備的安定的社會環境、先進的生產技術、現代的勞動工具等基本條件，也須達到發展工業時所應有的國家經濟的獨立、廣大市場的存在、一批具有科學意識的社會精英等基本要求。可是根據中國的國情，單是農業方面的問題就已無力應付，若還加上工業建設中的困難需要解決，也許只能落入到「心有餘而力不足」的遺憾之中，真可謂連「魚」尚都難求，又豈能奢望「魚」和「熊掌」能夠兼得！故而農工並重的主張表面看似四平八穩、完美無缺，其實只能是一種高調，是一種沒有主張的主張。所以有人曾對那種借發展農村工業來推銷其農工並重主張的人

〔註95〕鄭林壯：《論農村工業》，《獨立評論》1935 年 7 月 21 日。

〔註96〕羅榮渠編：《從「西化」到現代化——五四以來有關中國文化趨向和發展道路論爭文選》，北京大學出版社 1990 年版，第 896～897 頁。

進行批評道：「把農村工業當為中國經濟建設的路徑，不但在理論上近乎開倒車，在事實上也是行不通的；退一步言，萬一其本身是樹立了，但也不能引發都市工業，從而不能蛻化出工業經濟來。因此我們可以說：對於中國的經濟建設，農村工業這條路是走不通的。」〔註97〕

當然，這些主張以農業或工業作為國民經濟建設重心的一部分中間派人士，之所以不看好農工並重的觀點，是由於他們覺得雖然自己強調農業或工業做經濟現代化建設的重心，但絕沒有心存輕視工業或農業之意，只不過出於對經濟建設成效的考慮，才不得已而為之。正如有農業重心論者說：「我雖然強調農業重心的國民經濟建設，然所謂農業重心之者，乃是說在現階段中，中國國民經濟建設，農業所佔的比重，大於工業的比重之意義，而不是完全否定工業之存在，停止工業之建設。這在中國國民經濟發展環境異常惡劣，而國家經濟力量極度有限的局勢之下，國民經濟之建設，必須分別緩急輕重，進行建設，始能力有所逮，對症治病，希望成功，而且只有將國民經濟各部門，配置於最確當的比重之比率下，始能互保均衡，從事建設，渡此緊急而險歷的難關。是以，我的主張，亦只是重農論，而不是絕對的農本論。」〔註98〕而工業重心論者也同樣表白道：「我雖說，時代已經進化到不能以農立國，但我絲毫沒有輕視農業的意思，若無農民去種稻，我們就得餓死，若無農民去種棉，我們就得凍死，況在今日，『我國約有百分之八十之民眾為農民，五分之四之生產品為農產物，亦可謂百分之九十九之出口貨為農產物』故農業的地位不能不算重要；不過重要不重要是一問題，能否賴以立國又是一問題，這是我們應該注意的。」〔註99〕可見，這些主張農業重心論或工業重心論的中間派人士對農工並重觀點的漠視，是因為覺得自己的見解無須其補充與糾正，同時也認為對方的主張本身就存在問題。

不過，農業重心論或工業重心論的此種觀點，能夠說服主張農工並重論的中間派人士嗎？答案顯然是否定的。因為早在此前，一些知識分子就曾針對經濟現代化問題上重農論、重工論兩種主張，提出了農工並重，不可偏廢的建議。他們有人為此論證道：「徒農則以原料供人，而其一己之衣食住以及農具與消費品皆將仰人鼻息。將欲安貧乎？則中上社會之嗜好方日增，金錢之流出者年

〔註97〕張培剛：《第三條路走得通嗎？》，《獨立評論》1935年2月17日。

〔註98〕漆琪生：《中國國民經濟建設的重心安在——重工呢？重農呢？》，《東方雜誌》1935年第10期。

〔註99〕周憲文：《中國不能以農立國——漫談農本》，《時代精神》1939年第5期。

以千百萬計。將欲守古乎？則農產之收成本已不豐，益之以水旱之天災，苟無
農業機械之改良，與水陸交通之建設，自給且不足，何能角逐於世界之。此就
理論言，農之不能獨存也如此。更就事實而論，則吾雖不欲興工，而歐美之製
造家已挾其資本建廠於腹心之地，上海天津漢口諸地非吾神農苗裔之版圖
耶？」「徒工則食物原料必仰給於人，無事則時有經濟之恐慌，有事則不免封
鎖之危險……以我之地大物博，人口眾多，豈能自荒膏腴，就食他國，託生命
於國際貿易商人之手哉？且以吾國關稅制度之不良，工廠之出品，雖廉工賤
料，尚有不能抵制外貨之勢，苟以舶來物為原料，其失敗也必矣，此理論上工
廠之不能獨存也。」〔註100〕顯然，在農工並重論者的視野中，無論是站在農
業角度，還是站在工業角度，彼此都有亟須進行現代化的必要。既然如此，又
何必在經濟現代化事業中厚此而薄彼呢？

所以，在經濟現代重心建設這一話題上，農工並重論者的觀點，相對於重
農論和重工論主張而言，也並非是一種高調，相反而是針對中國的政治、經濟
現狀，就經濟現代化建設路徑問題所做出的又一種有益的探索。

四、並非根本的分歧

雖然作為中間路線踐行者的中間派人士在經濟現代化重心問題上，就優
先發展農業、工業，還是二者同時發展的問題，出現不同的觀點與主張，但並
非存在根本的分歧。

首先，彼此都意識到確認經濟現代化重心建設的必要性。經濟是一個包含
了農業、工業、商業、金融業等諸多方面的概念，而每一個方面又各有不同的
構成要素。所以，它在現代化建設問題上有必要從其中選取一個方面作為重
心。如是，方能對它的發展更有積極意義。如漆琪生說：「如果我們不謀國民
經濟建設現實（代）化則已，倘欲使之現實（代）化，則這個緩急輕重之分，
是異常必要的。只有一般平庸的流俗經濟學者，才拋棄探討問題必須把握重心
的原則，倡導折衷主義的均衡論，主張中國國民經濟的建設，應該各樣並重，
百業均衡。這種理論之平庸與淺薄，素為識者所擯斥不齒，不足作為探討中國
國民經濟建設問題之方法與規準。所以我們如欲進一步地深刻地去探討國民
經濟建設問題，而欲使這個問題得著一個比較正確而有效的解決，則只有從重
心論立場，分析中國國民經濟建設之程序步驟，區別各經濟部門建設之緩急輕

〔註100〕楊銓：《中國能長為農國乎》，《申報》1923 年 10 月 28 日。

重，庶乎始能得一確當的解答。」〔註101〕應該說，此種觀點在中間派人士中相當有代表性。

事實上，就當時中國的現狀來說，更有確定經濟現代化重心建設的必要。因為長期戰亂下百廢待興的現實需求與匱乏脆弱的財力支撐間的矛盾，造成了一種什麼都需要現代化而又什麼都難以現代化的困境。為了避免此種困境的出現，只能集中有限的人力物力於最為重要的經濟部門來推進其現代化的發展，然後根據輕重緩急循序漸進的原則進行其他部門現代化的建設，這樣由點及線、由線而面的做法，不僅能充分地發揮現有財力的作用，而且能取得現代化的成功；反之，如果在經濟現代化建設中，沒有重心不分主次，那麼極有可能會因財力不濟而出現一種「其始也盛，其終也速」的結局，或者說虎頭蛇尾的結局。同時，在華列強也不會允許已淪為世界資本主義重要市場的中國全面地進行經濟現代化建設，因為中國經濟實力的增強就意味著他們利益的受損，故而他們必然會想方設法來阻撓和破壞中國經濟的現代化。從此意義上看，中國經濟的現代化若想最大限度避免或削弱來自帝國主義的阻力，也必須有選擇、有步驟地發展自己的經濟，在外國資本主義的夾縫中拓展出自己的生存空間。

中間派人士對經濟現代化重心建設的強調，表明了彼此間存在一個共識的平臺，而此種平臺也為彼此間某些主張通約性的建立打下了基礎；並且彼此間在具體主張上之所以出現一定程度上的差異或對立，某種意義上是由於各自站在該平臺上看問題的路徑或向度存在差異的緣故。

其次，彼此都抱有救亡建國的共同目的。中間派人士之所以對經濟現代化建設重心關注，一方面是出於國家現代化的需要，另一方面是出於民族救亡的需要。因此，中間派人士在表達中間路線主張時，對農業與工業的發展同樣注重。如他們在《中國民主同盟綱領草案》中明確提出：「農業政策，以改進及增加生產為目的，其實現之方法：（1）改善土地使用關係，以培植自耕農為入手步驟，並試行合作農場；（2）農業經營，屬行科學化與機械化，應先由國家或地方扶助農民實行此項方針。」「工業政策，在屬行輕重工業之積極發展，以達全國工業化之目的，其實現之方法：（1）運用國家資本以經營國防工業及主要之基本工業；（2）運用民間資本以經營一般輕重工業；（3）

〔註101〕漆琪生：《中國國民經濟建設的重心安在——重工呢？重農呢？》，《東方雜誌》1935 年第 10 期。

依國家法律之規定，充分予外人以投資之便利。以上三者，均由國家經濟計劃規定；（4）對於民間一般手工業由國家保護之，並儘量以合作方式推進之。」〔註102〕並且為了能更好地促進工農業現代化，中間派人士還提出了相應的金融和外貿政策。其後，羅隆基在民盟一大的政治報告中談到經濟時，再次強調要發展工農業，如他認為，要促進國家的工業化，應設法吸收外資和外國專門人才，同時在經濟政策上力求計劃經濟與自由經濟相配合，並且以民主的政治來建設民主的經濟；要促進農業的發展，應先做到退伍復員的士兵有田可耕有家可歸，然後實施農村救濟、農業貸款與減租減息政策，以安定農民生活和保障農村秩序。可見，中間派人士在確認經濟現代化重心的目的上，並非沒有共同的交集。

最後，經濟現代化是一個相對包容的命題。經濟現代化建設究竟誰才是重心：工耶？農耶？工農都是耶？對此，中間派人士因識見的差異，給出各自的答案；儘管每一個答案都有自己的理由，但就是難以讓對方予以發自內心的認同。此種情形的出現，在某種意義上，則是半殖民地半封建社會的中國，在經濟現代化建設過程中難以避免的現象。因為中國在經濟現代化建設這項工程中，到底走重工路線，還是走重農路線，或者是走農工並重路線？本就是一個屬於探索中的問題；並且在實踐中無論走哪一條路線，都包含著其他兩條路線的重要內容。若以工業現代化作為國民經濟建設的重心，那麼其在目的上不能不涉及農業的工業化。反之，若以農業現代化作為國民經濟建設的重心，如沒有工業化的參與，那就只能是貨真價實的復古，而不是真正現代性的國民經濟建設；並且，工業的出現就根源於農業的發展，而農業的興旺也得益於工業的進步。所以，中間派人士對經濟現代化建設的重心之爭，並不是一種事關生死或敵我性質的衝突，而是一種有關主次先後、輕重緩急的論爭。

並且經濟現代化重心建設的確認問題，不是一個只牽涉工業與農業的問題，還牽涉政治、軍事、思想、文化、外交以及時機等許多方面的問題。譬如全面抗戰時期面對日本侵華戰爭給我國工農業所帶來的破壞，究竟是優先發展工業還是優先發展農業？沒有人能夠輕鬆的做出解答，因為「自抗戰以來，主要的民族工業，如紡織、製絲、麵粉、採掘、火柴、捲煙以及其他種種企業，極大部分已被破壞或陷於停閉。主要的農業區域，如產棉、麥、稻等區，也是

〔註102〕中國民主同盟中央文獻資料委員會編：《中國民主同盟歷史文獻》，文史資料出版社1983年版，第28頁。

極大部分被戰爭摧毀，或正在被戰爭摧毀之中。國內經濟遭受這種空前的大破壞，影響所及，大多數工商業者隨之破產，數百萬的工人，陷於失業或逃亡之境，戰區的農民，經常在戰爭威脅下不能耕種，致農民與地主同時失其生活的憑藉；非戰區的農民與地主亦因交通阻塞、農產品不能流通和物價飛漲，日益感受生活的痛苦。」〔註103〕所以滿目瘡痍的戰爭現實，絕不是做出一個簡單地重農或重工選擇所能解決問題的，特別是抗日禦侮正在如火如荼地進行當中。正由於對諸多問題分析視角的差異，才導致了同一政治路線的中間派人士在國民經濟現代化重心建設判斷上出現了偏差和歧異，因而彼此在觀點的陳述上，難免會陷入一種「言者諄諄，聽者邈邈」的尷尬與無奈之中。

不過，這是否就意味著中間派人士在經濟現代化重心建設問題的認識上就處於一種「楚河漢界」「涇渭分明」的狀態呢？答案無疑是否定的。比如陳序經在文章中說：「提倡鄉村建設運動的人也許說道：農業是工業的基礎，農業不發展，則工業不易發達。這種見解，我們並非完全否認。然而我們不要忘記，歐美工業發達的國家並不輕視農業。」〔註104〕同時，隨著經濟現代化建設的進行，必須要有一個重心，尤其是對中國這樣一個現代化剛剛起步與問題百出的國度而言，就更是如此。只有確立了重心，才能更好地集中現有的國力進行國民經濟的建設；也只有確立了重心，其他的問題才可能得到更有效的解決。正如梁漱溟曾經感歎的那樣：「中國問題複雜嚴重，糾纏一堆，什麼問題都有，什麼問題都不輕，什麼與什麼都相連。任你拈出一個問題，都不能說不是；任從一處入手，都未嘗不可影響其他。但若僅將這些問題看成是平鋪並列的，隨從那處入手即可解決中國問題，則是糊塗。必須有眼光辨別得其間本末先後輕重緩急，瞭解全盤關係而覷定一個要緊所在著手，而後這一團亂絲才解得開。」〔註105〕梁漱溟的觀點間接表明了，中間派人士在探討現代化建設這一命題時，之所以出現「多重心論」現象，其實就是經濟現代化命題中的應有之義。

故而，中間派人士在經濟現代化重心建設的確認上所出現的分歧，其實質都是為給國民經濟建設「覷定」一個要緊的所在著手，而不是什麼根本的對立。比如，「重工論」的代表人物吳景超在與「重農論」代表人物董時進爭論時說：

〔註103〕　《中華民族解放行動委員會抗戰時期的政治主張》，楊力主編：《中國抗戰大後方中間黨派文獻資料選編》上冊，重慶出版社2016年版，第274頁。
〔註104〕　陳序經：《鄉村建設理論的檢討》，《獨立評論》1936年5月3日。
〔註105〕　梁漱溟：《鄉村建設理論》，上海人民出版社2006年版，第23頁。

「總之，我的意見，以為一方面要改良農業，一方面要提倡實業，並不偏重於任何一方面。假如董先生主張提倡實業，而對於農業生產技術的改良，以『不成問題』四字了之，那我不敢與他同意。假如他以為改良農業技術之外，還要提倡實業，那麼我們的意思是一樣的。」〔註106〕所以，即使經濟現代化重心的確認話題，從20世紀30年代到40年代，一直是中間派人士不能不為之思索和論爭的內容，但彼此間並不存在難以逾越的鴻溝。

鑒此，中間派人士在闡釋自己對中國經濟現代化重心建設主張時，分別提出「重農」「重工」「農工並重」等主張，但並不存在本質的對立，相反只是探索現代化進程中不可避免的現象。因為他們站在救亡與建國的平臺上，根據揚長避短的原則，強調重點發展農業，其實有著用農業來引發工業的動機；強調重點發展工業，同樣包含著用工業來推進農業的目的；至於主張農業、工業同時發展的觀點，更是看到了農業、工業二者所存在的緊密關係。同時，必須肯定的是，雖然中間派人士有關經濟現代化重心建設的觀點，並不十分的全面與正確，但他們為此而付出的努力，仍有其存在的意義和價值，畢竟他們為中國經濟現代化的發展方向做出了寶貴的探索，而且也不違背中間路線固有的政治立場。

小結

中間派人士在奉行中間路線過程中，出於對救亡與建國等政治改良的訴求，在探索傳統現代化與經濟現代化兩大時代主題時，提出了不同甚至對立的主張。如是，究竟是什麼原因導致中間派人士在同一主題下居然共識難成呢？簡言之，主要是下述三方面的因素造成的。

即中間路線方面，雖然作為一種相對於國共路線而言的政治路線，有自己的基本主張，但由於其價值觀念是在自由主義主導下的多元思想的現實，從而使其在意識形態上變得更加的包容，在團體邊界上顯得更加開放。這樣，既為持不同見解的人士集結在其旗下打開了方便之門，也為他們陳述與發揮各自的見解提供了寬鬆的環境。所以，不難發現在中間路線的旗號下，不僅匯聚著不同的派別，而且充陳著不同的觀點。自然在中間路線的話語系統中，有關傳統現代化與經濟現代化不同主張的出現，乃是正常現象。

〔註106〕吳景超：《討論「中國農民何以這樣多」》，《獨立評論》1933年4月9日。

　　中間派人士方面，由於彼此間在學術上各有自己的淵源及派別上又各有自己的來頭，於是主觀上導致各自在闡述對社會現實問題的看法時，常無意識地陷於一種自我中心的場域內，結果不僅使得自己在對事物的判斷上失之於客觀和公正，而且使得自己把這種判斷置於一種我即真理與道義的平臺上；進而既難以對不同的觀點和主張予以遷就或認同，也難以對自我的失誤與偏頗及時發現或糾正。是以，這些各自具有強烈價值偏好的中間派人士，在傳統現代化路徑與經濟現代化重心的認知上，出現一種「是其所是，非其所非」的局面，無疑是在所難免的結果。

　　現代化本身方面，無論是傳統現代化還是經濟現代化，內容異常的龐雜，其中傳統現代化，不僅涉及中西文化的優劣比較問題，而且涉及古代文化的現代價值問題；經濟現代化不僅內繫農、工、商三大產業，而且外涉政治、軍事、外交、文化諸領域；故而，中間派人士在考量傳統或經濟現代化問題時，因受制諸上要素的制約，自然會形成不同的觀點與主張，並且這些觀點與主張很可能是相互矛盾的。

　　所以，由於上述三方面因素的共同作用，本著救亡與建國目的的中間派人士，在探索現代化問題時自然是共識難成。不過，囿於共同的政治路線、現代化自身特點以及其他因素的影響，那些有關現代化的不同觀點與主張，要麼是一個銅板的兩面，要麼並非根本的對立。因此，表面觀之，中間派人士在現代化問題探討上，呈現出「相互爭鳴」的局面，本質上都無礙踐行中間路線的中間派人士對現代化的探求。就此而言，中間派人士在現代化問題的此種分歧，相對於其為了堅守自己政治路線的黨派立場而在國共兩黨面前所展現出來的矛盾行為，即是中間路線家族內的「歧爭」。

餘　論

一、乘勢而來　因時而去

綜觀中間路線出現、發展與沒落的歷程，可以說是乘勢而來，因時而去；換句話說，它的興衰，跟外患日重的時代境遇、國共相爭的政治格局以及黨國不分的二元體制等存在著密切的關係；即便期間它為應對中國政治、經濟、文化的現代化而展示自己的藍圖，但仍改變不了被歲月風塵淹沒於歷史深處的宿命！

中間路線之所以在 20 世紀 40 年代末淡出中國的歷史舞臺，主要是三方面原因造成的。

其一，近代以來出現的「中國向何處去」的歷史課題終於有了答案。眾所周知，中間路線之能夠得以出現在風雲變幻的中國政治舞臺上，一個主要原因，就是在國家民族出路的探索上，直到國共相爭突起仍還處於「路在何方」的疑難當中；儘管此前先進的中國人為回應此課題，先後從器物、制度與思想層面做出了不同的嘗試，但都沒有達到預期的目標。尤其是此後國共兩條對立型政治路線的出臺，更是讓此課題在答案上變得撲朔迷離。所以，在抱著同樣歷史使命感的中間派人士的推動下，中間路線也就在國共兩條對立型政治路線的夾縫中慨然登場。

為此，中間派人士在國共之爭的格局中，針對中國的現實提出了許多應對的建議與方案：經濟上，既有農業重心論的主張，也有工業重心論的要求；文化上，既有保守的現代化建議，也有激進的現代化觀點；政治上，既有「修正民主政治」的設計，也有「十足道地民主共和國」方案。可以說，因近代以

來「中國向何處去」此一歷史問題的難解，使中間路線找到了自己存在的歷史依據和時代意義。然而到了 40 年代末，由於中國共產黨在國共相爭中取得了逐鹿中原的勝利，從而宣告了近代以來的一直困擾著中國人的那道命題終於有了答案，那就是中國共產黨的革命路線即新民主主義路線，才是真正引導中華民族走出困境邁向繁榮與富強的道路，這樣也就在某種程度上，意味著中間路線所負歷史使命的終結。故此，儘管 1948 年後還有一部分中間派人士仍然守望著中間路線的理想，並為此發起了自由主義運動，但不僅遭到了來自中國共產黨理論家的批評，而且也遭到了思想已「左傾」的昔日盟友的批評。如是，在這樣一種內外力量的夾擊下，中間路線淡出歷史舞臺只能是一種必然的結局！

其二，國共政治路線相爭日趨激烈。從本質上說，國共政治路線相爭的存在，無益於中間路線的生成，但客觀上卻又為中間路線的出現造就了土壤與氣候，並在某種程度上保證了它的存在與發展，也許這是國共政治路線相爭格局下的意外而又自然的結果。為什麼會這樣呢？因為隨著國共相爭的出現，其原先所主導的政治力量就在其對立性政治路線的導向下，日益分裂成兩大敵對型集團，並且為了各自的利益和信仰，彼此間進行殘酷的鬥爭。然而，此時那些游離於國共相爭之外的社會成員以及不滿於國共相爭而脫離出來的政治精英，出於對其他政治理念的信守，難免會在此夾縫中相互間加強彼此的認同與合作，並且為了實現自己的利益追求，及其尋找自己的政治歸宿，自然也會提出有別於國共路線的政治主張。如是，中間路線的出臺也就成了應然之事。

同時，國共兩黨出於強化自身政治路線在爭鬥中的優勢需要，即使有時對中間路線的觀點與主張難以苟同，但為了得到中間派人士的支持，也不得不採取某種容忍或放任態度。如國民黨中宣部在 1943 年擬訂的《各黨派之言論分析與對策》一文中提出：「以本黨開放政權為最有利，次之在本黨及中共相持不下之局面下亦可以稍收漁人之利，至於在本黨或中共獨攬政權之形式下最為不利。」為此國民黨設計了三條對策：即必須拆散各小黨派與中共聯盟之形式──本黨對現狀如無任何改變，則在民主憲政之共同下，各小黨派可能與中共結成聯盟，加厚反對政府的力量，目前有種種跡象，證明此一可能性正日益顯著，故本黨對各小黨派應盡力疏散其與中國共產黨之關係，不使有任何反政府聯盟之形式的產生；採取對各小黨派開放，對中國共產黨抑壓政策──要拆散各小黨派與中共之聯盟形式，必須一方面盡可能給予他們以言論結社之自

由及參政之機會，另一方面對中國共產黨應盡量予以鉗制，如此，不但可以一
新國人之耳目，且可以轉移國際之視聽；拉攏各小黨派，增強我外圍之實力，
以孤立中國共產黨——如對各小黨派稍示公開，彼等必如張君勱云，感政府求
治之殷，當以瓊瑤報之，而可能成為我之外圍，如善加扶植及運用，不但可以
孤立中國共產黨，亦可助我完成統一。〔註1〕所以，國民黨及其政府，不僅對
中間派人士此前提出的「專家政治」以「人才內閣」來回應，而且對抗戰期間
中間派人士發起的兩次民主憲政運動，也顯示出足夠的大度與寬容；即便是在
《五五憲草》的制定上，也廣泛地聽取和吸納中間派人士的意見，一改再改，
盡量地做到妥帖與周全。

　　同理，中國共產黨迫於現實鬥爭的需要，在堅持求同存異與統一戰線原則
的前提下，不僅對中間派人士發起的民主憲政運動予以積極響應和參與，而且
熱心幫助中間派人士組建自己的最大政治團體——中國民主政團同盟，特別
是在重慶政治協商會議上，為了維護民盟第三大黨的政治地位，中國共產黨除
了與民盟一道向執政的國民黨提出自己的正當要求外，還主動出讓自己在政
協中的席位。即便此前曾受到來自中間派人士的批評和誤解，中國共產黨也不
計前嫌，仍然與之攜手共同反抗國民黨的專制與獨裁。

　　可以說，國共政治路線相爭所構成的這樣一種兩極對立的政治生態，不但
為中間路線的存在和發展，提供了適宜的「土壤與氣候」，而且為中間路線彰
顯其獨特的地位與作用，構建了充足的空間與舞臺。

　　此外，作為中間路線奉行者的中間派人士，也盡量地利用起國共政治路線
相爭所產生的歷史機遇，因而除了充分扮演平衡國共之爭天平上的砝碼外，某
種程度上還充當起延緩與消解國共衝突尖銳化趨勢的中間地帶。如在抗日戰
爭的相持階段，針對國共兩黨就皖南事變各不相讓的強硬立場，中間派人士一
方面嚴厲批評國民黨同室操戈、自殘手足的反動行為，另一方面竭力勸告共產
黨要以民族大義為重共同抗日，勿再重演親痛仇快的悲劇。為此在國民參政會
第二屆一次大會召開前夕，中間派人士在來回奔走苦苦勸說的基礎上向國共
兩黨提出了四點意見：「一、為昭示全國團結，此次大會中共參政員之出席必
不可少。二、為杜永爭，全國一切軍隊，應與任何黨派絕緣，統一於國家。以
上原則之實行應由各方面合組委員會秉公監督辦理。三、抗戰建國綱領公布瞬

〔註1〕中國科學院歷史研究所第三所南京史料整理處編：《中國現代政治史資料彙
　　　編》第3輯第11冊，中國科學院歷史研究所第三所南京史料整理處，1958年。

滿之年究竟實行者幾何？而現在事實，背乎各條規定者又有若干？應由各方面合組委員會切實檢討。四、根據二、三條，合設一委員會，以最高領袖為主席，設委員八人，網羅各方面充任之。委員會議決事項立即生效，不再經任何機關核定。」〔註2〕希望以此來消解中國共產黨因皖南事變所產生的怨氣。再如，1945 年上半年，國共兩黨在政府的產生與組建方式上出現了嚴重分歧和對立，前者堅持其在 1945 年元旦廣播中拋出的召開國民大會組建政府的方案，其目的是在還政於民的煙幕下繼續維持其一黨專政；後者則堅持其在國民參政會三屆三次大會上提出的組建有各黨派參加的聯合政府的方案，其目的是廢除國民黨的黨治體制，實施憲政。為此，中間派人士從民主團結的前提出發，一則通過不同的方式與場所來闡述自己的主張，藉以調和國共對立的政見，如昆明文化界在《關於挽救當前時局的主張》中說：「立即邀約全國各在野黨如中國共產黨、中國民主同盟等各自推選的代表，而後會同各政黨代表共同推定社會上無黨無派各界進步人士，共同舉行國是會議，決定戰時的政治綱領，並重新起草國民大會組織法及選舉法，籌備真能代表人民的國民大會，以通過憲法，實行憲政。」〔註3〕民盟也在對時局的宣言中強調：「立即結束一黨專政，建立聯合政府」與「召集黨派會議，產生戰時舉國一致之政府，並籌備正式國民大會之召開及想法之制定」等主張〔註4〕。二則是奔走於國共之間，希望雙方相互妥協和遷就，從而達成一個彼此都能接受的方案；並且出於此種希望與動機，以褚輔成、黃炎培為代表的六名中間派人士參政員在國民黨的默許下，於 1945 年 7 月 1 日飛抵延安進行為期四天的訪問。其後，在重慶政協會議上，當國共兩黨在政府改組、和平建國、國大代表資格確認、憲草修改原則及軍隊國家化等問題上出現尖銳對立的時候，中間派人士也承擔起調和的重任，使雙方盡可能地坐下來協商。中間派人士的此種努力，無疑增加了中間路線存在的合法性與必要性。

然而，隨著戰後國共政治路線相爭的全面升級，中間派人士及其中間路線對國共而言已失去了其原有的政治意義，甚至出現了副作用。正如有人說：「民盟以調人資格，高調和談……因此，政協前後，亦曾『紅極一時』。政協會議

〔註2〕《梁漱溟全集》第 6 卷，山東人民出版社 1993 年版，第 163 頁。

〔註3〕轉引聞黎明《第三種力量與抗戰時期的中國政治》，上海書店出版社 2004 年版，第 325 頁。

〔註4〕《中國民主同盟臨時全國代表大會政治報告》，中國民主同盟中央文獻資料委員會編：《中國民主同盟歷史文獻》，文史資料出版社 1983 年版，第 75 頁。

乃國共和談的最高峰，亦是民盟與國共在政治上『平分春色』的飽和點。國大既開，政協自然否定。此後政治分歧，已昭然若揭……南轅北轍，有何可談？有何可和？」〔註5〕同樣，中間派人士儲安平也發表過類似的看法，他在文章中寫道：「民盟的歷史已有數年，而其出頭則為前年的政協時期。不過在過去，一般人似乎有一種印象，即政府來藉重他們時，有了『民盟』，不來藉重他們時，就沒有『民盟』了，所以有『和談』，民盟就大大熱鬧，沒有『和談』，民盟就冷清清的無事可做；這情形至少在過去如此。」〔註6〕這樣也就意味著在國共政治路線相爭如火如荼的時候，中間路線存在所必需的政治生態環境已經不再。

因而在現實中那些對中間路線信守的中間派人士，要麼被支持國民黨的輿論稱為中共的「尾巴」，要麼被支持共產黨的輿論呼為國民黨的「幫兇」。中間派人士的如此困境，正如日後《大公報》在社論中自我感慨的那樣：「說來可憐，《大公報》一非『國特』，二不『尾巴』，在這天下滔滔，不歸於楊而歸於墨的情形下，《大公報》實在落於一條極狹的夾縫當中。我們咒罵內戰，憤恨內戰，要安定，要進步。這同一立場，兩面受攻。一面飛來紅帽子，使我們苦笑；另一面又罵你是『幫閒』，罵你是『法西斯幫兇』，更使我們莫名其妙。」〔註7〕其後，國民黨及其政府乾脆在1947年10月以「通共」的罪名，宣布中間派人士的最大聚合體——中國民主同盟為非法，強令解散。而中國共產黨則於1948年後也一改此前對中間派人士的態度，在「歷史的路只有一條」和「追擊『中間路線』」的思路導引下，逼迫著中間派人士只能在國共之間做出非此即彼的選擇。

所以，中間派人士之所以陷於左右如此兩難的困境，因為在國共政治路線由政爭轉化成激烈的兵爭時，中間派人士的存在，既有礙於相爭中的勝者乘勝追擊，也無助於相爭中的敗者捲土重來。中間派人士這種動輒得咎的現實困境，某種程度上意味著中間路線已經走到其歷史的盡頭。

其三，民族危機的緩和。當然中間路線之所以能夠得以在國共兩條對立型路線的夾縫中，擁有一片屬於自己的空間，還有一個重要原因，那就是民族危亡的存在。因為救亡，不僅使其找到了與國共政治路線的共同話語，而且也為

〔註5〕中聯出版社編：《中國黨派》，中聯出版社1948年版，第23頁。
〔註6〕儲安平：《中國政局》，《觀察》1947年第2期。
〔註7〕《論宣傳休戰》，《大公報》1948年5月30日。

其信奉者獲得了施展自己抱負與政見的憑藉。故而不難發現，作為中間路線信奉者的中間派人士，既可以在政治上倡言民主自由，也可以在經濟上強調發展現代工業，更可以在思想文化上放言全盤西化。即便他們在某些時候，痛詆國民黨的專制獨裁與共產黨的暴力革命，但在救亡這一共同主題下，國共兩黨也只能予以某種程度的理解與寬容。比如，國民黨為了實現「人無分老少，地無分南北」的全面抗戰，不僅承認中間派人士所屬團體存在的合法性，而且成立了國民參政會，讓中間派人士擁有從未有過的話語權；而中國共產黨為了實現全民族的抗戰，不僅斷然放棄了此前的「左傾」關門主義的做法，積極與中間派人士中的領導人聯絡，表明自己的抗日立場，而且針對國民黨消極抗日、積極反共的行為，彼此還攜起手來進行堅決的鬥爭。故而從此意義上說，救亡，既為中間路線造就了與國共政治路線共存的平臺，也為中間路線的存在賦予了更多的現實意義。

但是隨著戰後救亡從時代主題中淡出，也就意味著中間路線原先所擁有的現實意義大為降低，進而使得其呈現在國共政治路線面前的道義性與合法性大為下降。因為在救亡成為時代主題的情形下，中間路線在本質上也許是一條政治型路線，但在作用上或許更是一條救亡型路線。道理非常簡單，中間派人士儘管用中間路線固有的價值標準來品評時政，但其目的不只是為了指出時政存在的缺點和弊端，也不只是要趁機否定現存的政治體制，而是為了說明如此的時政不僅承擔不了拯救民族危亡的重任，而且有可能加重加速民族的危亡。如是，既使中間路線獲得了時代意義，也使其在世人的眼中更帶上了一種道義色彩，同時呈現在國共政治路線面前的，更多的是一種盟友與參謀的面孔。因而也就不難理解作為中間派人士，既可以在黨治體制下追求民主政治，也可以在「自主」狀態中進行鄉村建設，還可以在黨爭格局下能夠縱橫捭闔。可是，隨著救亡主題的消失，中間路線也就裸化成一條純粹政治型路線，這樣相對於此前跟國共政治路線的關係，則更多的是一種對手而非盟友關係；即使中間派人士還希望像從前一樣在國共路線之間充當起調人角色，但由於救亡這種「黏合劑」的缺失，從而也就注定了其政治境遇陷入到每況愈下的狀態之中。

因此，中間路線淡出歷史舞臺的原因，正如同其淡入歷史舞臺一樣，都跟時勢的作用有著緊密的聯繫。換言之，中間路線進入歷史，是其乘勢而來；退出歷史，是其順時而去！

　　對於中間路線淡出歷史的必然性，周恩來總理在日後做了很好的說明。他說：「中國的民主運動，由於歷史的發展，武裝鬥爭成為主要形式。到了大革命後，就只有兩個全國性大黨，經過二十多年的鬥爭和戰爭，一天天證明中間道路即第三條道路已成為不可能。民盟由於抗戰特別由於政協的機緣，客觀上一時造成了他在全國第三黨的地位，使他中間許多領導人物，代表著中產階級的想法，企圖在國共對立的綱領之外，尋找出第三條道路，但一接觸到實際鬥爭，尤其是內戰重起，就使他只能在靠近共產黨或靠近國民黨中選擇道路，而不能有其他道路。」〔註8〕海外學者汪榮祖也發表過類似的看法，他說：「回顧歷史，戰後中國的自由主義者固有其嚴重的弱點，但對情勢的發展，看得很清楚，並無幻想，只是他們的命運並未掌握在自己手中，萬分無奈。自由民主為極大多數的知識分子所歡迎，反對內戰更是極大多數國人的共識。但自由主義者無法將此一共識，轉化為有效的政治力量，更起不了領導作用。所以如此，除了自由主義本身的問題外，外在的惡劣環境，更不可忽視……至於內戰爆發，日漸惡劣的社會與經濟危機，更迫使自由主義者放棄許多自由民主原則。最後在內戰中成為『夾心餅乾』，被迫放棄中立。他們之中的大部分選擇『左傾』，其實，他們對共產主義，並不曾一廂情願地接受，只是覺得戰亂中的中國，自由主義已不相干。與社會主義妥協，不僅可行，而且是正確的。」可見，中間路線的淡出，乃時勢使然。

　　也許有人會問：中間路線在歷史中淡出，難道除卻時勢的因緣，跟其本身就沒有關係嗎？

　　對此，許多學者從其主導思想——自由主義入手，也深刻分析了其失敗的根源。如美國學者格里德在分析自由主義在中國失敗的原因時說：「自由主義在中國的失敗並不是因為自由主義者本身沒有抓住為他們提供了的機會，而是因為他們不能創造他們所需要的機會。自由主義之所以失敗，是因為中國那時正處於混亂之中，而自由主義所需要的是秩序。自由主義的失敗是因為，自由主義所假定應當存在的共同價值標準在中國卻不存在，而自由主義又不能提供任何可以產生這類價值準則的手段。它的失敗是因為中國人的生活是由武力來塑造的，而自由主義的要求是，人應靠理性來生活。簡言之，自由主義之所以在中國失敗，乃因為中國人的生活是淹沒在暴力和革命之中，而自由主

〔註 8〕中共中央文獻研究室編：《周恩來選集》上卷，人民出版社 1980 年版，第 283 ～284 頁。

義則不能為暴力與革命的重大問題提供什麼答案。」〔註9〕中國學者許紀霖也曾探討道：「中國的自由主義運動長期停留在意識形態層的啟蒙，不注意發掘背後的價值資源，以至於學理底蘊的不足，竟成為一個由來已久的思想現象……自由主義過於訴諸理性而排斥激情，拒絕任何帶有終極目的的烏托邦設定，民盟綱領所提供的就是一幅不算太好也不算太壞的民主藍圖。民主的宣傳會激起城市知識分子的政治熱忱，但難以產生神話般的社會動員能力和組織整合功能，而變革時代負有社會改造使命的意識形態必須具有高度的社會動員能力。在當時這樣一個無信仰的混亂年代，最好的社會動員也許就是政治神話加現實承諾。在這一點上自由主義就顯出其短處。中國社會的核心危機潛伏在內地和廣大農村，那裏最匱乏的主要還不是自由、民主、人權，而是更基本、更實在的土地、溫飽和安定。而這一切，自由主義從來沒有作過任何許諾，也沒有拿出任何操作的方案，它的目光只盯住城市，而漠視危機四伏的鄉村，以至於與中國最大的改朝換代的社會資源——農民嚴重疏離，也就無法扭轉以後出現的農村包圍城市的歷史走勢。」〔註10〕顯然，上述論斷，確實指出了自由主義難以切合當時中國國情的原因所在。

此外，作為中間路線的踐行者——中間派人士所固有的知識分子特性，在某種程度上也妨礙了中間路線的發展與成功。對此，時人儲安平有過獨到的分析。他說：「自由思想分子的長處是背脊骨硬，交情可以拉得長，其短處則為胸度狹窄，個人主義。中國有句話：『文人相輕，自古已然』；自由思想分子的重心人物大都是文人，即使今日這一批自由思想分子都受過現代文化的洗禮，但那個『相輕』的劣根性，尚未完全洗脫。譬如這次民社黨和民盟的脫離，政治上的看法固為主要原因，人事上的摩擦恐怕也是一個重要的原因。從事政治，必須有政治家的修養。第一要看得遠，認得清；大的要爭，小的就不該爭。第二要有氣量，唯氣量大，才能放棄自己的成見，抑平自己的感情，犧牲自己的利益，如此才能顧全大局，爭取目的，團結合作，開創前途。政治活動不能沒有領導人物，但是因為『相輕』與『自傲』在中作祟，所以在自由思想分子中很難產生領導人物；政治活動是必須有組織和紀律的，但是因為自由分子的相通大都是道義的，不是權力的，所以很不容易發揮組織的力量。

〔註 9〕〔美〕J.格里德：《胡適與中國的文藝復興》，魯奇譯，江蘇人民出版社 1995 年版，第 377～378 頁。

〔註10〕許紀霖：《許紀霖自選集》，廣西師範大學出版社 1999 年版，第 115 頁。

這是自由分子根本上的弱點。」﹝註 11﹞無獨有偶，司徒雷登在其回憶錄中也對此也有過類似的評論。他說，最可悲的是那些自由主義者團體，他們自稱他們是反對交戰雙方的極端主義者，他們要尋求某種更好的解決辦法；但與那些有手腕的政治家相比，他們對時局的看法是極不現實的，顯然他們不可能攜起手來結成一個鞏固的、具有某種影響力的大組織；因為他們個人主義濃厚，相互猜疑和妒忌，同時又非常怯懦；此外他們沒有資金，缺乏一個可以為他們提供經費而又不會有損於他們所要實現的目標的選民組織；更為明顯的是，他們害怕交戰雙方無孔不入的秘密警察。﹝註 12﹞可見，中間派人士自身的缺點，也制約著中間路線難以衝出國共政治路線相爭的政治格局，進而開闢出一片屬於自己的天地。

因此，中間路線雖然能夠在國共政治路線相爭的政治格局中因勢而起，但由於其自身的局限，使得其在時勢的風雲變幻中更加難以因時而化，只能無奈地被歲月的黃沙和風塵慢慢掩埋於歷史的深處。

二、既是空想也是超越

雖然說中間路線在時勢俱失的困境中，消逝在歷史的雲煙之中，但是作為其標識與圖騰的、凝結著幾乎所有中間派人士建國理想的民盟「十足道地的民主共和國方案」，無疑擁有穿越時空的意義。

其一，該方案打破了社會主義與資本主義兩大意識形態的對立。雖然說由於國際上資本主義國家與社會主義國家在意識形態領域的相互攻訐與詆毀，而使得國內兩大政治集團——國共兩黨，在對待資本主義與社會主義制度上形成鮮明的對立，但民盟領導人卻不囿於這樣一種政治陳見，大膽衝破主流思想的屏障，率先提出了以英美政治民主加蘇聯經濟民主為支柱的建國方案，主張把社會主義民主與資本主義民主實行強強嫁接，優勢互補。民盟此種主張也許在主觀上無意突破這兩種制度相互對立的樊籬，但時效上卻暗合與順應了不同制度相互借鑒的大潮。事實上，儘管資本主義經濟體制易產生貧富殊懸與生產無政府狀態的弊端，社會主義政治制度也易造成權力過分集中與獨裁專制的傾向；可是資本主義政治體制對於防治專制和獨裁有其獨到的優勢，而社

﹝註 11﹞儲安平：《中國政局》，《觀察》1947 年第 2 期。
﹝註 12﹞〔美〕司徒雷登：《在華五十年——司徒雷登回憶錄》，程宗家譯，北京出版社
　　　　1982 年版，第 176～177 頁。

會主義經濟制度對於克服生產資料私有制所帶來的剝削和壓迫也同樣有其特有的長處。所以，客觀上二者有取長補短、彼此整合的內在要求。

同時，站在人本主義立場上，如果英美的政治民主和蘇聯的經濟民主是人類精神文明與物質文明的結晶，那麼它們就不得為任何階級或政治集團私占，而應該屬於全人類。因此，從這些層面上來觀照民盟共和國方案，其開拓性精神是難能的可貴。是以，儘管此方案在邏輯上或內容上尚有這樣或那樣的不足，也儘管主張者帶有不可避免的時代局限，但從發展的視角看，這些也許都是次要問題，都無礙於該方案的前瞻意識與開拓精神。

其二，該方案含有一種尋求合乎中國國情發展道路的政治取向。民盟在表述其中間路線的政治主張時，之所以提出「英美政治民主加蘇聯經濟民主」的共和國方案，從其基本動因來說，就是針對國共兩黨非「左」即「右」或有「你」無「我」的政治主張；從其基本目的來說，就是取二者之長而去其短，以開創一條最佳的合乎中國特色的發展路徑。所以在具體主張方面：經濟上，面對官僚經濟和特權經濟的盛行，主張自由經濟與計劃經濟相結合，「鼓勵私營企業，使一切私營企業家得到自由的平等機會」〔註13〕，國家制定統一經濟計劃，使社會生產有系統發展；內政上，主張政府「應一面肅清貪污；一面提高效率」〔註14〕，實行法治與德治相結合，建立文官制度；外交上，強調「親仁善鄰」，注重太平洋利益，確立在美蘇關係中的靈活政策；其他方面，要求國家應確立適當之人口政策，倡導民族優生，提高軍人待遇和文化水平等。所有這些東西，從總體上說，既不能判定它姓「資」，也不能判定它姓「社」，當然也更不能標上它姓「國」或姓「共」，只能說它是一種以中國國情為本位的政治主張，是一種既效法英、美、蘇又超越英、美、蘇的政治設想。用民盟領導人的話來講：這是走一條「既非英美路線，也非蘇聯路線」的新路線。〔註15〕

由此可以斷言，民盟在探索如何把西方的政治制度同中國實際相結合的追求中，不僅遠遠超過了那些睜眼看世界的先輩們，而且也超過同代的其他拘

〔註13〕《中國民主同盟臨時全國代表大會政治報告》，中國民主同盟中央文獻資料委員會編：《中國民主同盟歷史文獻》，文史資料出版社1983年版，第83頁。

〔註14〕邱錢牧等：《民主革命時期的民主黨派史》第二輯，湖南人民出版社1986年版，第239頁。

〔註15〕羅隆基：《從參加舊政協到參加南京和談的一些回憶》，中國人民政治協商會議全國委員會文史資料委員會編：《文史資料選輯》內部發行，第20輯，1961年，第205頁。

於一己之見的政治集團。

其三，該方案與我國近四十年來改革開放政策有某種程度上的暗合。比如說，我國改革開放政策的實施，究其本質，一方面是對原有的政治經濟制度進行相應的反省和修正，另一方面，就是大膽地吸取以英美為代表的資本主義文明。就此，是不是可以說，這是社會主義民主與資本主義民主相結合呢？另外，90 年代社會主義市場經濟的界定，是不是兩種對立意識形態的進一步中和呢？我想，在一定意義上，答案是肯定的。但是，此前民盟早已進行了類似的嘗試。再者，在具體的政策方面，民盟主張政府應肅清貪污，實行德治，建立文官制度，倡導優生政策，提高軍人的文化素質等；與今天的反腐倡廉，厲行德治，實行計劃生育，建立公務員制度，實現國防現代化等，在某種範圍內也有一定的重合。所以，儘管民盟的這些主張是針對其所處時代的弊病而發，但時隔幾十年後，我們尚且繼續推行類似的政策，這固然不能證明我們現今社會的滯後，但絕對反襯民盟政治主張的超前。不過，需要指出的是，民盟共和國方案的超越性，其在本質上與我們改革開放的精神內涵是不可同日而語的。

遺憾的是，民盟這樣一種超越性的建國方案，在當時的條件下，卻只能是一種空想。

一方面，其改良的手段不合國情。因為隨著國共兩黨政治路線由政爭向軍爭的全面轉化，中國的前途與命運完全變成一個由「力」而不是由「理」來決定的問題。所以儘管民盟在其共和國方案的設計理念中，並非要全盤抄襲英、美、蘇的民主模式，只是要「依據英、美、蘇的經驗樹立中國國情的民主制度」，但由於沒有武力作為其政治後盾，而只是希望用言論和理性的方法去獲取大眾的同情與擁護，同時通過各政黨間的合作，實行自上而下的改良辦法來實現其理想，顯然在當時的環境中，如此方案只能是一種不切實際的妄想。

另一方面，其改良的主張不合時宜。從方案本身來說，英美的政治民主加蘇聯的經濟民主，實在是一條不錯的政制建構路徑。因為在一個國家中，如果只有政治民主而無經濟民主，政治民主便顯得蒼白無力；反之，如果只有經濟民主而無政治民主，公民就會失去表達觀點的自由與權利，而淪為經濟民主的囚徒。對此，西方學者有過很深的研究。就前者而言，阿伯拉斯特在文章中說：「財富和經濟上的不平等是政治不平等的一種形式，這與被表述為『人人皆有投票權』口號的政治平等的原則是相矛盾的。例如，報紙、電視臺與廣播頻道的所有權和支配權從某種角度來說，完全是經濟力量的一種形式，它們通過購

買這類商品來獲取，與其任意一種私人所有權的取得一樣。但是明白無誤的是，媒體的所有權也是政治權力的一種形式，並為其所有者作為政治權力使用。單個的個人所有的投票權與這些擁有此類影響乃至決定政治結果的權力的人比較起來，在參與政治的形式中是那麼的微不足道和毫不相關。」〔註16〕就後者而言，悉尼·胡克在分析只有經濟民主而沒有政治民主的後果時道：「某種計劃經濟可以給人一種監獄中的安全——被監禁的人們在其中以自由來換取那一類的食物、衣著和住所，但是任何一種形式的計劃社會，要是不為最自由的批判、差異、創造的個性、趣味上的寬容準備條件，就從來也不可能保證真正的安全。在這樣的一種社會中，『安全』的條件是接受官僚主義的專斷命令為生活的規律。」〔註17〕由此可見，政治民主與經濟民主，對現代民主制度的實施而言缺一不可。但是，鑒於當時國際上主流政治勢力正日趨分化為兩大對立的陣營，橫亙於資本主義和社會主義之間的鐵幕也隨之徐徐拉開的現實，以及國共兩黨對各自信仰的堅守，注定了這一方案只能是一場「陽春白雪」式的絕唱。正如有人評價說：「民盟對戰後民主化的趨勢和潮流的見解，以及要變獨裁專制的中國為民主自由的新中國的主張是正確的，但是，民盟依據『英美的政治民主』加『蘇聯的經濟民主』，所構想的『中國型民主』，在中國是行不通的。」〔註18〕

當然，如果民盟的『中國型民主』行得通，中國又是否能建立起『十足道地的民主共和國』呢？也許沒有人能給出肯定的回答。因為在現實中，即便實現了政治民主與經濟民主，但也未必能夠保證在社會、種族、性別諸方面同樣把民主落到實處；並且民主本身就是一個歷史性概念，它會在不同的時空中呈現出不同的面孔，因此它從來就沒有單一準確與一致認同的含義及標準。所以有學者對那些經常打著捍衛民主旗號的人規勸道：「今天我們談論捍衛民主，這將是一種自我欺騙和虛假，好像我們正在保衛某些我們已瞭解和已擁有了幾十年或幾個世紀的東西一樣……今天，一些國家比另一些國家具有更多的民主。但是，如果任一高的民主標準被採用的話，那麼可能沒有一個國家是非常民主的。大眾民主是一個困難的領地並且很大程度上未被勾

〔註16〕〔英〕安東尼·阿伯拉斯特：《民主》，孫榮飛等譯，吉林人民出版社 2005 年版，第 112 頁。

〔註17〕〔英〕悉尼·胡克：《理性、社會神話和民主》，上海人民出版社 1965 年版，第 290 頁。

〔註18〕張軍民：《中國民主黨派史》，華夏出版社 1989 年版，第 413 頁。

畫；如果我們談及的需要不是捍衛民主而是創造民主，那麼我們應該更進一步接近這個目標，並且應該有一個更為令人信服的口號。」〔註19〕所以從此意義上看，民盟的建國方案並非就是中國實現民主的最終藍圖，因為客觀地說，民主自近代以來，就是一項不斷進行完善的工程，而不是一項已經達成完美的成就。

　　其實，避開中國當時的實際情況，但就民主制度本身來說，中國民主同盟的民主共和國方案的如此結局也在所難免，因為民主政治制度的建立，是一項實實在在的系統工程。對此，張申府曾針對民主自由權利在中國遲遲難以落實的現狀就做過很好的反思，他追問道：「但是什麼是民主呢？如果民主非一，中國需要哪種或哪些種民主呢？要在中國實現那種民主需要準備什麼條件？一般所謂民主與一般所謂憲政關係如何呢？民主、憲政與所謂法治，所謂守法，關係又是如何的？近代中國過去的民主運動、憲政制度，是為什麼失敗了的？各界人民在民主運動或憲政運動上各有過什麼作用或應發生什麼作用？今日國際新的民主潮流，內容如何？如何起的？已有了什麼表現？將趨向到什麼田地？對於中國有什麼影響？中國又怎樣與之配合呢？」〔註20〕而職教社代表人物江恒源也曾經就憲政在中國真正實現的條件做了類似的探討，他說：「憲政的完成，絕不僅僅是政府公布了一篇憲法，國民代表表決通過了若干憲法條文。其最要緊的：（一）是全國多數人民能徹底瞭解憲法憲政的重要，明白憲法憲政和國家生存人民生活的利害關係。（二）是多數人民能愛護憲法，尊重憲政，其所以愛護，所以尊重，是一發於愛國的真誠和守法的信念。（三）是多數人民能具有自治的德性，具有組織自治團體、辦理自治事業的知識和才能。我以為這一些才真正是憲法深厚的根基，憲政完成的要素。」〔註21〕顯然，就中國當時的實情而言，不僅少有人去系統地探求張申府所提出的一系列問題的答案，而且大多數人也沒有具備江恒源所提出的真正實施憲政法治的應有能力。既然民主憲政的實現尚且如此艱難，那麼比民主憲政更加複雜、宏大的民盟建國方案的夭折也就自在情理之中。

　　不過，必須肯定的是，民盟建國方案中所具有的那種包容與開放的氣度及精神，對探索中國發展道路而言無疑是一種不錯的嘗試；當然，這也意味著中

〔註19〕E.H.Carr, The New Society, London, Macmillan, 1951, p.76.

〔註20〕張申府：《展開民主與憲政的討論——「民主與憲政」的引言》，《反攻》1943年12月15日。

〔註21〕江恒源：《憲政與教育》，《國訊》1939年10月15日。

間路線所具有超越時空的意義。正如許紀霖評判中國自由主義者在中國的功過時所說：「然而，歷史不能以成敗論英雄，更不能以此判斷真理與謬誤。雖然自由主義在現代中國失敗了，但並不意味著它所選擇之方向最終是無意義的。很多東西的價值，要隔相當一段歲月才看得清楚。自由主義歷史傳統豈非如此？不管現代中國的自由主義是多麼的幼稚，它留下的精神傳統，特別是社會民主主義的思想實驗，對未來中國的現代化道路選擇，很有可能是一筆價值連城的歷史遺產。」〔註22〕誠哉斯言！

〔註22〕許紀霖：《社會民主主義的歷史遺產——現代中國自由主義的回顧》，《開放時代》1998年第4期。

參考文獻

一、文獻彙編及史料

1. 安徽省文物局新四軍文史徵集組編:《皖南事變資料選》,安徽人民出版社 1981 年版。
2. 鮑風、林青選編:《周作人作品精選》,長江文藝出版社 2003 年版。
3. 蔡尚思主編:《中國現代思想史資料簡編》(五卷本),浙江人民出版社 1982 年版。
4. 陳竹筠、陳起城編:《中國民主黨派歷史資料選輯》,華東師範大學出版社 1985 年版。
5. 丁守和主編:《中國近代社會思潮》,社會科學文獻出版社 1999 年版。
6. 法學教材編輯部編:《外國法制史資料選編》,北京大學出版社 1982 年版。
7. 方慶秋主編:《中國民主社會黨》,檔案出版社 1988 年版。
8. 方慶秋主編:《中國青年黨》,檔案出版社 1988 年版。
9. 胡頌平:《胡適之先生年譜長編初稿》第 7 冊,聯經出版事業公司 1984 年版。
10. 黃鴻源主編:《民國法規集成》第二冊,黃山書社 1999 年版。
11. 江西檔案館,中國江西省委黨校黨史教研室編:《中央革命根據地史料選編》,江西人民出版社 1983 年版。
12. 李文海主編:《民國時期社會調查叢編·鄉村社會》,福建教育出版社 2005 年版。
13. 李義彬編:《中國青年黨》,中國社會科學出版社 1982 年版。

14. 李甄馥主編：《中國近代哲學史資料簡編》，上海社會科學院出版社 1989 年版。

15. 黎照編：《魯迅梁實秋論戰實錄》，華齡出版社 1997 年版。

16. 遼寧大學哲學系中國哲學史研究室編：《中國現代哲學史資料彙編》（續集），第 3 冊，出版社不詳，1984 年版。

17. 劉夢溪主編：《中國現代學術經典・章太炎卷》，河北教育出版社 1996 年版。

18. 羅榮渠編：《從「西化」到現代化——五四以來有關中國的文化趨向和發展道路論爭文選》，北京大學出版社 1990 年版。

19. 孟廣涵編：《國民參政回紀實》，重慶出版社 1985 年版。

20. 孟廣涵編：《國民參政回紀實》續編，重慶出版社 1987 年版。

21. 彭明編：《中國現代史資料選輯》，中國人民大學出版社 1989 年版。

22. 千家駒、李紫翔編：《中國鄉村建設批判》，新知書店、生活書店 1936 年版。

23. 邱錢牧等編：《民主革命時期的民主黨派史》第二輯，湖南人民出版社 1986 年版。

24. 榮孟源主編：《中國國民黨歷次代表大會及中央全會資料》，光明日報出版社 1985 年版。

25. 山東省政協文史資料委員會，鄒平縣政協文史資料委員會編：《梁漱溟與山東鄉村建設》，山東人民出版社 1991 年版。

26. 山東鄉村建設研究院編印：《山東鄉村建設研究院及鄒平實驗區概況》，出版社不詳，1936 年版。

27. 沈雲龍主編：《民國叢書・第二編・第 100 卷》，上海書店 1990 年版。

28. 四川大學馬列主義教研室中共黨史科研組編：《政治協商會議資料》，四川人民出版社 1981 年版。

29. 孫尚揚、郭蘭芳編：《國故新知論——學衡派文化論著輯要》，中國廣播電視出版社 1995 年版。

30. 西北大學歷史系中國現代史教研室編印：《中國民主黨派史資料選輯》，出版社不詳，1982 年。

31. 嚴中平等編：《中國近代經濟史統計資料選輯》，科學出版社 1955 年版。

32. 楊力主編：《中國抗戰大後方中間黨派文獻資料選編》，重慶出版社 2016 年版。

33. 楊深主編：《走出東方——陳序經文化論著輯要》，中國廣播電視出版社 1995 年版。

34. 曾憲林、萬雲編：《鄧演達歷史資料》，華中理工大學出版社 1988 年版。

35. 章元善、許仕廉編：《鄉村建設實驗》，中華書局 1935 年版。

36. 張梧、王忍之編：《辛亥革命前十年間時論選集》，生活·讀書·新知三聯書店 1977 年版。

37. 張忠棟等編：《現代中國自由主義資料選編》（第三冊），唐山出版社 1999 年版。

38. 中共中央黨校中共黨史教研室編：《中國國民黨史文獻選編》（1894～1949），中共中央黨校科研辦公室 1985 年版。

39. 中共中央黨校黨史教研室選編：《中共黨史參考資料》，第 9 冊，北京出版社、人民出版社 1979 年版。

40. 中國民主政團同盟中央文史資料委員會編：《中國民主同盟歷史文獻（1941～1949）》，文史資料出版社 1983 年版。

41. 中國第二歷史檔案館編：《國民黨政府政治制度檔案史料選編》，安徽教育出版社 1994 年版。

42. 中國第二歷史檔案館編：《中華民國史檔案資料彙編·文化》，第三輯，江蘇古籍出版社 1991 年版。

43. 中國第二歷史檔案館編：《中華民國史檔案資料彙編》，江蘇古籍出版社 1994 年版。

44. 中國科學院歷史研究所第三所南京史料整理處編：《中國現代政治史資料彙編》第 3 輯第 11 冊，中國科學院歷史研究所第三所南京史料整理處 1958 年版。

45. 中國農工民主黨黨史資料研究委員會編：《中國農工民主黨歷史參考資料》第二輯，內部資料，1982 年。

46. 中國民主同盟文史委員會編：《我與民盟(1941～1991)》，群言出版社 1991 年版。

47. 中國人民大學中共黨史教研室編：《批判中國資產階級中間路線參考資料》，中國人民大學 1962 年版。

48. 中國人民政治協商會議全國政協文史資料研究委員會編：《文史資料選輯》第 20 輯，文史資料出版社 1961 年版。

49. 中國社會科學院近代史研究所中華民國史編：《胡適來往書信選》，中華書局 1979 年版。

50. 中聯出版社編：《中國黨派》，中聯出版社 1948 年版。

51. 中央檔案館編：《中共中央抗日民族統一戰線文件選編》，檔案出版社 1986 年版。

52. 中央檔案館編：《中共中央文件選集》，中共中央黨校出版社 1989～1992 年版。

53. 中央教育科學研究所教育理論研究室編：《陶行知年譜稿》，教育科學出版社 1982 年版。

54. 中央統戰部、中央檔案館編：《中共中央抗日民族統——戰線文件選編》，檔案出版社 1985 年版。

55. 周天度編：《救國會》，中國社會科學出版社 1981 年版。

56. 周天度、孫彩霞編：《救國會史料集》，中央編譯出版社 2006 年版。

二、個人文集文選

1. 陳獨秀：《獨秀文存》，安徽人民出版社 1987 年版。

2. 杜亞泉：《杜亞泉文選》，華東師範大學出版社 1993 年版。方行編：《樊錐集》，中華書局 1984 年版。

3. 馮友蘭：《三松堂全集》，河南人民出版社 1986 年版。

4. 高瑞泉選編：《理性與人道——周作人文選》，上海遠東出版社 1996 年版。

5. 何啟、胡禮垣：《新政真詮——何啟胡禮垣集》，鄭大華點校，遼寧人民出版社 1994 年版。

6. 蔣廷黻：《蔣廷黻選集》，傳記文學出版社 1978 年版。

7. 凌耀倫、熊甫編：《盧作孚文集》，北京大學出版社 1999 年版。

8. 李大釗：《李大釗文集》，人民出版社 1984 年版。

9. 梁啟超：《飲冰室合集》，中華書局 1989 年版。

10. 劉晴波、彭國興編：《陳天華集》，湖南人民出版社 1982 年版。

11. 龍顯昭等編：《張瀾文集》，四川教育出版社 1991 年版。

12. 魯迅：《魯迅選集》，人民出版社 1980 年版。

13. 歐陽哲生編：《胡適文集》，北京大學出版社 1998 年版。

14. 潘乃和、潘乃谷選編：《潘光旦選集》，光明日報出版社 1999 年版。

15. 錢端升：《錢端升學術論著自選集》，北京師範大學出版社 1991 年版。

16. 秦孝儀主編：《先總統蔣公思想言論總集》第 10 卷，中央文物出版社 1984 年版。

17. 人民出版社編：《鄧中夏文集》人民出版社 1983 年版。

18. 宋恩榮編：《晏陽初全集》，湖南教育出版社 1989 年版。

19. 孫寶瑄：《忘山廬日記》，上海古籍出版社 1983 年版。

20. 湯志鈞編：《康有為政論集》，中華書局 1981 年版。

21. 陶行知：《陶行知全集》，四川教育出版社 1981 年版。

22. 夏東元編：《鄭觀應集》，上海人民出版社 1982 年版。

23. 吳景超：《第四種國家的出路——吳景超文集》，商務印書館 2008 年版。

24. 王栻主編：《嚴復集》，中華書局 1986 年版。

25. 《魏源全集》，嶽麓書社 2004 年版。

26. 許紀霖：《許紀霖自選集》，廣西師範大學出版社 1999 年版。

27. 余傳韜編：《徐家菊景陶先生教育論文集》，慧炬出版社 1997 年版。

28. 余定邦、牛軍凱編：《陳序經文集》，中山大學出版社 2004 年版。

29. 曾業英編：《蔡松坡集》，上海人民出版社 1984 年版。

30. 詹一之編：《晏陽初文集》，四川教育出版社 1990 年版。

31. 章炳麟著：《章太炎政論選集》，中華書局 1977 年版。

32. 章立凡選編：《章乃器文集》，華夏出版社 1997 年版。

33. 張灝著：《張灝自選集》，上海教育出版社 2002 年版。

34. 張其昀主編：《先總統蔣公全集》，中國文化大學出版社 1984 年版。

35. 張有漁著：《張有漁文選》，法律出版社 1997 年版。

36. 張君勱著：《中西印哲學文集》，臺北：臺灣學生書局 1981 年版。

37. 趙靖主編：《穆藕初文集》，北京大學出版社 1995 年版。

38. 趙清等編：《吳虞集》，四川人民出版社 1983 年版。

39. 趙樹貴、曾麗雅編：《陳熾集》，中華書局 1997 年版。

40. 《馬克思恩格斯全集》，人民出版社 2001 年版。

41. 《列寧選集》，人民出版社 1995 年版。

42. 中共中央文獻編輯委員會編：《毛澤東選集》，人民出版社 1991 年版。

43. 中共中央文獻研究室和人民解放軍軍事科學院共同編輯：《毛澤東軍事文集》，軍事科學出版社 1993 年版。

44. 中共中央文獻編輯委員會編：《劉少奇選集》，人民出版社 1981 年版。

45. 中共中央文獻研究室編：《周恩來選集》，人民出版社 1980 年版。

46. 中共中央文獻研究室編：《瞿秋白選集》，人民出版社 1985 年版。

47. 中國社會科學院近代史所編：《孫中山全集》，中華書局 1986 年版。

48. 中國文化書院學術委員會編：《梁漱溟全集》，山東人民出版社 2005 年版。

49. 中華書局、人民出版社：《蔣介石言論集》，中華書局 1965 年版。

50. 周天度編：《沈鈞儒文集》，人民出版社 1994 年版。

51. 朱維錚編：《馬相伯集》，復旦大學出版社 1996 年版。

三、編著

1. 包亞明主編：《後現代性與地理學的政治》，上海教育出版社 2001 年版。

2. 陳家剛選編：《協商民主》，上海三聯書店 2004 年版。

3. 陳念中編：《縣各級民意機關》，正中書局 1946 年版。

4. 陳任遠編：《中國近代史簡讀（1840～1949）》，黑龍江人民出版社 2016 年版。

5. 陳少明等：《近代中國思想史略論》，廣東人民出版社 1999 年版。

6. 陳哲夫等編：《現代中國政治思想流派》，當代中國出版社 1999 年版。

7. 崔之清主編：《國民黨結構史論（1905～1949）》，中華書局 2013 年版。

8. 方立克主編：《走向二十一世紀的中國文化》，山西教育出版社 1999 年版。

9. 馮琳主編：《重新認識百年中國——近代史熱點問題研究與爭鳴》，改革出版社 1998 年版。

10. 馮天瑜等：《中華文化史》，上海人民出版社 1990 年版。

11. 高瑞泉編：《中國近代社會思潮》，華東師範大學出版社 1996 年版。

12. 耿雲志等：《西方民主在近代中國》，中國青年出版社 2003 年版。

13. 公羊編：《思潮：中國「新左派」及其影響》，中國社會科學出版社 2003 年版。

14. 胡偉希等：《十字街頭和塔：中國近代自由主義思潮研究》，上海人民出版社 1991 年版。

15. 軍事科學院軍事歷史研究部編：《中國抗日戰爭史》，解放軍出版社 1991 年版。

16. 李其慶主編：《全球化與新自由主義》，廣西師範大學出版社 2003 年版。

17. 李世濤主編：《知識分子立場：自由主義與中國思想界的分化》，時代文藝出版社 2000 年版。

18. 李文海等編：《中國近代十大災荒》，上海人民出版社 1994 年版。

19. 李新總編：《中華民國史》，中華書局 2000 年版。

20. 劉軍寧等編：《經濟民主與經濟自由》，生活·讀書·新知三聯書店 1997 年版。

21. 劉軍寧等編：《自由與社群》，生活·讀書·新知三聯書店 1998 年版。

22. 劉軍寧編：《民主與民主化》，商務印書館 1999 年版。

23. 劉紹賢主編：《歐美政治思想史》，浙江人民出版社 1987 年版。

24. 茅家琦等：《中國國民黨史》，鷺江出版社 2005 年版。

25. 歐陽景根選編：《背叛的政治——第三條道路理論研究》，生活·讀書·新知三聯書店 2002 年版。

26. 笑蜀編：《歷史的先聲》，汕頭大學出版社 1999 年版。

27. 謝泳編：《我的被捕的經過與反感》，中國青年出版社 1999 年版。

28. 葉永烈編：《我的當場答覆》，中國青年出版社 1999 年版。

29. 王功安、毛磊主編：《國共兩黨關係史》，武漢出版社 1988 年版。

30. 王先明主編：《中國近代史（1840～1949）》，中國人民大學出版社 2011 年版。

31. 王炎編：《憲政主義與現代國家》，生活·讀書·新知三聯書店 2003 年版。

32. 魏宏運主編：《民國紀事本末》，遼寧人民出版社 2000 年版。

33. 吳雁南等編：《中國近代社會思潮》，湖南教育出版社 1998 年版。

34. 許紀霖編：《20 世紀中國知識分子史論》，新星出版社 2005 年版。

35. 許紀霖等主編：《中國現代化史（1800～1949）》，生活·讀書·新知三聯書店 1995 年版。

36. 燕京哈佛學社，三聯書店主編：《儒家與自由主義》，生活·讀書·新知三聯書店 2001 年版。

37. 俞祖華、王國洪主編：《中國現代政治思想史》，山東大學出版社 1999 年版。

38. 章伯鋒、莊建平主編：《抗日戰爭》，四川大學出版社 1997 年版。

39. 張磊編：《中國農工民主黨》，河北人民出版社 2001 年版。

40. 張憲文主編：《中華民國史》，南京大學出版社 2005 年版。

41. 張憶軍主編：《風雨同舟七十年——中國共產黨與民主黨派關係史》，學林出版社 2001 年版。

42. 中共中央黨史研究室編：《中國共產黨歷史》，中共黨史出版社 2002 年版。

43. 朱漢國主編：《南京國民政府紀實》，安徽人民出版社 1994 年版。

44. 朱建華、宋春主編：《中國近現代政黨史》，黑龍江人民出版社 1984 年版。

四、個人專著

1. 陳天華：《猛回頭·警世鐘》，華夏出版社 2002 年版。

2. 陳先初：《精神自由與民族復興——張君勱思想綜論》，湖南教育出版社 1999 年版。

3. 陳序經：《中國文化的出路》，上海書店 1991 年版。

4. 陳旭麓：《近代中國社會的新陳代謝》，上海人民出版社 1992 年版。

5. 陳旭麓：《思辨留蹤》，華東師範大學出版社 1997 年版。

6. 陳之邁：《政治教育論》，商務印書館 1938 年版。

7. 常保國：《中間黨派與中國 20 世紀四十年代憲政運動》，中國政法大學出版社 2008 年版。

8. 慈繼偉：《正義的兩面》，生活·讀書·新知三聯書店 2001 年版。

9. 鄧野：《聯合政府與一黨訓政——1944～1946 年間國共政爭》，社會科學文獻出版社 2003 年版。

10. 費孝通：《鄉土重建》，上海觀察社 1948 年版。

11. 顧肅：《自由主義基本理念》，中央編譯出版社 2003 年版。

12. 何卓恩：《殷海光與近代中國自由主義》，上海三聯書店 2004 年版。

13. 胡繩：《中國共產黨的七十年》，中共黨史出版社 1991 年版。

14. 黃德昌：《中國之自由精神》，四川人民出版社 2000 年版。

15. 黃嶺峻：《激情與迷思——中國現代派民主思想的三個誤區》，華中科技大學出版社 2001 年版。

16. 賈曉慧：《〈大公報〉新論》，天津人民出版社 2002 年版。

17. 江沛：《戰國策派思潮研究》，天津人民出版社 2001 年版。

18. 蔣慶：《政治儒學——當代儒學的轉向、特質與發展》，生活·讀書·新知三聯書店 2003 年版。

19. 蔣廷黻：《中國近代史》，上海古籍出版社 1999 年版。

20. 金耀基:《從傳統到現代》,中國人民大學出版社 1999 年版。

21. 金沖及:《轉折年代——中國的 1947 年》,生活·讀書·新知三聯書店 2002 年版。

22. 李炳南:《政治協商會議與國共談判始末》,永業出版社 1993 年版。

23. 李步雲:《法制、民主、自由》,四川人民出版社 1986 年版。

24. 李冬君:《孔子聖化與儒者革命》,中國人民大學出版社 2004 年版。

25. 李金河:《中國政黨政治研究》(1905~1949),中央編譯出版社 2007 年版。

26. 李強:《自由主義》,中國社會科學出版社 1998 年版。

27. 李蓉、葉成林:《抗戰後期大後方的民主運動》,華文出版社 1997 年版。

28. 李永清:《當代民主社會主義》,中國廣播電視出版社 1991 年版。

29. 李玉貞:《國民黨與共產國際(1919~1927)·序一》,人民出版社 2012 年版。

30. 李澤厚:《中國近代思想史論》,安徽文藝出版社 1994 年版。

31. 李澤厚:《中國現代思想史論》,生活·讀書·新知三聯書店 2008 年版。

32. 梁漱溟:《梁漱溟自述》,灕江出版社 1996 年版。

33. 梁漱溟:《梁漱溟自傳》,江蘇文藝出版社 1998 年版。

34. 林毓生:《中國傳統的創造性轉化》,生活·讀書·新知三聯書店 1996 年版。

35. 林毓生:《熱烈與冷靜》,上海文藝出版社 1998 年版。

36. 劉國武:《抗戰時期湖南的現代化》,甘肅人民出版社 2006 年版。

37. 劉軍寧:《共和民主憲政——自由主義思想研究》,上海三聯書店 2000 年版。

38. 劉統:《中國的 1948 年——兩種命運的決戰》,生活·讀書·新知三聯書店 2006 年版。

39. 劉志強:《中國現代人權論戰——羅隆基人權理論構建》,社會科學文獻出版社 2009 年版。

40. 羅榮渠:《現代化新論續篇》,北京大學出版社 1995 年版。

41. 馬克鋒:《近代中國文化思潮》,光明日報出版社 2004 年版。

42. 馬勇:《超越革命與改良》,上海三聯書店 2001 年版。

43. 歐陽哲生:《自由主義之累:胡適思想的現代闡釋》,上海人民出版社 1993 年版。

44. 潘光旦：《自由之路》，上海三聯書店 2008 年版。

45. 秦立海：《民主聯合政府與政治協商會議——1944～1949 年》，人民出版社 2008 年版。

46. 裴援平等：《當代社會民主主義與「第三條道路」》，當代世界出版社 2004 年版。

47. 任桐：《徘徊於民本與民主之間——〈大公報〉政治改良言論述評（1927～1937）》，生活・讀書・新知三聯書店 2004 年版。

48. 榮孟源：《蔣家王朝》，河南人民出版社 2005 年版。

49. 善峰：《梁漱溟社會改造構想研究》，山東大學出版社 1996 年版。

50. 石畢凡：《近代中國自由主義憲政思潮研究》，山東人民出版社 2004 年版。

51. 石元康：《當代自由主義理論》，上海三聯書店 2000 年版。

52. 宋亞文：《施復亮政治思想研究》，人民出版社 2006 年版。

53. 譚嗣同：《仁學》，華夏出版社 2002 年版。

54. 唐幗麗：《傳統中國的文化精神》，中國社會科學出版社 2003 年版。

55. 唐文權：《覺醒與迷誤——中國近代民族主義思潮研究》，上海人民出版社 1993 年版。

56. 汪朝光：《1945～1949：國共政爭與中國命運》，社會科學文獻出版社 2010 年版。

57. 王奇生：《黨員、黨權與黨爭——1924～1949 年中國國民黨的組織形態》，上海書店出版社 2003 年版。

58. 王人博：《中國的憲政之道》，山東人民出版社 2003 年版。

59. 王韜：《弢園文錄外編》，遼寧人民出版社 1994 年版。

60. 王永祥：《中國現代憲政運動史》，人民出版社 1996 年版。

61. 韋傑廷：《20 世紀上半葉中國政治思潮》，湖南教育出版社 1995 年版。

62. 聞黎明：《第三種力量與抗戰時期的中國政治》，上海書店 2004 年版。

63. 吳相湘：《晏陽初傳——為全球鄉村改造奮斗六十年》，嶽麓書社 2001 年版。

64. 肖濱：《現代政治與傳統資源》，中央編譯出版社 2004 年版。

65. 蕭功秦：《危機中的變革——清末現代化進程中的激進與保守》，上海三聯書店 1999 年版。

66. 蕭公權：《憲政與民主》，清華大學出版社 2006 年版。

67. 謝泳：《書生私見》，上海文藝出版社 1998 年版。

68. 謝泳：《逝去的年代——中國自由知識分子的命運》，文化文藝出版社 1999 年版。

69. 熊月之：《中國近代民主思想史》，上海人民出版社 1986 年版。

70. 許紀霖：《智者的尊嚴：知識分子與近代文化》，學林出版社 1991 年版。

71. 徐崇溫：《民主社會主義評析》，重慶出版社 2007 年版。

72. 徐矛：《中華民國政治制度史》，上海人民出版社 1992 年版。

73. 石元康：《當代自由主義理論》，上海三聯書店 2000 年版。

74. 宋亞文：《施復亮政治思想研究》，人民出版社 2006 年版。

75. 譚嗣同：《仁學》，華夏出版社 2002 年版。

76. 唐幗麗：《傳統中國的文化精神》，中國社會科學出版社 2003 年版。

77. 唐文權：《覺醒與迷誤——中國近代民族主義思潮研究》，上海人民出版社 1993 年版。

78. 汪朝光：《1945～1949：國共政爭與中國命運》，社會科學文獻出版社 2010 年版。

79. 王奇生：《黨員、黨權與黨爭——1924～1949 年中國國民黨的組織形態》，上海書店出版社 2003 年版。

80. 王人博：《中國的憲政之道》，山東人民出版社 2003 年版。

81. 王韜：《弢園文錄外編》，遼寧人民出版社 1994 年版。

82. 王永祥：《中國現代憲政運動史》，人民出版社 1996 年版。

83. 韋傑廷：《20 世紀上半葉中國政治思潮》，湖南教育出版社 1995 年版。

84. 聞黎明：《第三種力量與抗戰時期的中國政治》，上海書店 2004 年版。

85. 吳相湘：《晏陽初傳——為全球鄉村改造奮斗六十年》，嶽麓書社 2001 年版。

86. 肖濱：《現代政治與傳統資源》，中央編譯出版社 2004 年版。

87. 蕭功秦：《危機中的變革——清末現代化進程中的激進與保守》，上海三聯書店 1999 年版。

88. 蕭公權：《憲政與民主》，清華大學出版社 2006 年版。

89. 謝泳：《書生私見》，上海文藝出版社 1998 年版。

90. 謝泳：《逝去的年代——中國自由知識分子的命運》，文化文藝出版社 1999 年版。

91. 熊月之：《中國近代民主思想史》，上海人民出版社 1986 年版。

92. 許紀霖：《智者的尊嚴：知識分子與近代文化》，學林出版社 1991 年版。

93. 徐崇溫：《民主社會主義評析》，重慶出版社 2007 年版。

94. 徐矛：《中華民國政治制度史》，上海人民出版社 1992 年版。

95. 鄒小站：《章士釗社會政治思想研究》（1903～1927），湖南教育出版社 2000 年版。

96. 左玉河：《張東蓀學術思想評傳》，北京圖書館出版社 1999 年版。

五、國外譯著

1. 〔奧〕路德維希·馮·米瑟斯：《自由與繁榮的國度》，韓光明等譯，中國社會科學出版社 1995 年版。

2. 〔德〕哈貝馬斯：《包容他者》，曹衛東譯，上海人民出版社 2002 年版。

3. 〔德〕黑格爾：《法哲學原理》，范揚、張啟泰譯，商務印書館 1961 年版。

4. 〔德〕馬克斯·韋伯：《新教倫理與資本主義精神》，於曉等譯，生活·讀書·新知三聯書店 1987 年版。

5. 〔德〕米歇爾斯：《寡頭鐵律》，任軍鋒等譯，天津人民出版社 2002 年版。

6. 〔法〕孟德斯鳩：《論法的精神》，張雁深譯，商務印書館 1978 年版。

7. 〔法〕托克維爾：《論美國的民主》，董果良譯，商務印書館 1993 年版。

8. 〔加〕艾倫·伍德：《新社會主義》，尚慶飛譯，江蘇人民出版社 2002 年版。

9. 〔加〕威爾·金里卡：《自由主義、社群與文化》，應奇、葛水林譯，上海譯文出版社 2005 年版。

10. 〔美〕艾愷：《梁漱溟傳》，鄭大華等譯，湖南出版社 1992 年版。

11. 〔美〕丹尼爾·貝爾：《社群主義及其批評者》，李琨譯，生活·讀書·新知三聯書店 2002 年版。

12. 〔美〕杜威：《新舊個人主義》，社會科學院出版社 1997 年版。

13. 〔美〕費正清、黃維愷編：《劍橋中華民國史》（1912～1949），劉敬坤等譯，中國社會科學出版社 1994 年版。

14. 〔美〕蓋爾斯敦：《自由多元主義》，佟德志、龐金女譯，江蘇人民出版社 2005 年版。

15. 〔美〕格里德：《胡適與中國的文藝復興》，魯奇等譯，江蘇人民出版社 1989 年版。

16. 〔美〕漢密爾頓等:《聯邦黨人文集》,程逢如等譯,商務印書館 1980 年版。

17. 〔美〕霍伊:《自由主義政治哲學》,劉鋒譯,生活・讀書・新知三聯書店 1922 年版。

18. 〔美〕羅爾斯:《正義論》,何懷宏等譯,中國社會科學出版社 1988 年版。

19. 〔美〕喬・薩托利:《民主新論》,馮克利、閻克文譯,東方出版社 1997 年版。

20. 〔美〕薩義德:《人文主義與民主批評》,朱生堅譯,新星出版社 2006 年版。

21. 〔美〕桑德爾:《自由主義與正義的局限》,萬俊人等譯,譯林出版社 2001 年版。

22. 〔美〕司徒雷登:《在華五十年——司徒雷登回憶錄》,程宗家譯,北京出版社 1982 年版。

23. 〔美〕文森特・奧斯特羅姆:《復合共和制的政治理論》,毛壽龍譯,上海三聯書店 1999 年版。

24. 〔美〕約翰・凱克斯:《為保守主義辯護》,應奇、葛水林譯,江蘇人民出版社 2003 年版。

25. 〔美〕伊曼努爾・華勒斯坦等:《自由主義的終結》,郝名瑋、張凡譯,社會科學文獻出版社 2002 年版。

26. 〔美〕約瑟夫・熊彼特:《資本主義、社會主義與民主》,吳良健譯,商務印書館 1999 年版。

27. 〔日〕豬口孝等編:《變動中的民主》,林猛等譯,吉林人民出版社 1999 年版。

28. 〔意〕布魯諾・萊奧尼等:《自由與法律》,秋風譯,吉林人民出版社 2004 年版。

29. 〔意〕薩爾沃・馬斯泰內羅主編:《當代歐洲政治思想》,社會科學文獻出版社 1996 年版。

30. 〔英〕安東尼・阿伯拉斯特:《民主》,孫榮飛等譯,吉林人民出版社 2005 年版。

31. 〔英〕安東尼・德・雅賽:《重申自由主義》,陳茅等譯,中國社會科學出版社 1997 年版。

32.〔英〕戴維‧赫爾德：《民主的模式》，燕繼榮等譯，中央編譯出版社 1998 年版。

33.〔英〕博蘭尼：《自由的邏輯》，馮銀江等譯，吉林人民出版社 2002 年版。

34.〔英〕伯里：《思想自由史》，宋桂煌譯，吉林人民出版社 1999 年版。

35.〔英〕波普爾：《歷史主義貧困論》，何林等譯，中國社會科學出版社 1998 年版。

36.〔英〕達仁道夫：《現代社會衝突》，林榮遠譯，中國社會科學出版社，2000 年版。

37.〔英〕吉登斯：《第三條道路及其批評》，孫相東譯，中共中央黨校出版社 2002 年版。

38.〔英〕哈耶克：《自由秩序原理》，鄧正來譯，生活‧讀書‧新知三聯書店 1997 年版。

39.〔英〕哈耶克：《通往奴役之路》，王明毅譯，中國社會科學出版社 1997 年版。

40.〔英〕哈耶克：《致命的自負》，馮克利等譯，中國社會科學出版社 2000 年版。

41.〔英〕霍布豪斯：《形而上學的國家論》，汪淑鈞譯，商務印書館 1997 年版。

42.〔英〕彌爾頓：《論出版自由》，吳之椿譯，商務印書館 1989 年版。

43.〔英〕約翰‧鄧恩：《民主的歷程》，林猛等譯，吉林人民出版社 1999 年版。

44.〔英〕約翰‧格雷：《自由主義的兩張面孔》，顧愛彬、李瑞華譯，江蘇人民出版社 2002 年版。

45.〔英〕約翰‧密爾：《論自由》，程崇華譯，商務印書館 1982 年版。

六、報刊

（一）報紙

1. 重慶《新華日報》

2. 漢口《民國日報》

3.《華商報》

4.《民報》

5. 上海《大公報》

6. 上海《文匯報》

7. 上海《民國日報》

8.《申報》

9. 天津《大公報》

10.《新民叢報》

11.《益世報》

12.《中央日報》

（二）期刊

1.《大眾生活》

2.《東方雜誌》

3.《獨立評論》

4.《觀察》

5.《國光旬刊》

6.《國論週刊》

7.《國民公論》

8.《國聞週報》

9.《國訊》

10.《甲寅》

11.《每週評論》

12.《民生週報》

13.《民憲》

14.《民主生活》

15.《民主週刊》

16.《群眾》

17.《時代批評》

18.《時與文》

19.《世紀評論》

20.《生活教育》

21.《文萃》

22.《嚮導》

23.《現代婦女》

24.《新路》

25.《新青年》

26.《新月》

27.《醒獅週報》

28.《學衡》

29.《再生》

30.《中國農村》

31.《中央黨務月刊》

32.《中央週刊》

33.《自由批判》

34.《自由言論》

35.《主張與批評》

七、當代期刊文章

1. 陳先初：《20 世紀 40 年代中間黨派的民主訴求——以中國民主同盟為例》，《求索》2003 年第 12 期。

2. 陳先初：《「以理想之政黨改造中國」——淺議張君勱的政黨觀》，《安徽史學》2007 年第 3 期。

3. 陳永忠《抗戰勝利後民主人士內部關於「中間路線」的論戰》，《浙江學刊》2006 年第 1 期。

4. 董羅民：《梁啟超的國民運動思想》，《社會科學論壇》2005 年第 8 期。

5. 高華：《近代中國社會轉型的歷史教訓》，《戰略與管理》1996 年第 5 期。

6. 江沛：《南京政府時期輿論管理評析》，《近代史研究》1995 年第 3 期。

7. 江沛、遲曉靜：《中國國民黨「黨國」體制述評》，《安徽史學》2006 年第 1 期。

8. 林紅民、吳加權：《近 25 年內戰後中間路線研究述評》，《唐山師範學院學報》2006 年第 6 期。

9. 雷頤：《近代中國自由主義的困境——三十年代民主與專制論戰透析》，《近代史研究》1990 年第 3 期。

10. 劉利群：《從解放戰爭時期「第三條道路」的破產看中共領導的多黨合作

的歷史必然》,《求實》1990 年第 4 期。

11. 齊衛平:《論施復亮與抗戰勝利後的中間路線》,《近代史研究》1988 年第 3 期。

12. 沙健孫:《論解放戰爭時期的中間路線》,《北京大學學報》(哲學社會科學版) 1987 年第 3 期。

13. 沈紹根:《中國資產階級民主黨派「中間路線」破產正議》,《求索》2009 年第 3 期。

14. 宋亞文:《試析張東蓀的中間路線思想》,《河北大學學報》(哲學社會科學版) 2003 年第 1 期。

15. 孫宏雲:《拉斯基與中國:關於拉斯基和他的中國學生的初步研究》,《中山大學學報》(社會科學版) 2000 年第 5 期。

16. 田武恩:《試述第三次國內革命戰爭時期的中間路線》,《史學月刊》1982 年第 5 期。

17. 汪朝光:《抗日戰爭勝利後中國中間黨派的政治抉擇》,《學術月刊》2009 年第 2 期。

18. 汪守軍:《「中間路線」的歷史宿命與中國共產黨領導的多黨合作和政治協商制度的歷史必然性》,《中央社會主義學院學報》2013 年第 2 期。

19. 王進:《「歷史的路只有一條」——郭沫若對中間路線的批判》,《郭沫若學刊》1997 年第 2 期。

20. 王奇生:《黨政關係:國民黨黨治在地方層級的運作(1927～1937)》,《中國社會科學》2001 年第 3 期。

21. 王奇生:《「革命」與「反革命」:1920 年代中國三大政黨的黨際互動》,《歷史研究》2004 年第 5 期。

22. 王衛華:《解放戰爭時期中間路線評析》,《天中學刊》1996 年第 2 期。

23. 王宗榮、王素梅:《略論解放戰爭時期的中間路線》,《齊魯學刊》1995 年第 2 期。

24. 謝文郁:《啟蒙的反思》,《開放時代》2006 年第 3 期。

25. 徐山平:《戰後中間路線評議》,《上海大學學報》(哲學社會科學版) 1996 年第 2 期。

26. 閆潤魚:《以立憲政治保障個人自由——中國近代自由主義本質特徵探析》,《中國人民大學學報》2008 年第 2 期。

27. 楊宏雨：《論施復亮抗戰勝利後的中間路線》，《華東師範大學學報》（哲學社會科學版）1996 年第 1 期。

28. 楊奎松：《抗戰初期的國共兩黨關係》，《近代史研究》1996 年第 3 期。

29. 楊寧：《新民主主義革命時期中間路線淺析》，《重慶社會主義學院學報》2006 年第 3 期。

30. 尹緒忠：《「第三條道路」在中國的破產與社會主義選擇的必然》，《社會主義研究》1992 年第 1 期。

31. 章清：《中國自由主義的正名──戰後自由主義的浮現及其意義》，《華東師範大學學報》（哲學社會科學版）2011 年第 2 期。

32. 張生：《論汪偽對國民黨政治符號的爭奪》，《抗日戰爭研究》2005 年第 2 期。

33. 張太原：《評陳序經的「文化圈圍」理論與「全盤」西化觀》，《河北學刊》2002 年第 6 期。

34. 張濤：《國民黨政權潰敗的政治學分析》，《中州學刊》2001 年第 4 期。

35. 鄭大華：《國民黨訓政制度對孫中山訓政理論的繼承與背叛》，《史學月刊》2004 年第 8 期。

36. 左玉河：《最後的絕唱：1948 年前後關於自由主義的討論》，《四川大學學報》（哲學社會科學版）2008 年第 4 期。

八、學位論文

1. 常保國：《民主、人權與中道──20 世紀 40 年代中間黨派憲政訴求》，博士學位論文，中國政法大學，2005 年。

2. 陳方南：《民主革命時期國共兩黨政綱之比較研究》，博士學位論文，東北師範大學，2003 年。

3. 陳有鵬：《中間黨派兩次民主憲政運動述論》，碩士學位論文，齊齊哈爾大學，2012 年。

4. 丁威：《中國中間黨派研究：1937～1949》，博士學位論文，西南大學，2011 年。

5. 馮哲：《試論抗戰後中間黨派的政治走向》，碩士學位論文，河北師範大學，2005 年。

6. 張志偉：《抗戰時期國共兩黨文化研究》，博士學位論文，東北師範大學，

2012 年。

7. 林林:《論解放戰爭時期「中間路線」的歷史演變》,碩士學位論文,華東師範大學,2005 年。

8. 林紅明:《張君勱與中間路線研究（1887～1946)》,碩士學位論文,揚州大學,2007 年。

9. 石畢凡:《中間黨派的憲政理念、模式及憲政運動研究》,博士學位論文,南開大學,2001 年。

10. 孫佳:《解放戰爭時期的國民黨與中間勢力的關係研究——以民主同盟為中心的觀察》,碩士學位論文,上海師範大學,2006 年。

11. 葉興藝:《現代中國第三勢力憲政設計研究》,博士學位論文,吉林大學,2006 年。

12. 衛春回:《四十年代中後期自由主義學人與中間路線研究》,博士學位論文,南京大學,2004 年。

13. 吳映梅:《中共中央南方局對中間黨派的統戰工作研究》,碩士學位論文,重慶師範大學,2011 年。

14. 張麗麗:《施復亮中間路線思想研究》,碩士學位論文,浙江師範大學,2014 年。

15. 張振:《〈觀察〉與「中間路線研究」》,碩士學位論文,中共中央黨校,2013 年。

後 記

　　本書係我 2010 年 10 月提交給湖南大學嶽麓書院申請博士學位的論文修改而成。我最初瞭解「中間路線」一詞，是在讀大學時的中國現代史課堂上；但何謂中間路線？書上講得不是非常具體，老師也語焉不詳。不過，從此後催生出我對中間路線的興趣，因為我一直就在思索：路線只有「左」「右」「新」「舊」「對」「錯」之分，怎麼還有中間的？後來，我有幸考上了湖南師範大學人文學院中國近現代史專業碩士研究生，師從陳先初教授。在先生耳提面命與歷史系范忠程、莫志斌、饒懷民、郭漢民、李育民等諸位老師教導下，我的知識與視野相比於昔日，已有了很大的擴充。然而，之於中間路線，我仍然停留在興趣階段，不敢把其當作自己的研究對象。碩士畢業三年後，蒙先生不棄，又把我收入門下，攻讀湖南大學嶽麓書院專門史專業中國近現代政治思想史方向博士學位。於是，在先生鼓舞下，我鼓起勇氣，把「中間路線」這一富有挑戰性課題作為自己博士論文的選題對象。但是，鑒於中間路線外延廣博、內涵模糊的客觀現實，先生又在百忙中就文章構架、立意諸方面不斷予我以細心的指導和修正，從而不僅大大加深了我對中間路線的認知與理解，而且使得我益發明了自己所要表達的內容與思想。所以，正是在先生教育與幫助下，我終於寫成了以「民主與建國——中國中間路線研究（1927～1949）」為題的博士論文，並因此於 2010 年下學期順利畢業。

　　論文雖然外審與答辯順利通過了，但我知道在各位老師批評、鼓勵或表揚的評語中，卻也客觀地指出了其存在的缺點與不足；同時，我也清楚自己論文還有許多亟待修正與補充的地方，因為中間路線這一主題並不是光憑熱情以

及我當時的水平所能研究透徹的。所以，畢業後，我不是急於把其付梓成書，相反，而是根據外審老師與答辯評委的建議，在工作學習之餘繼續思考，並不斷地瞭解或收集相關的研究資料及成果。故此，經過近七年的沉澱，且迫於「著書都為稻粱謀」的需要，只得在充分吸取已有研究成果的基礎上將其修訂成書，並根據修改內容，將其題目改為：中國近代化歷程中的路線博弈——中間路線研究（1927～1949）。遺憾的是，書稿在修改過程中，筆者雖然對原博士論文的一些觀點進行了修正或更新、一些內容進行了補充與完善，但文本中的缺點與錯誤依然難免；而且我也相信，本書現已達到的水平，離老師們在外審與答辯中所提出的要求，肯定還有很大的距離。在此，只能表示深深的歉意！

所以，在本書即將問世之際，我首先要感謝恩師陳先初教授。是先生把我收入門下，引我走向學術的殿堂。同時，先生嚴謹的治學態度、不倦的鑽研精神、崇尚爭鳴與開放的學術情懷，以及寬厚待人、謙卑處世的為人之道，有如潤物無聲地春雨，讓我在學習、工作與生活中深受其益，永難忘懷！我也知道，此刻我無論用什麼樣的語言和筆墨來表達謝意，都難以承載先生給予的恩惠，唯願本書和我以後的進步能夠不讓先生過多的失望！我還要特別感謝我的博士後導師——南開大學歷史學院江沛教授。儘管在做博士後期間，我的選題跟博士論文沒有直接關係，但正是先生的引導和教誨，不僅加深了我對中間路線的認知，而且加強了我的史學功底與研究視域。就此而言，如果拙著的學術水平能夠在原博士論文的基礎上有所提高的話，先生予我的教導，無疑在其中發揮了重要作用！其次，要感謝嶽麓書院朱漢民、陳戍國、肖永明、章啟輝、吳仰湘、鄧洪波、張松輝、姜廣輝、楊代春、錢永生等諸位老師，在我求學於書院時給予的教育教誨；感謝張晶萍、萬瓊華、龔鵬、肖高華、劉旺華、譚凱諸位同門以及鄒遠志、謝孝明、劉亮紅、姚豔霞、楊實生、鄧運山諸位同學，在我論文撰寫過程中提供的建設性意見。再次，還得感謝校外的五位盲審專家（現在都不知道他們的姓名）以及答辯委員湖南師範大學的李育民教授、湘潭大學的王曉天教授，諸位老師在我論文審閱與答辯過程中都提出了許多寶貴建議。此外，同樣的感謝還得給予南京大學歷史系劉大禹博士、湖南師大歷史文化學院的劉鶴博士以及嶽麓書院資料室、湖南師大歷史文化學院資料室、湖南大學圖書館、湖南師範大學圖書館及湖南省圖書館的相關老師，因為沒有他們的幫助，本書在資料的收集與查閱方面將變得非常的艱難。

當然，本書之所以能夠得以順利付梓並在原博士論文基礎上有較大改進，

既離不開贛南師範大學歷史文化與旅遊學院的林曉平、謝廬明、魏煒、李曉芳、樊國敬、孫胤諸位領導及曾耀榮、鍾日興諸位同事對本人學習工作的關心與支持，也離不開江西省高校出版社冷輯林先生、中國社會科學出版社耿曉明博士、花木蘭文化事業有限公司宗曉燕女士對本書內容的認真研讀與修改。在此，本人表示衷心的感謝！

最後，我必須感謝我的愛人呂幸芝女士！正是她默默無言的承擔了撫育子女、操勞家務、關心老人等工作，才讓我有了充足的時間與精力去求學、求知、科研。其實，我現在之所以能夠從當初一個鄉村中學教師走上大學講臺，無疑離不開她的理解、支持與奉獻。

至此，回首本書從選題到成文、成書一路走來的歷程，我固然花費了許多時間、精力與心血，但也同樣凝聚著老師、同學、朋友、同事及親人的關愛！

陳任遠

2023 年 10 月 10 日